알기 쉬운

파이썬 SQL 코딩하기

프로필

정현희

단국대학원 IT학과 공학 석사
한국전력, 성북구청, 송파구청 등 기업체 특강강사
카톨릭대, 광운대, 성신여대 덕성여대 특강강사
오산대학교 IT학과 시간강사
현 대한상공회의소 서울기술교육센터 빅데이터분야 지도교수

머리말

과거에는 프로그램은 전문가가 만들어 주는 것을 사용하기만 했던 시대였다면, 현재는 오픈 소스를 통해 누구나 프로그램을 작성할 수 있는 시대입니다.
하지만, 막상 프로그램을 작성하려고 컴퓨터를 켜는 순간 무엇부터 해야 하는지 막막한 것이 현실입니다. 수많은 정보 속에 어디부터 시작해야 할지 모르는 미래의 프로그래머들에게 길을 제시하고 싶어서 "알기 쉬운 스크래치 C코딩" 책 이후에 2번째 책을 집필하게 되었습니다.

필자는 30여 년간 프로그래머이면서 강사로 지내면서 프로그래머로 입문하려는 다양한 분들을 가르쳐 보았습니다. 풍부한 현장경험과 강의 경험을 통하여 어려운 프로그래머들의 용어를 일상생활에 쉽게 비유하여 설명하도록 노력하였습니다.

현재 많이 사용하고 있는 프로그램언어는 1위가 자바, 2위가 C언어, 3위가 파이썬언어입니다. 자바는 객체지향 프로그래밍 언어이며 운영체제의 종류에 상관없이 실행이 가능한 언어이지만 불필요한 메모리를 잡아놓고 사용을 안 할 수도 있기에 비효율적인 부분도 있습니다. C언어는 구조적 프로그래밍 언어이며 하드웨어 수준의 제어가 쉽고 메모리 관리가 효율적인 반면에 어렵습니다.
이에 비해 파이썬 언어는 객체 지향 프로그래밍과 구조적 프로그래밍을 두 개를 다 지원합니다.
파이썬 언어는 ① 간단하고 쉬운 문법 ② 다양하고 고수준의 외부 라이브러리 끊임없이 제공 ③ 메모리 자동관리 ④ 독립적인 플랫폼 사용으로 팀별 프로젝트 기간 단축 유용 ⑤ 간편한 유지 보수 등 많은 장점으로 급격히 성장한 언어입니다.

이미 자바언어와 C언어를 알고 있는 학습자들은 파이썬의 문법과 SQL문을 쉽게 익힐 수 있을 것이며, 처음 프로그램 언어를 접한 학습자는 교재 순서대로 학습하시면 프로그래머로서의 기술을 잘 익힐 수 있습니다.

이 교재는 크게 네 부분으로 나누어 구성했습니다.

첫째, 프로그램에 필요한 기본 지식인 컴퓨터에서의 자료표현 방법과 소프트웨어 작성 순서 등을 학습함으로써 프로그램 문법만을 배우는 것이 아니라 프로젝트의 개념에 따라 학습할 수 있다.

둘째, 파이썬의 언어의 문법에 관하여 다루었습니다. 파이썬 언어의 특징에 맞게 쉽고 활용도가 높은 예제를 따라하고 기본문제와 연습문제를 풀면서 문법을 완벽하게 익힐 수 있을 것입니다.

셋째, 모듈과 파일에 대하여 다루었습니다. 파일의 종류에 따라 이미지 파일, 동영상 파일, 문자파일 등이 저장되는 방법과 특징에 대하여 알 수 있습니다.

넷째, SQL과 데이터베이스에 대하여 다루었습니다. 데이터는 빅데이터 시대의 많은 정보를 다루는 것은 가장 핵심입니다. 이에 데이터베이스의 개념, SQL구문의 핵심 문법 등을 다루며 프로그래밍 언어와 SQL구문의 연결하는 부분을 익힐 수 있습니다.

누구나 새로운 음식을 먹기 전에 설렘과 기대 뒤에 걱정도 있을 것입니다. 하지만 맛있는 음식을 먹고 나서 기쁨이 있듯이 이 책으로 인하여 파이썬 언어와 데이터베이스와의 만남으로 멋지게 자신만의 프로그램을 짤 수 있는 기쁨이 되시기를 기원합니다.

마지막으로, 집필할 수 있게 도와준 우리 가족(남편, 예쁜 딸들(애진, 수진), 지혜) 과 예수님께 감사드립니다.

저자 정현희

목차

제1장

코딩 개념 잡기

배울 내용

1. 컴퓨터 이야기
2. 자료 이야기
3. 컴퓨터 내부에서 표현되는 자료 모습
4. 자료 외부에서 표현되는 자료의 모습

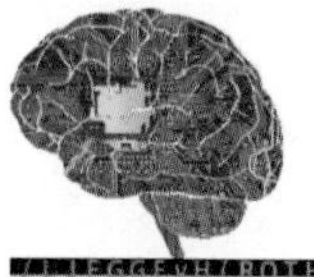

1. 컴퓨터 이야기

'컴퓨터'라는 단어를 보면 무엇이 생각이 떠오르는가? 컴퓨터의 모양, 컴퓨터로 즐기는 인터넷 세상, 아니면 재미있는 게임 등 저마다 다르게 컴퓨터에 대한 생각이 있을 것이다. 사회의 거의 모든 분야에서 컴퓨터를 사용한다고 해도 과언이 아니다. 정확히 말하면 컴퓨터를 사용하는 것이 아니라 컴퓨터의 소프트웨어를 사용하는 것이다.

컴퓨터를 사용하려면 하드웨어가 있어야 하고 이에 프로그램인 소프트웨어가 있어야 한다. 소프트웨어는 프로그램을 작성하는 사람인 프로그래머가 만들어 둔 기능을 배워서 사용하는 것이다. 예를 들어, 마이크로소프트사의 엑셀은 계산과 데이터관리 등을 편리하게 할 수 있는 소프트웨어이다. 엑셀의 기능을 배워서 계산과 데이터관리를 편리하게 할 수 있다. 엑셀에서 'F1' 키를 누르면 도움말을 볼 수 있고, 컨트롤키와 s키를 같이 누르면 저장을 할 수 있다. 이런 기능을 배우는 것이다.

그럼 이런 기능을 만들어 준 사람이 있을 것이다. 이 사람은 바로 프로그래머이다. 프로그래머는 본인이 프로그램의 기능을 부여하고 단축키를 본인 마음대로 만들어내는 사람이다. 게임에서 프로그래머 마음대로 키를 설정할 수도 있으니 얼마나 멋진 일인가?

경제적인 개념으로 본다면 더 많은 요구조건에 맞추어 많은 프로그램이 작성될 것이다. 프로그램이라는 많은 상품의 수요가 필요할 것이다. 이에 맞춰 프로그램 상품을 공급해 주면서 많은 수익이 발생할 수 있는 구조이다. 소비자의 요구를 잘 분석하고 맞추어 준다면 얼마든지 많은 수입을 만들어 낼 수 있는 비즈니스 모델이다. 그러기에 적은 금액의 투자로 많은 수입을 낼 수 있다. 창의적이며 논리적인 생각을 지닌 프로그래머가 소비자의 요구에 맞게 프로그램을 만든다면 많은 수익을 창출할 수 있다. 이미 만들어진 소프트웨어의 사용법을 수동적으로 배우기만 하는 것이 싫어하며, 많은 수입을 원하는 미래의 프로그래머들에게 소프트웨어를 작성하는 방법을 차근차근 설명해 주고 싶다.

이 책을 통해 코딩을 배우시는 분들의 꿈이 꼭 이루어지기를 소망한다.

1) 컴퓨터란?

- '컴퓨터(Computer)'라는 단어 뜻은 '계산하다'라는 뜻의 라틴어 "Computare"라는 어원에서 유래했다. 'Compute'는 'Com(함께)'과 'Putus(생각하다)'의 합성어로 되어있다.
- 입력 자료를 받아들여 전자회로가 알 수 있는 언어(2진수)로 변경하고, 이를 이용하여 계산이나 데이터를 자동으로 처리하여 출력해 주는 기계이다.

2) 잘못 알았던 컴퓨터 이야기

"최초의 컴퓨터는 'ENIAC(애니악)'이 아니라 '콜로서스'였다."

1941년 독일에서 천공카드로 프로그래밍할 수 있는 최초의 전자 기계식 컴퓨터인 'Z3'가 개발되었다. 그러나 'Z3'는 1943년에 연합군의 폭격으로 파괴되었다. 프로그래밍이 가능한 최초의 전자식 디지털 컴퓨터는 2차 세계대전 독일군의 암호를 해독하기 위해 설계된 영국의 "콜로서스"였으나 1급 비밀로 1970년까지 공개되지 않았다. 그러기에 1946년 미국에서 개발한 애니악(ENIAC)은 최초의 프로그래밍 가능한 컴퓨터로 알려질 수밖에 없었다.

콜러서스는 1세대 컴퓨터이며 CPU로는 진공관과 사이러트론을 사용했는데, 마크1에서는 1,600개, 마크2에서는 2,400개가 사용되었다. 또한 릴레이와 스테핑 스위치 등이 장치된 커스텀 회로를 이용했다.

한편 콘솔은 스위치, 플러그 패널과 종이테이프를 읽기 위한 포토셀이다. 사용 매체는 종이테이프이고 저장 매체는 종이테이프 이용했으며 지금의 주기억장치인 RAM은 사용하지 않았다.

전자식 숫자 적분 및 계산기(Electronic Numerical Integrator And Computer; ENIAC, 에니악)
(사진자료출처:위키백과)

도로시 두 보리슨과 엘시 부커가 콜로서스 마크 2를 실행하고 있는 모습
(사진출처: 위키백과)

애니악은 그림에서 보듯이 폭 1m, 높이 2.5m 길이 25m이며 중량이 300여 톤이나 되는 거대한 컴퓨터이다. 프로그램 기억방식이 배선판에 일일이 배선하는 외부프로그램 방식이었다. 애니악의 내부구조에는 10진수를 사용했으며 개발 목적은 대포의 정확한 탄도 계산이었다. 개발은 프레스퍼 에커트와 존 모클리가 주도하였다.

3) 우리나라에 최초로 수입된 컴퓨터 이름은 1967년도 "IBM 1401" 이다.

우리나라에 최초로 수입한 컴퓨터 "IBM 1401"
(사진 자료 출처:구글사이트)

1967년 6월 24일 경제기획원 조사통계국에서는 국내 도입 1호 컴퓨터의 'IBM 1401'이라는 명칭의 컴퓨터의 시동식을 거행하였다. 조사통계국은 IBM 1401을 도입하기 전에 일본에 있던 IBM 교육장에 직원을 파견해 연수 교육을 시행했다. 카드에 구멍을 뚫어 집계하는 펀치카드 입력방식이므로 이를 위해 많은 오퍼레이터 직원이 필요했던 것이다.

1960년대 경제 성장으로 기존의 방식인 주판과 카드만으로 인구조사 통계를 구하기 어려웠기 때문에 IBM 1401 컴퓨터를 이용하여 인구조사 통계를 구했다. 크기는 교실 한 칸 정도인데 설치하는 데에 무려 3개월이나 걸렸을 정도로 규모가 있었으나 이렇게 큰 컴퓨터의 기억용량은 고작 16KB 정도밖에 되지 않았다고 한다. 그런데도 IBM 1401

컴퓨터는 전 세계에 1만 4,000대나 팔릴 만큼 인기 기종이었으며, 가격은 40만 달러였다. 우리나라는 매월 9,000달러의 사용료를 내는 임차 형식으로 해당 기계를 들여왔다. 현재의 시각으로는 규모가 너무 크고 기억 용량에 비해 가격도 비효율적이지만 IBM 1401을 통해서 한국에도 컴퓨터의 관심이 높아졌음은 틀림없다.

4) 우리나라가 만든 최초의 컴퓨터는 1962년 '아날로그 전자계산기 1호기'

우리나라가 만든 최초의 컴퓨터 '아날로그 전자계산기 1호기'
한양대학교 박물관(자료출처:http://blog.daum.net/chanellee)

우리나라가 컴퓨터를 최초로 만들어낸 것은 IBM 1401이 도입되기 5년 전인 1962년이다. 한양대 전기공학과 이만영 교수가 진공관을 사용한 '아날로그 전자계산기 1호기'를 제작하였다. 1963년에는 2호기까지 완성했으나, 화재가 나는 바람에 두 컴퓨터 모두 소실되고 말았으나 이만영 교수는 다시 심혈을 기울여 1964년 5월 국내 최대 규모의 제3호 전자계산기를 완성했다. 등록문화재 558호인 이 컴퓨터는 진공관이 610여 개이며 부속품은 총 4만 개에 이른다. 선형 및 편미분방정식 계산에 사용됐다. 하지만 이 컴퓨터는 상업화되지 못했다. 당시 컴퓨터가 사용될 수 있는 최적의 분야는 항공기, 레이더, 유도탄 등과 같은 군수품이었기 때문에 우리나라 실정과는 맞지 않았다.

이후 우리나라에서 상업적으로 사용된 국산화 1호 컴퓨터는 1973년도 '세종 1호'이다. 이 컴퓨터는 정치적 목적으로 미국 데이터제너럴(DG)의 미니컴퓨터 '노바 01'을 개량해서 만들어졌다.

2. 자료 이야기

1) 컴퓨터에서 사용하는 수

"컴퓨터는 자료를 표현할 때 무엇으로 할까?"

사람들은 일상에서 숫자로 많이 표현한다. 예를 들어 마트에서 세일을 할 때도 10개 한정 판매, 30분 동안만 세일이라는 등의 숫자를 이용하여 정확한 한계를 정해 이벤트를 진행한다. 이처럼 숫자라는 것은 정확하게 자료를 표현하기에 적합한 것 같다.

사람들은 어떤 숫자를 쓸까? 답은 10진수를 사용하고 있다. 그럼 컴퓨터도 사람이 만들었으니깐 10진수를 사용하겠지? 답은 "아니오"이다. 물론 최초의 컴퓨터인 애니악은 사람에게 익숙한 10진수로 설계되었으나 전기회로로 전압이 불안정해서 전압을 10단계로 나누어 처리하기 힘들었다. 프로그램 내장방식을 최초로 도입한 폰 노이만이 개발한 EDVAC 이후 컴퓨터는 전기회로의 ON/OFF를 표현하기 쉽게 0과 1의 숫자로 표현하고 있다. 즉 2진수 체계로 컴퓨터는 처리한다.

2진수 체계를 알면 컴퓨터의 동작 원리나 데이터 처리방식을 쉽게 알 수 있다. 임의의 수 30이라는 숫자를 입력장치인 키보드로 입력하면 2진수로 변환되어 기억장치에 저장된다. 컴퓨터의 동작 원리나 처리방식을 쉽게 알기 위해 2진수로 표현하면 많은 자릿수가 필요하므로 이를 편리하게 사용하고자 서로 호환하기 편리한 8진수, 16진수를 사용한다.

2진수를 3개씩 묶어서 8진수로 표현하고 4비트씩 묶어서 16진수로 표현한다. 컴퓨터는 10진수가 아닌 2진수, 8진수, 16진수의 숫자를 사용하고 있다. 컴퓨터의 동작 원리를 정확히 알고자 한다면 진법 변환을 할 수 있어야 한다.

2) 진법 변환하기

컴퓨터에서 사용하는 숫자 2진수, 8진수 16진수이다.
2진수는 0과 1로 되어 있는 숫자이다.
8진수는 0,1,2,3,4,5,6,7로 되어 있는 숫자이다.
16진수는 0~9,A,B,C,D,E,F로 되어 있는 숫자이다.

10진수	2진수	8진수	16진수
0	00000000	000	00
1	00000001	001	01
2	00000010	002	02
3	00000011	003	03
4	00000100	004	04
5	00000101	005	05
6	00000110	006	06
7	00000111	007	07
8	00001000	010	08
9	00001001	011	09
10	00001010	012	0A
11	00001011	013	0B
12	00001100	014	0C
13	00001101	015	0D
14	00001110	016	0E
15	00001111	017	0F

❶ 10진수를 2진수, 8진수, 16진수로 바꾸는 방법

10진수를 2진수로 바꾸는 것은 크게 정수 부분과 소수점 부분으로 나눌 수 있다. 예를 들어 30.23인 경우 30은 정수변환 방법으로, 23은 소수점변환 방법으로 각각 다른 방식으로 계산해야 한다.

☞ 정수변환 방법은 10진수 값을 변환할 진수로 나누어 더이상 나눠지지 않을 때까지 나누고 나머지를 역순으로 표시한다.

정수 부분 진법 변환 방법		
10진수를 2진수로	10진수를 8진수로	10진수를 16진수로
2) 30 2) 15 ── 0 2) 7 ── 1 2) 3 ── 1 1 ──1	8) 30 3 ── 6	16) 30 1── E
30_{10} = 11110_{2}	30_{10} = 36_{8}	30_{10} = $1E_{16}$

☞ 소수변환 방법은 10진수 값에 변환할 진수를 곱한 후 결과의 정수 부분만을 차례대로 표기하되, 소수 부분이 0 또는 반복되는 수가 나올 때까지 곱하기를 반복한다.

실수 부분 진법 변환 방법				
10진수를 2진수로 변환하기				
0.23 X 2 0.46	0.46 X 2 0.92	0.92 X 2 1.84	0.84 X 2 1.88	0.88 X 2 1.76
1단계에서 0구함	2단계에서 0구함	3단계에서 1구함	4단계에서 1구함	5단계에서 1구함
0.23_{10} = $.00111_{2}$				

✓ 0.23을 2진수로 바꾸기 위해 1단계처럼 계산을 한다. 0.23과 2를 곱하여 정수부분으로 자리올림이 발생하지 않았으므로 일의 자릿수의 값 '0'이 제일 처음 2진수로 바뀐다.

✓ 2단계에서는 1단계에서 나온 결과에서 소수 부분만 2를 곱한다. 0.46 X 2 = 0.92에서 '0' 부분이 2진수 두 번째 값이 된다.

실수 부분 진법 변환 방법					
10진수를 8진수로 변환			10진수를 16진수로 변환		
0.23 X 8 1.84	0.84 X 8 6.72	0.72 X 8 5.76	0.23 X 16 3.68	0.68 X 16 10.88	0.88 X 16 1.08
1단계에서 1구함	2단계에서 6구함	3단계에서 5구함	1단계에서 3구함	2단계에서 A구함	3단계에서 E구함
0.23_{10} = $.165_8$			0.23_{10} = $.3AE_{16}$		

- 1단계 0.23 x 8 = 1.84 정수 부분 '1'이 8진수 변환의 첫 숫자이다.
- 2단계 1단계의 소수 부분만 0.84 x 8 = 6.72에서 정수 부분 '6'이 8진수 변환의 두 번째 숫자이다.
- 소수 부분은 무한 소수인 경우는 오차를 감안해야 한다.

❷ 2진수, 8진수 16진수를 10진수로 변환하기

정수 부분과 소수 부분의 각 자리를 분리하여 변환하려는 각 진수의 자리값과 자리의 지수승을 곱한 결과값을 모두 더하여 계산한다.

2진수를 10진수로 변환하기								
2^5=32	2^4=16	2^3=8	2^2=4	2^1=2	2^0=1	2^{-1}=0.5	2^{-2}=0.25	2^{-3}=0.125
1	1	1	1	1	0	1	0	1
32×1 +	16×1 +	8×1 +	4×1 +	2×1 +	1×0 +	0.5×1+	0.25×0 +	0.125×1=62.615

8진수를 10진수로 변환하기				16진수를 10진수로 변환하기			
8^2=64	8^1=8	8^0=1	8^{-1}=0.625	16^2=256	16^1=16	16^0=1	16^{-1}=0.125
2	0	5	3	3	B	C	A
8^2×2 +	8^1×0 +	8^0×5 +	8^{-1}×3 =134.875	16^2×3 +	16^1×11+	160×12 +	16^{-1}×10 = 957.25

❸ 2진수, 8진수, 16진수를 상호 변환하기

- 2진수를 8진수로 변화하려면 정수 부분은 소수점을 기준으로 왼쪽 방향으로 3자리씩, 소수 부분은 소수점을 기준으로 오른쪽 방향으로 3자리씩 묶어서 변환한다.

2진수를 8진수로 변환하기(3자리씩 묶어서 4,2,1의 자리값으로 변환)															
$2^2=4$	$2^1=2$	$2^0=1$	$2^2=4$	$2^1=2$	$2^0=1$	$2^2=4$	$2^1=2$	$2^0=1$		$2^2=4$	$2^1=2$	$2^0=1$	$2^2=4$	$2^1=2$	$2^0=1$
1	1	0	0	1	1	1	0	1	.	1	0	1	1	1	0
4×1+2×1+1×0			4×0+2×1+1×1			4×1+2×0+1×1			.	4×1+2×0+1×1			4×1+2×1+1×0		
6			**3**			**5**			**.**	**5**			**6**		

- 2진수를 16진수로 변화하려면 정수 부분은 소수점을 기준으로 왼쪽 방향으로 4자리씩, 소수 부분은 소수점을 기준으로 오른쪽 방향으로 4자리씩 묶어서 변환한다.

2진수를 16진수로 변환하기(4자리씩 묶어서 8, 4, 2, 1의 자리값으로 변환)																				
2^3	2^2	2^1	2^0	2^3	2^2	2^1	2^0	2^3	2^2	2^1	2^0	.	2^3	2^2	2^1	2^0	2^3	2^2	2^1	2^0
1	1	1	0	0	1	1	1	1	0	0	1	.	1	0	0	1	1	1	1	1
8×1+4×1+2×1+1×0				8×0+4×1+2×1+1×1				8×1+4×01+2×0+1×1				.	8×1+4×0+2×0+1×1				8×1+4×1+2×1+1×1			
E				7				9				.	9				F			

※ E는 16진수로 14이고 F는 16진수로 15이다.

- 8진수를 2진수를 변환하기

2진수를 8진수로 바꾸었을 때 3개씩 묶었다면 반대로 8진수를 2진수로 변환하기 위해서는 3개씩 풀어주면 된다.

8진수를 2진수로 변환하기(3자리씩 풀어서 4, 2, 1의 자릿값으로 변환)															
4			6			7			.	3			5		
1	0	0	1	1	0	1	1	1	.	0	1	1	1	0	1
$2^2=4$	$2^1=2$	$2^0=1$	$2^2=4$	$2^1=2$	$2^0=1$	$2^2=4$	$2^1=2$	$2^0=1$	.	$2^2=4$	$2^1=2$	$2^0=1$	$2^2=4$	$2^1=2$	$2^0=1$
4×1+2×0+1×0			4×1+2×1+1×0			4×1+2×1+1×1			.	4×0+2×1+1×1			4×1+2×0+1×1		

- 16진수를 2진수를 변환하기

2진수를 8진수로 바꾸었을 때 4개씩 묶었다면 반대로 16진수를 2진수로 변환하기 위해서는 4개씩 풀어주면 된다.

2진수를 16진수로 변환하기(4자리씩 묶어서 8, 4, 2, 1의 자리값으로 변환)																				
9				C				D					B				4			
1	0	0	1	1	1	0	0	1	1	0	1	.	1	0	1	1	0	1	0	0
2^3	2^2	2^1	2^0	2^3	2^2	2^1	2^0	2^3	2^2	2^1	2^0	.	2^3	2^2	2^1	2^0	2^3	2^2	2^1	2^0
8×1+4×0+2×0+1×1				8×1+4×1+2×0+1×0				8×1+4×1+2×0+1×1				.	8×1+4×0+2×1+1×1				8×0+4×1+2×0+1×0			

❹ 8진수, 16진수를 상호 변환하기

- 8진수를 16진수로 변환하려면 8진수를 2진수로 변환한 뒤 다시 16진수로 변환한다.
- 16진수를 8진수로 변환하려면 16진수를 2진수로 변환한 뒤 다시 8진수로 변환하면 된다.
- 중간에 2진수로 바꾸어 주면 된다.

3. 컴퓨터 내부에서 표현되는 자료 모습

컴퓨터 내부적인 표현방식은 정수형 표현과 실수형 표현으로 나뉜다. 정수형 표현방식인 고정 소숫점 표현방식은 다시 10진수 연산과 2진수 연산으로 나눈다. 10진연산은 언팩형 연산과 팩형 연산이 있다. 2진연산은 부호와 절대치, 1의 보수, 2의 보수로 나눈다. 실수형 표현 방식은 부동 소수점 표현 방식을 사용한다.

1) 정수형 표현 방식

❶ 10진수 연산 표현

10진수 연산 표현방법은 10진수 1자리를 2진수 4자리로 표현되고 연산이 가능한 팩(Pack)과 연산이 불가능한 언팩(Unpack) 연산이 있다.

PACK연산

연산은 할 수 있지만 데이터 입출력은 할 수 없다. 1byte로 10진수 2자리를 표현한다.

구조

Digit부	Digit부	Digit부	Digit부	....	Digit부	Sign부

〈---- 1 byte ----〉

양수이면 C로 음수이면 D로 부호(Sign)부에 2진수를 넣는다. 10진수에서 일의 자리부터 부호부 옆에 있는 Digit부에 왼쪽으로 이동하면서 10진수 1자리씩 Digit부에 2진수로 채운다.

예 +1234인 경우

10진수	0	1	2	3	4	C
2진수	0000	0001	0010	0011	0100	1100

예 -4567인 경우

10진수	0	4	5	6	7	D
2진수	0000	0100	0101	0110	0111	1101

UNPACK연산

ZONE형 연산이라고도 부르며 팩형과 반대로 데이터 입출력에 사용되므로 입출력은 가능하나 연산은 할 수 없다. 1바이트로 10진수 1자리를 표현할 수 있다. 4비트의 Zone부와 4개의 Digit 부분으로 사용된다. 마지막 바이트에는 왼쪽에 부호(Sign)부 Digit부로 구성되어 있다. PACK연산과 유사하게 부호가 있는 양수는 16진수 'C'로 부호가 없는 양수는 16진수 'F'로 표현하며, 음수는 16진수 'D'로 표현한다.

구조

Zone부	Digit부	Zone부	Digit부	....	Sign부	Digit부

〈—— 1 byte ——〉

예 +9876인 경우

10진수	F	9	F	8	F	7	C	6
2진수	1111	1001	1111	1000	1111	0111	1100	0110

〈--1바이트--〉

예 -4567인 경우

10진수	F	4	F	5	F	6	D	7
2진수	1111	0100	1111	0101	1111	0110	1101	0111

〈--1바이트--〉

2) 이진연산

n bit 크기의 워드가 있을 때 처음 1bit는 부호 비트로 사용되고 n-1bit에 2진수로 표현된 정숫값이 저장된다.

0	1	2	3	4	5	6	7	...	n-1
부호비트									

양수:0

음수:1

데이터 비트

☞ 양수일 때 2진 연산 표현

부호비트에 0을 넣고, 2진수로 변환하여 데이터 비트에 오른쪽에서 왼쪽 순으로 차례로 채우고 남은 자리는 0으로 채운다.

예 +50을 2진 연산처리하면

0	1	2	3	4	5	6	7	8	9	10	11	12	13	14	15
부호비트	0	0	0	0	0	0	0	0	0	1	1	0	0	1	0

양수:0
음수:1

데이터 비트

☞ 음수일 때 2진 연산 표현

음수를 표현하는 방법은 3가지가 있다.

첫째로 양수 표현에 대하여 부호 비트 값만 1로 바꾼 부호와 절대값 표현 방법이 있고, **둘째로** 1의 보수 표현법, 2의 보수 표현법이 있다. 부호와 절대값 표현 방식과 1의 보수표현 방법은 +0과 -0의 두 가지 형태의 0이 존재한다. 2의 보수 표현 방법은 한 가지 형태의 0만 존재한다.

2의 보수표현 방법을 널리 사용하고 있다. 왜냐면 1의 보수표현 방법에 비해 0이 하나만 존재하므로 0의 판단이 쉬우며 숫자 1개를 더 표현할 수 있다. 자리 올림이 발생하면 무시하므로 1의 보수표현에 비해 덧셈 연산이 더 간단합니다.

예 –50을 2진 연산처리하면

종 류	–50	설명
부호와 절대값 표현	1 000000000110010	부호비트1로 하고 데이터 비트는 그대로
1의 보수	1 111111111001101	부호비트를 제외하고 데이터비트를 0을 1로 1을 0으로 바꾼다.
2의 보수	1 111111111001110	1의 보수 + 1 자리 올림이 발생하면 버린다.

3) 실수형 표현 방식

- 실수 데이터를 표현하고 연산하기 위해서 컴퓨터 내부에서는 부동소수점 방식으로 표현한다.
- 부동소수점 방식은 고정소수점 방식으로 표현하는 것보다 더 큰 수나 작은 수 매우 정밀한 수를 적은 비트로 표현할 수 있다. 주로 과학이나 공학, 수학적인 응용에 주로 사용되는 표현법이다. 하지만 고정소수점 방식보다 정규화하는 과정을 거쳐야 하므로 연산 시간이 더 많이 걸린다.
- 구성은 부호부(1비트), 지수부(7비트), 가수부로 나눈다. 가수부는 4바이트를 사용하는 경우 3바이트(3 X 8bit = 24bit)로 또는 8바이트를 사용하는 경우 7바이트(7 X 8bit = 56bit)를 차지한다. 4바이트를 사용하는 것을 단정도 부동소수점 방식이라 하고 8바이트인 경우 배정도 표현방식이라고 한다.

❶ 부동소수점 구조

단정도 방식(4바이트)

0bit	1 7	8 31
부호부	지수부	가수부

배정도 방식(8바이트)

0bit	1 7	8 63
부호부	지수부	가수부

- 부호부는 양수는 0, 음수는 1로 1비트에 넣는다
- 지수부는 정규화를 시켜 분리한 지수값을 64베이스법에 부호를 포함한 정수 연산을 하여 표현한다.
- 가수부는 정규화시켜 분리한 소수 이하를 2진수로 변환하여 왼쪽에서부터 표현하고 빈자리는 0으로 채운다.

예 +25.125를 부동소수점 방식으로 표현하기

- 1단계 : 2진수로 변환한다.

  25.125 —> 11001.001

- 2단계 : 소수점의 위치를 조정하여 지수부와 가수부로 분리한다.

  11001.001 —> 0.11001001×2^5

- 3단계 정규화한 수치를 부동 소수점 방식에 맞게 표현한다.

+	0.11001001	×	2^5
ⓐ	ⓑ	ⓒ	ⓓ

0bit 1 7 8 15 16 22 23 31

부호부	지수부	가수부		
0	1000101	11001001	00000000	00000000

- 부호부에는 ⓐ부분이 '+'인 경우 0으로 '–'인 경우 1로 넣는다. 여기서는 '+'이므로 0을 넣는다.
- 지수부는 2의 지수승이 +5이므로 64 + (+5) (지수의 부호까지) 만약 지수승이 –5이면 64+(–5)로 계산한다. 64를 기본으로 더하는 이유는 지수부가 64보다 큰 수이면 지수승이 양수이고 작은 수이면 음수인지를 알 수 있다. 이를 64베이스법이라고 한다. 이를 2진수로 표현하면 1000000 + 101 = 1000101로 지수부에 넣어진다.
- 가수부는 ⓑ을 왼쪽에서부터 채운 후 나머지는 0으로 채운다. 즉, 11001001 뒤에 16비트는 모두 0으로 채운다.

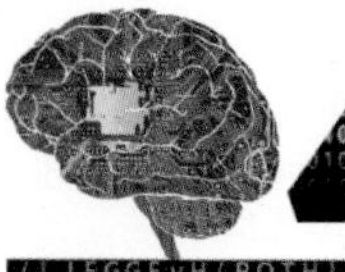

4. 자료 외부에서 표현되는 자료의 모습

컴퓨터로 결과물을 얻어서 사람들이 볼 수 있는 자료 모습의 형태를 자료의 외부적 표현 모습이라 한다.

1) 아스키 코드 이야기

- American Standard Code Information Interchange의 줄인 말로 ASCII 아스키 코드는 미국정보교환 표준 부호이다. 영문 알파벳과 특수문자등의 외부 자료의 모습을 표현할 수 있는 대표적인 문자코드이다.
- 아스키 코드의 다른 이름은 ISO-IR-006이다. 확장 버전으로 유니코드, ISO/IEC 8859시리즈 등이 있다.
- 아스키코드는 미국표준협회에서 1960년에 아스키 표준화 작업을 시작하여 계속 개정되면서 발전하였다. 가장 최근에 개정된 것은 1983년이다.

❶ 아스키 코드의 구성

- 7비트로 33개의 출력 불가능한 제어문자와 공백을 포함하여 95개의 출력 가능한 문자들로 총 128개의 문자를 표현할 수 있도록 만들어져 있다.
- 출력 가능한 문자들은 52개의 알파벳 대소문자, 10개의 숫자, 32개의 특수문자, 1개의 공백문자로 이루어져 있다.

제어 문자

컴퓨터를 제어할 때 사용되는 코드로 출력하여서 볼 수는 없다. 통신용으로 사용된다.

제어문자	설　명	제어문자	설　명
NU	빈문자	DLE	전송 제어 확장
SOH	헤더 시작	DC1	장치 제어 1
STX	본문 시작, 헤더 종료	DC2	장치 제어 2
ETX	본문 종료	DC3	장치 제어 3

EOT	전송 종료, 데이터 링크 초기화	DC4	장치 제어 4
ENQ	응답 요구	NAK	부정응답
ACK	긍정응답	SYN	동기
BEL	경고음	ETB	전송블록 종료
BS	백스페이스	CAN	무시
HT	수평 탭	EM	매체 종료
LF	개행	SUB	치환
VT	수직 탭	ESC	제어기능 추가
FF	다음 페이지	FS	파일경계 할당
CR	복귀	GS	레코드 그룹경계 할당
SO	확장문자 시작	RS	레코드 경계 할당
SI	확장문자 종료	US	장치 경계 할당

출력 가능한 문자

10진수	문자	10진수	문자	10진수	문자	10진수	문자	10진수	문자
32	SP	51	3	70	F	89	Y	108	l
33	!	52	4	71	G	90	Z	109	m
34	"	53	5	72	H	91	[	110	n
35	#	54	6	73	I	92	₩	111	o
36	$	55	7	74	J	93	]	112	p
37	%	56	8	75	K	94	^	113	q
38	&	57	9	76	L	95	_	114	r
39	'	58	:	77	M	96	`	115	s
40	(	59	;	78	N	97	a	116	t
41	)	60	〈	79	O	98	b	117	u
42	*	61	=	80	P	99	c	118	v
43	+	62	〉	81	Q	100	d	119	w
44	,	63	?	82	R	101	e	120	x
45	.	64	@	83	S	102	f	121	y
46	/	65	A	84	T	103	g	122	z
47	0	66	B	85	U	104	h	123	{
48	1	67	C	86	V	105	i	124	|
49	2	68	D	87	W	106	j	125	}
50	3	69	E	88	X	107	k	126	~

2) 유니코드 이야기

- 1987년도에 제록스의 조베커와 애플사의 콜린스, 마크 데이브스가 각 나라별 언어를 모두 표현하기 위해 컴퓨터에 표현하기 위한 표준을 연구하였다.
- 1988년 유니코드 협회에서 전 세계의 나라별 언어를 모두 표현하기 위해 만든 문자 인코딩 코드이다.
- 유니코드는 사용중인 운영체제, 프로그램언어에 관계없이 문자마다 고유한 코드 값을 제공하는 새로운 개념의 코드다. 언어와 상관없이 모든 문자를 16비트로 표현하므로 최대 65,536자를 표현할 수 있다.
- 유니코드 표준은 애플(Apple), HP, IBM, 썬(Sun), MS, 오라클(Oracle)과 같은 업계에서 채택되었으며, XML, 자바, ECMAScript, LDAP, CORBA 등의 표준에서 사용되고 있다. 영문 대 · 소문자와 숫자 코드는 유니코드 사이트(http://www.unicode.org/charts/PDF/U0000.pdf)를 통하여 제공하고 있다.

❶ 유니코드로 한글 표기 방법

- 한글은 AC00부터 D7A3까지 총 11,172자를 표현하는데, 이런 글자 수는 초성 19개, 중성 21개, 종성 28개를 곱한 값이다. 종성은 원래 27개지만, 종성이 없는 경우를 포함해 28개가 된 것이다.
- 유니코드로 한글 표기 코드는 "http://www.unicode.org/charts/PDF/UAC00.pdf" 사이트로 가면 검색할 수 있다.

> 초성 19 × 중성 21 × 종성 28 = 11,172
> 예를 들어서 유니코드 한글표에서 '가'는 세로의 AC0와 가로의 0을 합쳐서 0xAC00으로 표현할 수 있다.

AC00 | **Hangul Syllables** | **ACFF**

	ACO	AC1	AC2	AC3	AC4	AC5	AC6	AC7	AC8	AC9	ACA	ACB	ACC	ACD	ACE	ACF
0	가 AC00	감 AC10	갠 AC20	갰 AC30	걀 AC40	걐 AC50	걠 AC60	거 AC70	검 AC80	겐 AC90	겠 ACA0	결 ACB0	곀 ACC0	곐 ACD0	고 ACE0	곰 ACF0
1	각 AC01	갑 AC11	갡 AC21	갱 AC31	걁 AC41	걑 AC51	걡 AC61	걱 AC71	겁 AC81	겑 AC91	겡 ACA1	겱 ACB1	곁 ACC1	곑 ACD1	곡 ACE1	곱 ACF1

【유니코드의 한글표(사이트:http://www.unicode.org/charts/PDF/UAC00.pdf)】

3) 소프트웨어 이야기

❶ 소프트웨어 개념 열기

소프트웨어란? 소프트(Soft) '부드럽다'는 단어의 뜻이다. 딱딱하고 변경하기 어렵다는 하드와 반대되는 개념에서 유래 되었다.

소프트웨어란 입력된 자료를 가공하여 정보로 만들어서 결과를 출력하는 프로그램과 이를 개발 운영 보수하는 모든 것을 소프트웨어라 한다. 일반적으로 소프트웨어와 프로그램을 같은 의미로 말하는 경우도 있지만, 엄밀히 말하면 프로그램은 프로그래밍 언어로 작성된 코드를 가리키며 소프트웨어는 프로그램을 포함하며 이를 가동시켜서 사용자에게 필요한 정보를 제공하는 것을 말한다. 예를 들면 성적 소프트웨어에서 점수라는 자료를 입력하여서 합격 불합격이라는 정보를 출력해 내는 모든 과정을 말하므로 프로그램보다 큰 개념이라 할 수 있다.

소프트웨어를 개발하는 일은 '오케스트라 연주'에 비유할 수 있다. '오케스트라'를 보면 각종 악기들을 잘 다루는 연주자들이 한 명의 지휘자의 지휘에 맞추어 멋진 음악을 만들어 가는 것이다. 만약에 악사 한 명이 본인의 역할을 못한다면 오케스트라 연주는 망치는 것처럼 소프트웨어는 많은 분야의 엔지니어, 프로그래머, 오퍼레이터, 데이터베이스 관리자 등이 각자의 위치에서 실수 없이 본인의 역할을 해야지 오류 없는 소프트웨어가 완성될 수 있다.

소프트웨어 프로젝트 작업은 단순한 프로그래머만의 프로그래밍 작업이 아니라 구체화 되지 않은 사용자의 요구를 모델링하고, 시스템의 전체적인 흐름을 제시가 필요하고, 엔지니어링 원리를 적용하여 고품질의 소프트웨어를 경제적인 프로세스로 제작하기 위한 여러 가지 방법과 도구가 필요한 종합화된 작업이다.

❷ 소프트웨어의 특징

- ✓ 소프트웨어는 개념적이고 무형적이기에 개발 작업의 품질을 평가하기가 매우 어렵다.
- ✓ 소프트웨어는 드는 비용은 대부분 설계와 개발단계에 집중되어 있으며 적은 비용으로 복제 및 대량 생산을 할 수 있다.
- ✓ 소프트웨어는 소프트웨어 설계와 프로그래밍 코딩 작업은 완전 자동화하기 어렵다.
- ✓ 소프트웨어는 오류가 나더래도 수천 개의 코딩 속에서 오류를 발견되기가 쉽지 않다.
- ✓ 소프트웨어는 쉽게 변경할 수 있지만 올바르게 고치기가 어렵다.
- ✓ 소프트웨어는 시간이 지날수록 점점 더 복잡해지고 규모가 커지며 복잡해진다.

❸ 소프트웨어의 유형

- ✓ 소프트웨어는 사용자에게 공급하는 방식에 따라 3가지 유형으로 나눌 수 있다.
- ✓ 주문형 소프트웨어, 범용성(패키지형) 소프트웨어, 임베디드형 소프트웨어가 있다.

주문형 소프트웨어

- ✓ 특정 고객에게 맞춤형식으로 개발하는 소프트웨어이다. 이 소프트웨어는 의뢰한 기관에서만 사용할 수 있고 다른 업체에서 사용할 수 없는 주문형 맞춤식 소프트웨어라 할 수 있다. 주로 주문형 소프트웨어의 큰 분야에는 비즈니스 경영에 사용되는 자료처리 소프트웨어이다. 판매기록, 회계관리, 영수증 발행 등의 기능을 수행한다. 이 소프트웨어의 중요한 점은 자료를 어떻게 구성하고 어떤 유용한 정보를 제공하여 사용자의 작업을 효과적으로 도와주느냐 하는 것이다.
- ✓ 소프트웨어의 평가척도는 정확성, 자료의 보안으로 볼 수 있다.

범용성 소프트웨어

- ✓ 마이크로소프트사의 MS-OFFICE나 ADOBE사의 포토샵, 일러스트, 기타 게임 프로그램처럼 공개된 시장에 내놓고 판매하는 소프트웨어이다. 주문형 소프트웨어보다 훨씬 저렴하고 규모도 크다. 하지만 특정 기관에 완벽하게 모두 맞출 수는 없다는 단점을 가지고 있다.
- ✓ 스프레드시트나 컴퓨터 게임 등의 범용 소프트웨어는 주문형 소프트웨어의 특징과 임베디드 소프트웨어의 신속한 반응과 안정성 등을 평가의 척도로 삼고 있다.

임베디드 소프트웨어

- ✓ 시장에서 판매되는 제품등에 탑재되는 소프트웨어이다. 즉, 세탁기, 전자레인지, 자동차 등 각종 사물에 내장되어서 제품의 기능을 구현하는 소프트웨어를 말한다. 하드웨어를 교체하거나 펌웨어의 소프트웨어를 업그레이드하는 번거로운 절차가 필요하다. 임베디드 소프트웨어는 동일한 제품이 많으므로 많은 양의 복사를 하여 동일한 소프트웨어를 사용한다.
- ✓ 외부로부터의 반응 즉 사용자의 동작에 신호에 따라 신속히 반응을 요구하는 소프트웨어이다.
- ✓ 또한 제품이기 때문에 시스템을 설계할 때 시간의 제약을 보장하여야 하며 안전성도 확보되어야 한다. 그러므로 임베디드 소프트웨어는 평가척도는 시간의 제약성, 안정성 등으로 판단한다.

4) 소프트웨어 개발에 관여하는 사람들

❶ 이용자

개발한 소프트웨어를 이용할 사람으로 소프트웨어를 사용하여 담당 업무의 능력을 향상시키려는 목적이 있다. 쉽고 작업을 간편하고 정확하게 해주는 소프트웨어를 원한다. 소프트웨어로 인하여 본인의 업무를 잃을 지도 모른다는 부정적인 생각을 가질 수도 있는 사람이다.

❷ 고객 - 프로그램 의뢰자나 기업

소프트웨어를 주문하고 구매하는 기업이나 기관이다. 소프트웨어 개발 및 구매를 위해 발주하고 자금을 확보하고 지불하는 책임을 맡고 있다.

이들의 목적은 업무의 효율을 향상하여 비용을 줄이거나 많은 이윤을 창출하는 것이다. 주문형 소프트웨어는 고객의 요구사항을 잘 파악해야 하며 범용 소프트웨어는 잠재적인 고객이 누군지를 잘 알아야 한다.

❸ 소프트웨어 개발자

소프트웨어 프로젝트 개발에 필요한 사람들로 소프트웨어 엔지니어들이다. 개발팀의 역할에 따라 요구분석가, 아키텍트, 프로그래머, 데이터베이스 전문가, 기술문서 작성자, 테스트 엔지니어, 트레이너 등이다. 이들은 고객의 요구조건에 맞게 어려운 문제를 해결하려는 도전 의식이 강하고 높은 기술 수준에 대한 명성 등이 동기부여의 원동력이다.

❹ 프로젝트 관리자

소프트웨어 프로젝트를 관리하는 사람들로 목적은 고객이 원하는 소프트웨어를 소프트웨어 개발자가 잘 개발할 수 있도록 도와주며 이를 통해 사용자가 소프트웨어를 잘 사용할 수 있도록 도와주는 것이다. 프로젝트 관리자는 프로젝트를 어떻게 관리하는가에 대한 지식이 있어야 하며 풍부한 소프트웨어 경험을 바탕으로 계획, 예측, 조직, 모니터링 등을 하는 사람이다.

5) 소프트웨어 프로젝트 작업 순서

프로젝트 작업 순서		담당자
요구분석과 정의	←	요구분석가
↓ 시스템 설계	←	요구분석가, 아키텍트
↓ 프로그램 설계	←	아키텍트, 프로그래머
↓ 프로그램 구현	←	프로그래머
↓ 단계 테스트	←	테스트 엔지니어
↓ 통합 테스트	←	테스트 엔지니어
↓ 시스템 테스트	←	테스트 엔지니어
↓ 시스템 설치	←	트레이너
↓ 유지보수	←	트레이너

❶ 요구분석과 정의

고객이 요구하는 문제를 해결하기 위해 업무환경이나 문제점, 필요한 기술을 파악해야 하며 수행할 작업과 순서를 결정해야 하는 과정이다. 이때 소프트웨어로 제공해야 할 기능에 대하여 협의해야 하는 아주 중요한 작업이다.

ⓐ 도메인 분석단계 : 문제를 이해하고 해결하는 최선의 결정을 내릴 수 있도록 관련된 배경지식을 분석하는 작업단계이다.

ⓑ 문제 정의단계 : 해결하려는 문제를 더 정확히 결정하기 위해 시스템의 범위를 좁혀나가는 단계이다.

ⓒ 요구 추출 : 소프트웨어로 무엇을 해야 하는가에 대하여 아이디어를 정리하는 단계이다.

ⓓ **요구 분석 :** 수집한 정보를 정리하고 개발될 소프트웨어가 실제로 무엇을 해야 하는지를 결정하는 작업 단계이다.

ⓔ **요구명세화 :** 소프트웨어에 대하여 정확하게 정의하기 위해 명령어 형태로 작성하는 것으로 동작에 대하여 나타내야 한다.

❷ 설계 단계

- 설계 단계는 요구사항을 어떻게 구현할 것인지 결정하는 과정이다.
- 요구사항 중 어떤 것을 하드웨어로 구현하고 어떤 것은 소프트웨어로 구현할 것인지 결정하는 단계이다.
- 시스템을 서브시스템으로 분할하고 서브시스템이 어떻게 서로 상호작용하는지 결정하며 각 서브시스템 안의 상세한 사항이 어떤 방식으로 구성되는지 결정한다.
- 또, 사용자가 어떻게 시스템과 상호작용하는지 결정하고 자료를 어떻게 저장하는지 결정하는 단계이다.

❸ 모델링 단계

도메인이나 소프트웨어에 대해 심벌, 수식 등의 표현을 만드는 과정이다. 복잡한 소프트웨어를 바로 프로그래밍하기 어렵기 때문에 기능, 동작, 구성을 자세히 표현하는 작업이다.

❹ 프로그래밍 단계

- 설계된 소프트웨어의 기능을 프로그래밍 언어로 옮기는 작업으로 프로그래밍 언어 문법을 올바로 사용할 수 있어야 한다.
- 여러 단계 중 이 부분을 부분적으로 자동화하려고 하고 있다.

❺ 테스트 단계

프로그램을 작성한 후에 개별 코드를 단위 테스트한다. 이를 다른 말로 모듈테스트라 한다. 모듈 테스트가 끝나면 이를 통합하여 통합테스트를 한다. 전체 모듈이 다 연결될 때까지 하나씩 추가하면서 테스트한다. 모든 모듈이 합쳐져서 테스트가 되는 것을 시스템 테스트라고 말한다. 시스템의 기능이 요구분석 단계에 기능과 일치하는지를 확인하는 과정을 말한다.

❻ 유지 보수 단계

개발된 소프트웨어를 납품하고 이후에 발생하는 소프트웨어 유지 보수를 하는 단계이다.

제2장

파이썬 개념잡기

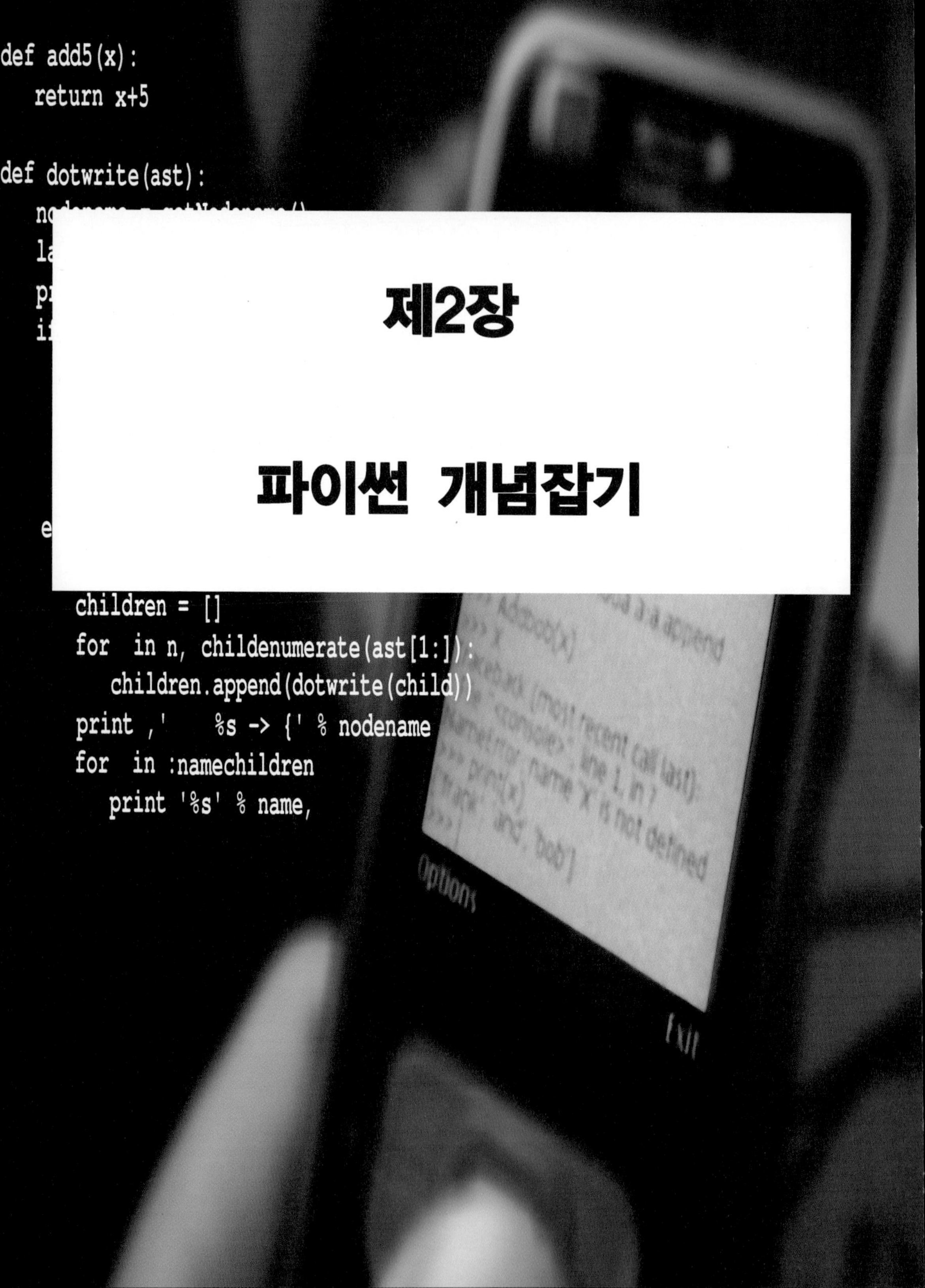
def add5(x):
return x+5
def dotwrite(ast):
children = []
for in n, childenumerate(ast[1:]):
children.append(dotwrite(child))
print ,' %s -> {' % nodename
for in :namechildren
print '%s' % name,
Options
Exit

배울 내용

1. 파이썬을 만든 사람
2. 파이썬 언어의 특징
3. 파이썬으로 만들어진 대표적인 프로그램
4. 파이썬으로 할 수 있는 프로그램
5. 파이썬 언어의 실행 순서

1. 파이썬을 만든 사람

네덜란드 암스테르담에 사는 귀도 반 노섬(Guido van Rossum) 개발하였다. 귀도 반 로섬은 BBC방송의 코미디 “Monty Python’s Flying Circus” 프로그램의 팬이었고 이 프로그램 이름에서 파이썬이라는 이름을 지었다고 한다.

【귀도 반 로섬】

Tip 잘못 알려진 진실

파이썬은 그리스 신화 파르나서스 산의 동굴에 숨어 살다가 아폴로에 의해 살해된 거대한 뱀이다. 아시아와 아프리카, 오스트레일리아 등지에 살며, 먹이를 질식사시키는 거대하고 독이 없는 큰 뱀이다. 그래서 파이썬 아이콘이 뱀인데 사실은 뱀과는 전혀 관계가 없는 잘못 알려진 진실이다.

2. 파이썬 언어의 특징은?

‘언어’라는 단어를 들으면 무엇이 생각나는가? 영어, 한국어, 중국어…….

각 나라마다 말이 다르므로 영국인, 미국인들과 만나면 우리나라 언어로 통하지 않는다. 그래서 영어를 알아야 대화를 할 것이다. 중국어도 마찬가지이다. 중국인이 우리나라 말을 배우든지 내가 중국어를 배우든지 해야 대화가 될 것이다. 하지만 배우지 않아도 되는 방법이 있다. 바로 번역기를 사용하는 것이다. 하고 싶은 말을 우리나라 말로 쓰면 중국어로, 영어로 번역을 해준다. 이것을 중국인에게 영어를 쓰는 사람에게 보여줘도 된다.

이렇듯 컴퓨터도 무엇인가를 처리하기 위해서는 컴퓨터 언어가 필요하다. 사람은 사람의 언어로 대화한다. 그래서 컴퓨터에게 사용자가 원하는 것을 시키려면 컴퓨터 언어로 지시를 내려야 합니다.

컴퓨터언어인 기계어는 0이나 1로 되어있으므로 사람들이 지시하려면 많은 숫자를 써야 하는 번거로움이 있고 쉽지는 않다. 0과 1의 기계어 대신 사람들의 언어(고급언어)로 방식으로 프로그램을 작성하면 컴퓨터 언어로 바꾸어 주는 번역기를 사용한다.

번역기에는 2종류가 있다. 첫 번째로 처음부터 끝까지 모든 것을 한꺼번에 바꾸어 주는 “컴파일러형 언어”가 있고 두 번째로 한 문장씩 바꾸어 주는 “인터프리터 언어”가 있다. 인터프린터 언어는 통역사가 대화하는 것을 바로바로 통역해주는 방식이므로 인터프린터 언어를 대화형 언어라고도 한다.

1) 대화형 인터프리터 방식의 언어이다.

파이썬은 객체지향이며 인터프리터 방식의 언어이다. 인터프리터 방식은 코드 한 줄씩을 기계어로 번역하므로 오류 수정이 쉽고 바로 수정하여 결과를 바로 테스트할 수 있다. 또 기존의 프로그래밍 언어의 특징인 컴파일러 방식으로도 실행할 수 있다.

2) 쉽고 간단한 문법의 언어이다.

- 파이썬은 들여쓰기(Indentation)로 블록을 구분하므로 문법의 어려움이 없다.
- 함수의 활용 범위가 넓어졌다. 즉 함수를 변수에 저장할 수 있는 방식, 반환 값을 사용, 함수에 인수를 전달할 수 있는 방식이 도입되었다. 다중상속과 자연 바인딩을 지원한다.

3) 독립적으로 실행해 주는 방식 언어이다.

리눅스, 유닉스, 윈도우, 매킨토시, OS/2등의 운영체제에서 실행되며, 플랫폼에 독립적이며 코드 이식이 쉽다. 자바언어와 같이 바이코드를 만들어 소스코드 없이도 다른 컴퓨터에서 실행해 주는 방식이다.

4) 실행속도를 높인 언어이다.

실행속도가 가장 빠른 언어는 어셈블리언어이고, 이후 C언어이다. C언어 이후 실행속도에 초점이 맞추어 개발된 것이 아니라 객체지향방식의 프로그램에 초점이 맞추어지면서 실행 속도보다는 효율적 재사용에 맞추어 자바언어, C#언어 등이 발전하였다. 하지만 파이썬 언어는 객체지향 언어의 장점을 가지면서 C언어에 견줄만한 실행속도를 높인 언어이다.

5) 풍부한 자료형을 가지고 있다.

부울, 문자열, 바이트, 리스트, 튜플, 사전, 집합 등 풍부한 자료형을 제공한다. 이들 자료형은 서로 변환을 할 수 있다. 이를 유연하다고 말한다.

6) 많은 라이브러리들

원하는 기능이 거의 다 제공되는 라이브러리들이 있다. 또한 파이썬 협력업체가 제공하는 수많은 라이브러리들이 현재의 프로그램작성에 필요한 라이브러리들, 미래에 개발될 하드웨어, 소프트웨어에 대하여 계속 업데이트되고 있다.

7) 다른 언어와 결합성이 높다.

C, C++, Java에서 파이썬 모듈로 작성할 수 있고 파이썬 함수를 호출할 수도 있다. 예를 들어, C언어 코드로 프로그램을 작성하는 프로그래머가 복잡한 저수준의 라이브러리를 배치하고 파이썬을 API를 제공하는 언어로 구성하면서 프로그램을 작성해 가는 방식으로 프로그램을 작성하면 효율적인 프로그램 작성이 될 것이다.

8) 무료이다

파이썬은 교육용도, 상업용도 모두 무료이다. 저작권은 2001년부터 비영리 기구인 파이썬 소프트웨어 재단에서 관리하고 있다.

3. 파이썬으로 만들어진 대표적인 프로그램

1) 구글

구글은 핵심 프로그램 언어는 파이썬, C++, 자바이다. 구글의 수많은 내부 시스템과 구글 API들이 파이썬으로 작성되었다.

구글의 어디에 사용되었나?

앱 엔진	유튜브	오픈 소스 라이브러리
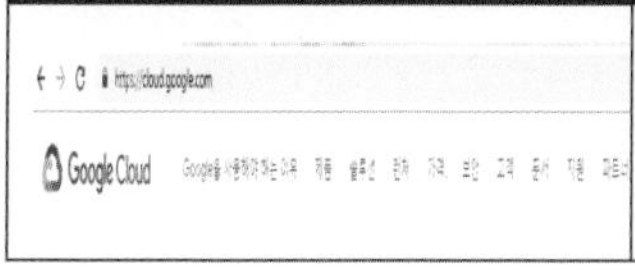		

2) 인스타그램

인스타그램은 2010년에 출시한 전 세계 2억 명 이상이 사용하고 있는 온라인 사진 공유 및 소셜 네트워킹 서비스이다.

인스타그램이 선택한 애플리케이션 서버 기술은 파이썬 기반의 앱 프레임워크인 장고(DJango)이다. 파노라마 형태로 올린 사진을 하나의 사진처럼 합쳐주는 기능(Unshredder)은 파이썬의 이미지 라이브러리인 PIL(Python Image Library)를 활용하여 구현하였다. 이밖에 많은 기능과 기술을 파이썬으로 구현하였다.

4. 파이썬으로 할 수 있는 프로그램

1) 웹 프로그램을 만든다.

웹프로그램 특성상 빠르게 작성되고 반영되어야 한다. 많은 문자열 처리를 빠르게 해야 된다. 스크립트언어인 파이썬은 컴파일 없이 빠르게 진행할 수 있는 장점이 있다. DJango, Flash와 같은 웹 프레임워크를 이용하여 만든다.

2) 수학/과학 계산처리를 빠르게 할 수 있다.

Numpy : 행렬이나 일반적으로 대규모 다차원 배열을 쉽게 처리 할 수 있게 해주는 라이브러리이다.

Scipy library : SciPy와 NumPy는 수치적 배열과 고급 데이터 분석에서 없어서는 안 될 패키지이다. 과학적 프로그래밍에 사용되는 기본 연산에는 배열, 행렬, 적분, 미분방정식 연산, 통계 등이 있다. 파이썬은 행렬이나 배열이 아닌 일반적 변수에 대한 기초적 수학 연산을 제공하지만, 기본적인 과학계산 기능은 내장되어 있지 않다. SciPy와 NumPy는 과학계산을 효율적으로 수행할 수 있는 강력한 파이썬 패키지다.

Matplotlib : 그래프를 그릴 때 주로 쓰이는 2D, 3D 플로팅 패키지이다. 기본적인 선형그래프부터 글로벌한 통계를 뒷받침하는 그래프까지, 그 상상 이상의 능력을 갖고 있다. 일반적인 예로, 미국 지도위에 허리케인의 이동경로를 그리는 것이 가능하다.

IPython : 파이썬의 기본 대화형 쉘의 기능을 향상 시킨 도구이다. 디버깅, 코드편집, 탐색 등 많이 개선도구이다. IPython은 단순히 명령 줄에서 실행되는 대화형 쉘을 개선하는 과정에서 파이썬 커널과 입출력 파이썬 커널과 입출력 부분을 분리했다. 입출력 부분을 웹서버로 떼어내어 개발한 노트북이라는 기능도 별도로 제공하고 있다.

pandas : 데이터 분석, 데이터 처리 등의 빅데이터를 쉽게 처리하기 위해 만들어진 파이썬 패키지이다.

3) 데이터베이스 프로그램을 만든다.

SQLite가 내장되어 있다. Oracle, MySQL 등 기존에 사용하는 데이터베이스에 대하여 인터페이스가 만들어져 있다. 그래서 데이터베이스를 활용한 관리 프로그램을 작성할 수 있다.

4) 이미지 처리 프로그램을 만든다.

파이썬 이전에 이미지 처리 프로그램은 C언어 계열의 OpenCV를 사용하였다. 하지만 간단한 이미지 처리도 프로그램하기가 결코 쉽지 않고, 처리시간이 많이 걸렸다. 하지만 파이썬의 확장 모듈로 만들어진 OpenCV는 이미지 처리가 C언어 계열 못지않게 빠르게 처리할 수 있게 되었다

5) 네트워크 프로그램을 만든다.

인터넷 프로토콜 FTP, NNTP, POP3, SMTP, HTTP 지원한다. 소켓응용프로그램 작성하는 라이브러리도 지원한다. 그러므로 쉽게 네트워크 프로그램을 작성할 수 있다.

6) 게임 프로그램을 만든다.

IPython을 활용한 병렬연산과 MPS와 PBS 라이브러리의 바인딩, PyCUDA를 이용하여 GUI프로그램을 제공하여 다양한 게임을 만들 수 있다. 이뿐만 아니라 다른 언어로 이미 작성한 게임 프로그램을 확장할 수 있다.

7) 빅데이터 처리할 수 있다.

파이썬은 문자열처리에 매우 능한 언어 중의 하나이다. 인터넷으로 데이터를 수집하거나 기존의 데이터베이스에 구축된 정형화된 데이터, 로그데이터들, 게시판의 댓글 등의 수많은 데이터를 수집하여 사용할 수 있는 데이터로 정제하는 과정은 빅데이터 처리에 중요한 라이브러리 등을 제공하고 있다.

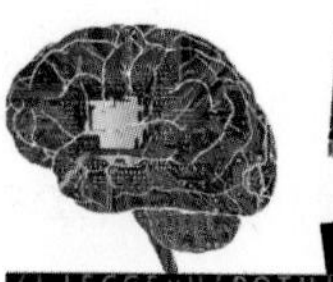

5. 파이썬 언어의 실행순서

1단계 파이썬으로 만들어진 프로그램이다.

2단계 파이썬 실행 프로그램(python.exe)이 원시파일을 읽어서 문법에 맞게 해석하여서 바이트코드를 생성한다. 바이트코드는 실행 전에 생성되는 중간 코드로 실행 속도를 높이기 위하여 생성된다.

3단계 파이썬 가상 머신에서 실행된다. 운영체제마다 파이썬 가상 머신 플랫폼이 포팅되어 있다. 그래서 파이썬을 설치할 때 맥용, 윈도우용, 리눅스용으로 설치해야 한다.

요약

1. 파이썬을 만든 사람은 네덜란드 암스테르담에 사는 귀도 반 로섬(Guido van Rossum) 개발하였다.
2. 번역기에는 2종류가 있다. 첫 번째로 처음부터 끝까지 모든 것을 한꺼번에 바꾸어 주는 "컴파일러형 언어"가 있고 두 번째로 한 문장씩 바꾸어 주는 "인터프리터 언어"가 있다.
3. 파이썬 언어는 인터프리터 방식의 대화형 지원하는 언어이다.
4. 쉽고 간단한 문법의 언어이다.
5. 독립적으로 실행해 주는 방식 언어이다.
6. 실행 속도를 높인 언어이다.
7. 풍부한 자료형을 가지고 있다.
8. 다른 언어와 결합성이 높다.
9. 파이썬 언어 실행 순서

ber_and_incr (destination, source) int
*destination; unsigned char **source; { extract_num-
ber (destination, *source); *source += 2; } #ifndef EXTRACT_MAC-
ROS #undef EXTRACT_NUMBER_AND_INCR #define EXTRACT_NUM-
BER_AND_INCR(dest, src) \ extract_number_and_incr (&dest, &src) #endif /*
not EXTRACT_MACROS */ #endif /* DEBUG */ ⊠ /* If DEBUG is defined, Regex prints
many voluminous messages about what it is doing (if the variable `debug' is nonzero). If
linked with the main program in `iregex.c', you can enter patterns and strings interactively.
And if linked with the main program in `main.c' and the other test files, you can run the al-
ready-written tests. */ #ifdef DEBUG /* We use standard I/O for debugging. */ #include <stdio
/* It is useful to test things that ``must'' be true when debugging. */ #include <assert.h> static
debug = 0; #define DEBUG_STATEMENT(e) e #define DEBUG_PRINT1(x) if (debug) printf (x) #def
DEBUG_PRINT2(x1, x2) if (debug) printf (x1, x2) #define DEBUG_PRINT3(x1, x2, x3) if (debug) pri
(x1, x2, x3) #define DEBUG_PRINT4(x1, x2, x3, x4) if (debug) printf (x1, x2, x3, x4) #define DE-
BUG_PRINT_COMPILED_PATTERN(p, s, e)\ if (debug) print_partial_compiled_pattern (s, e) #defi

제3장

파이썬 설치하기

break; case duplicate: printf ("/duplicate/%d", *p++); break; case anychar: printf ("/anychar");
break; case charset: case charset_not: { register int c; printf ("/charset%s", (re_opcode_t) *(p -
1) == charset_not ? "_not" : ""); assert (p + *p < pend); for (c = 0; c < *p; c++) { unsigned bit;
unsigned char map_byte = p[1 + c]; putchar ('/'); for (bit = 0; bit < BYTEWIDTH; bit++) if
(map_byte & (1 << bit)) printchar (c * BYTEWIDTH + bit); } p += 1 + *p; break; } case beg-
line: printf ("/begline"); break; case endline: printf ("/endline"); break; case on_failure_-
jump: extract_number_and_incr (&mcnt, &p); printf ("/on_failure_jump/0/%d", mcnt);
break; case on_failure_keep_string_jump: extract_number_and_incr (&mcnt, &p); printf
("/on_failure_keep_string_jump/0/%d", mcnt); break; case dummy_failure_jump: ex-
tract_number_and_incr (&mcnt, &p); printf ("/dummy_failure_jump/0/%d", mcnt); break;
case push_dummy_failure: printf ("/push_dummy_failure"); break; case may-
be_pop_jump: extract_number_and_incr (&mcnt, &p); printf
("/maybe_pop_jump/0/%d", mcnt); break; case pop_failure_-
jump: extract_number_and_incr (&mcnt, &p); printf ("/pop_-
failure_jump/0/%d", mcnt); break; case jump_past_alt:

배울 내용	1. 파이썬 설치하기 2. 셸로 코딩하기 3. 편집기로 코딩하기 4. 파이참 설치하기 5. 파이참 실행하기

1. 파이썬 설치하기

1단계

1) 해당 사이트로 가서 파이썬 프로그램 파일다운 받기

https://www.python.org

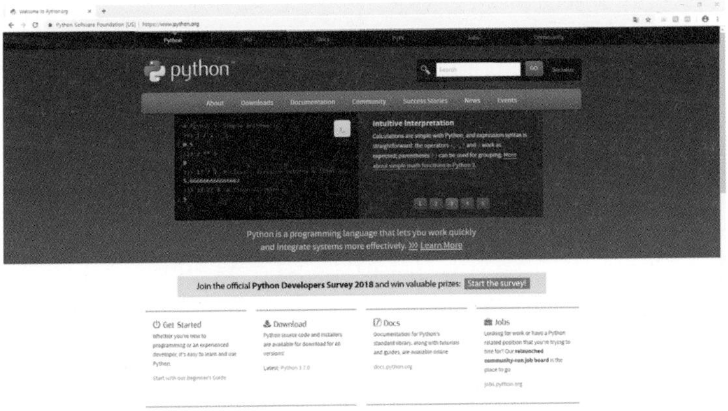

2) Downloads를 선택한 후 windows 누른다.

설치하는 시점에 따라 다양한 버전의 프로그램이 보인다.

3) Python 3.7.1rc2.2018-10-13를 클릭한다.

Python 3.7.1rc2의 대한 설명과 함께 Python 언어의 최신 주요 릴리스이며 많은 새로운 기능과 최적화가 포함되어 있다는 설명이 나온다. 아래로 내려가면 파일들이 있다.

- 32비트 윈도우를 사용하고 있는 분은 Windows x86 실행 설치 프로그램을 선택하고, 64비트 윈도우를 사용하고 있는 분은 Windows x86-64 실행 설치 프로그램을 선택한다.
- 맥 OS를 사용하는 분은 MacOS 64비트/32비트 설치프로그램을 선택한다.
- 한글로 번역하기 위해 크롬 브라우저를 사용하고 한국어 번역 보기를 누르면 한글로 볼 수 있다.
- 선택을 하면 파일이 다운된다.

python-3.7.1rc2-amd64.exe

2단계 파일 설치하기

1) 다운받은 파일을 더블클릭

- Install Now를 눌러서 설치하면 c:₩users₩O₩AppData₩local₩programs ₩python₩python37이라는 경로에 설치가 된다. 그러나 다른 경로로 설치하고 싶으면 Customize installation를 누른다.

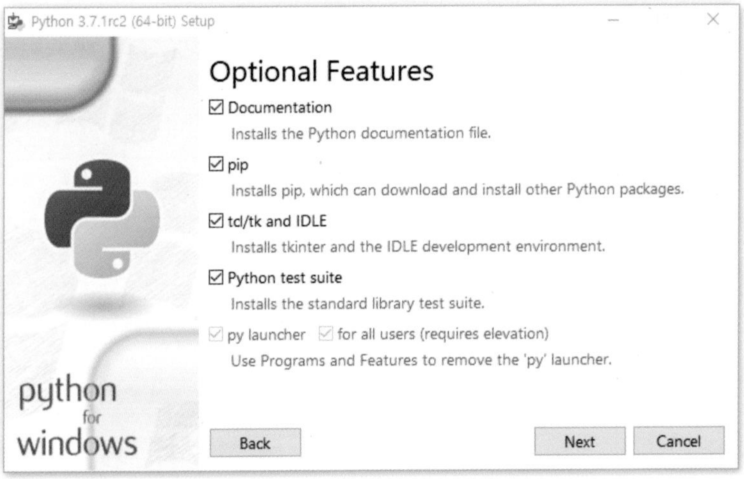

- next를 누른다.
- Advanced Options에서 아랫부분에 Customize install location에서 해당 설치 경로를 바꾸고자 Browse를 누른다.

폴더 찾아보기에서 내 PC를 누른 후 로컬 디스크 (c:)를 누른 후 새 폴더 만들기로 python37을 만든 후 확인 버튼을 누른 후 install 버튼을 누른다.

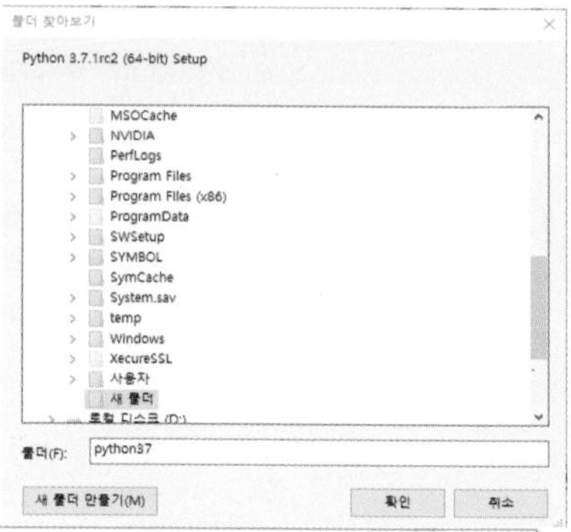

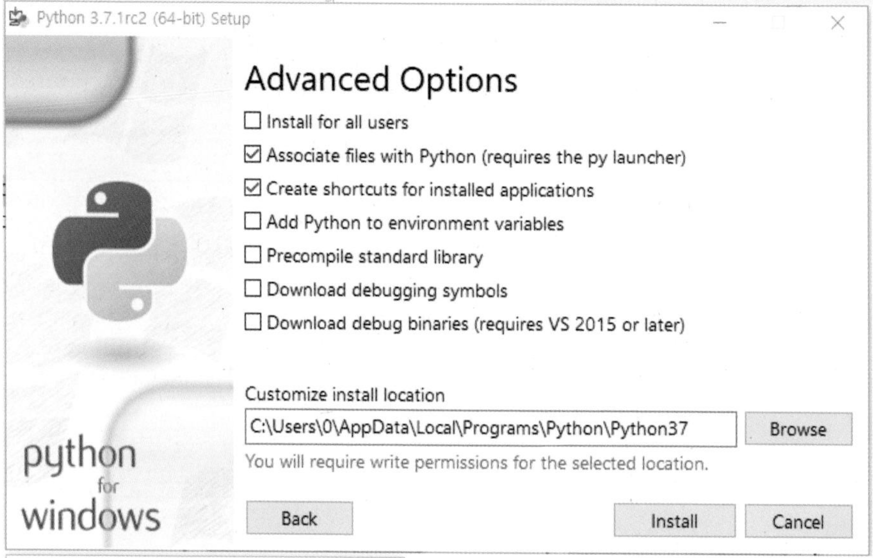

설치가 완료되었다.

3단계

- path 환경 설정하기
- 설치 완료되면 어느 경로에서나 실행할 수 있도록 path 시스템 변수로 설정한다. 또는 처음 설치할 때 Add python 3.7 to path를 선택할 수도 있다.

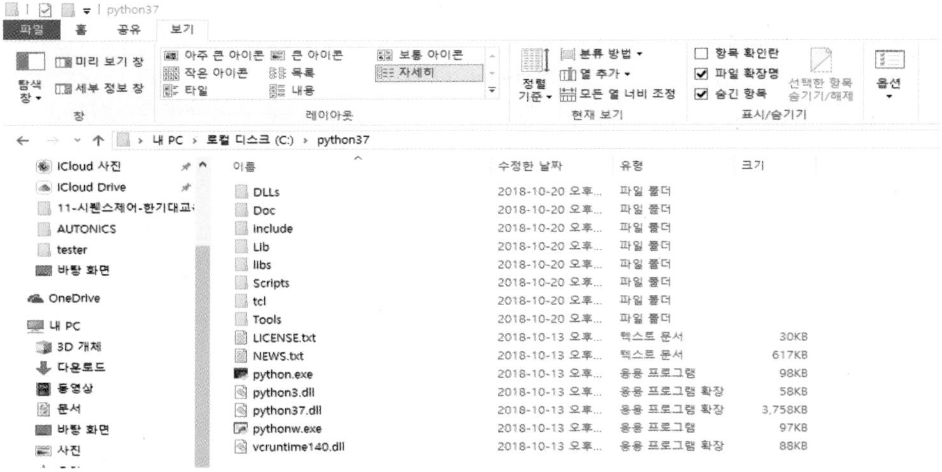

- 내 PC에서 로컬 디스크 (c:)으로 python37로 이동한 후 주소 줄을 클릭하면 c:₩python37로 바뀐다. 이를 복사한다.
- [내 PC]에서 오른쪽 버튼을 누른 후 [속성]에서 [시스템]에서 [고급시스템설정]을 선택하고 [고급]탭에서 [환경변수] 단추를 누른 후 시스템 변수에서 스크롤바를 눌러 아래로 내린 후 Path를 선택한 다음 [편집]버튼을 누른다.

- [새로 만들기(N)] 단추를 누른다. 붙여넣기(ctrl+V)를 한다. 그러면 c:₩python37이

추가된다. 확인을 여러 번 눌러서 환경설정을 종료한다.

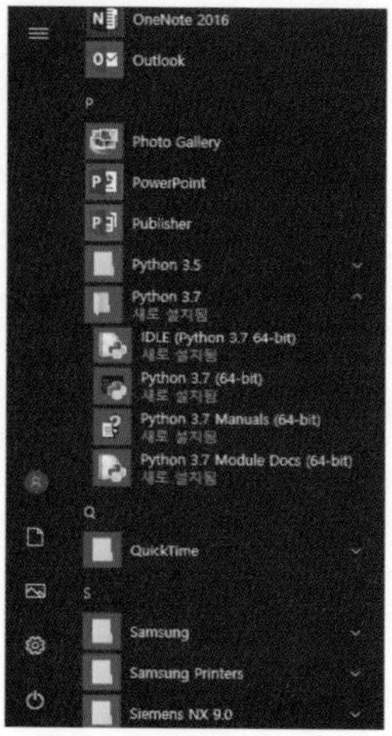

4단계 설치가 잘 되었는지 확인하기

- 윈도우 창에 python 3.7이 새로 설치가 된 것을 확인할 수 있다.
- IDLE (Python 3.7.64-bit)를 누른다.

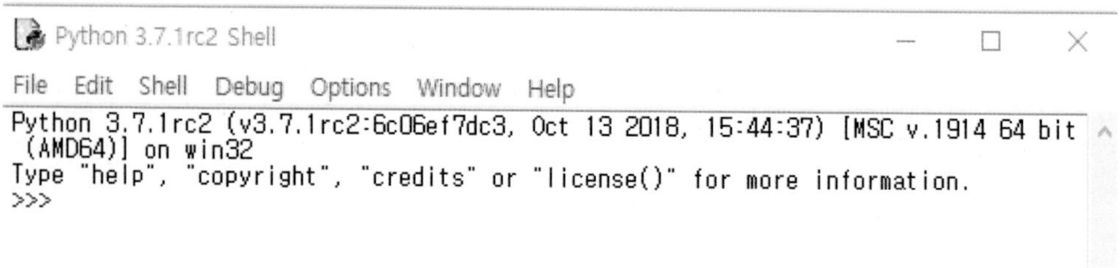

2. 셀로 코딩하기

- 파이썬 셀은 파이썬 인터프리터와 대화하듯이 한 줄씩 번역하여 바로 결과를 알려주는 방식의 코딩이다. 간단한 것을 코딩할 때 사용한다.
- print("Hello Python") 이라고 입력하고 Enter키를 누르세요.

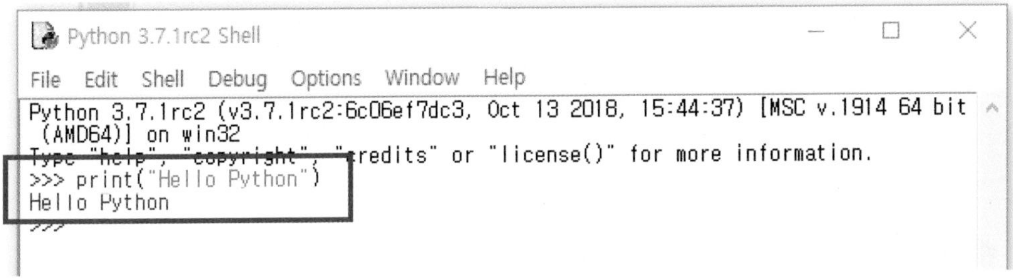

- 이제부터 "〉〉〉"로 표시된 예제는 셀로 코딩하기로 시작하면 된다.

3. 편집기로 코딩하기

- 셀로 코딩하기 화면에서 File → New File을 누르면 편집기가 나타나고 여기에 코드를 여러 줄 입력한다.

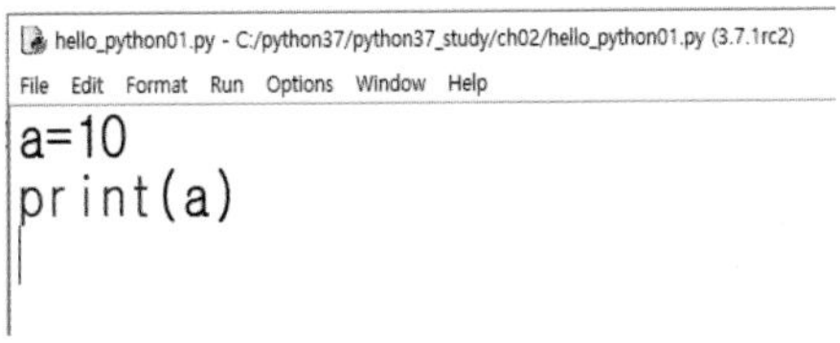

- 위와 같이 "a=10, print(a)"를 입력한다. 입력 후 실행하기 위해서 Run→Run

Module (또는 F5)를 누르면 Save 화면이 나오고 [확인] 버튼을 누르면 저장할 경로를 선택하도록 나온다.

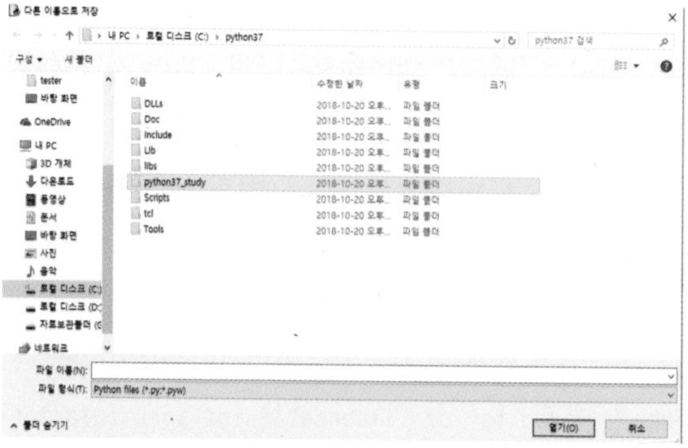

저장 경로는 임의로 할 수 있으나 선생님은 python37_study폴더에 ch2폴더에 01.py로 저장하겠다. 결과가 10으로 나온다.

```
Python 3.7.1rc2 (v3.7.1rc2:6c06ef7dc3, Oct 13 2018, 15:44:37) [MSC v.1914 64 bit
 (AMD64)] on win32
Type "help", "copyright", "credits" or "license()" for more information.
>>>
=============== RESTART: C:/python37/python37_study/ch02/01.py ===============
10
>>> |
```

4. 파이참(Pycham) 설치하기

파이썬을 설치하고 셸과 간단한 편집기로 프로그램을 작업할 수도 있지만 파이썬 전용 편집기인 파이참은 파이썬 프로그래밍을 할 수 있는 통합개발환경(IDE)으로 코드분석, 디버깅, 테스트 등을 할 수 있는 강력한 에디터이다. 이를 설치하고 사용하여 보자.

1단계 프로그램을 다운받기

https://www.jetbrains.com/pycharm에 접속하고 DOWNLOAD NOW를 누른다.

2단계 Download Pycharm에서 Community를 누른다.

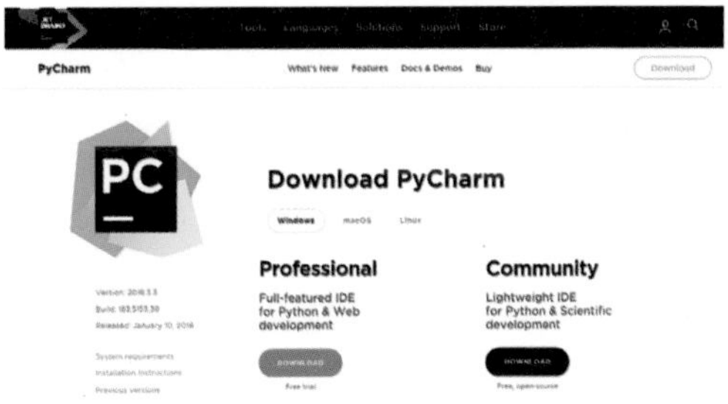

3단계 2단계에서 클릭하고 넘어오면 자동으로 파일을 다운받을 수 있도록 대화상자가 나오면 저장 버튼을 눌러서 파일을 Down받아 둔다.

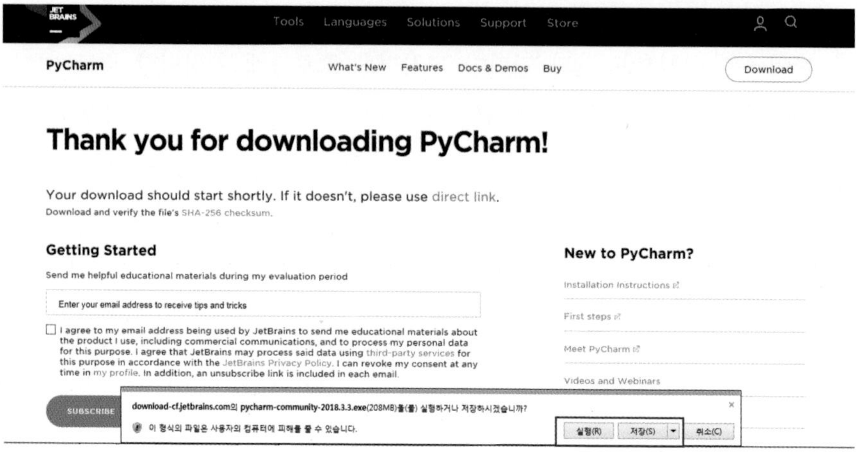

4단계 파일을 Down받는다.

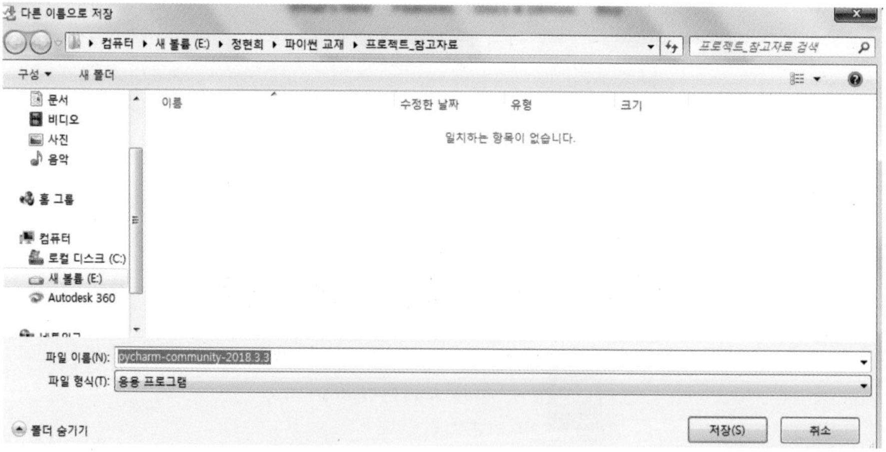

5단계 다운받은 파일을 실행하고 Welcome to Pycharm Community Edition Setup 창이 나오면 Next 버튼을 누른다.

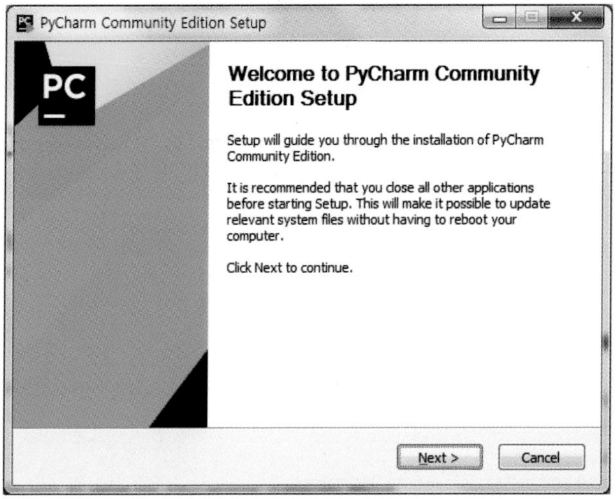

6단계 Browse. 버튼을 눌러서 파이참을 설치할 곳을 지정하고 Next버튼을 누른다.

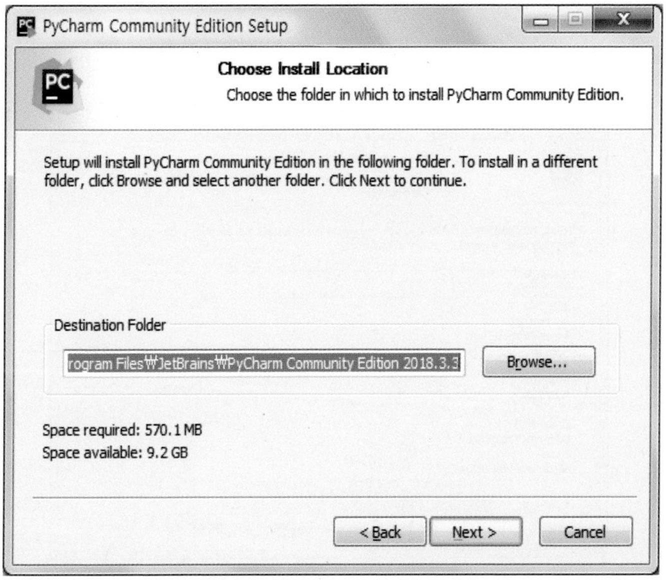

7단계 각자 운영체제에 맞게 환경을 설정한다.

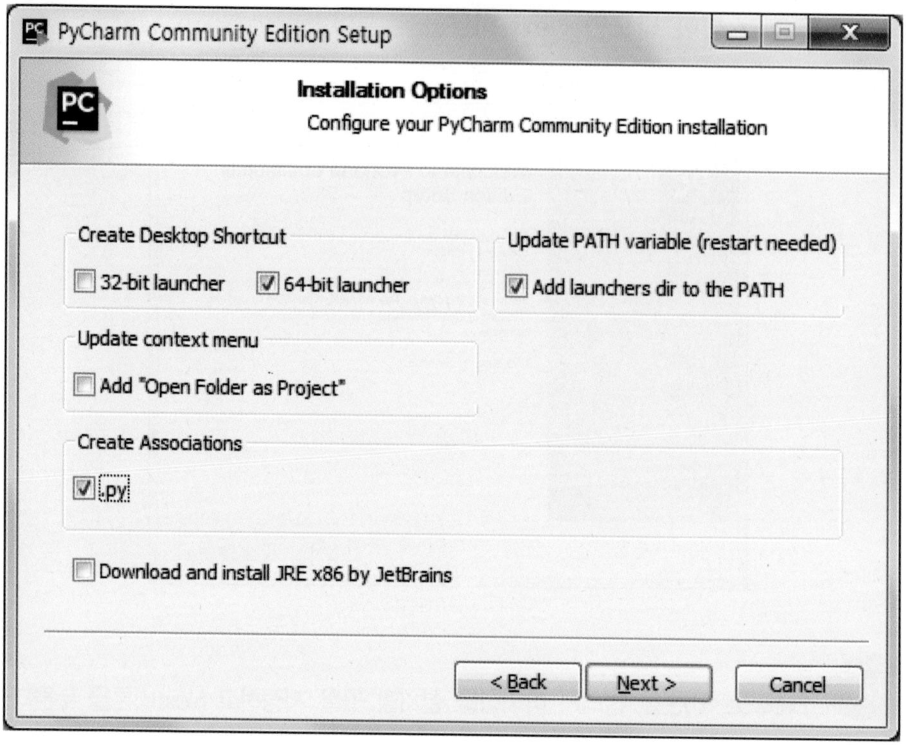

8단계 install을 누른다.

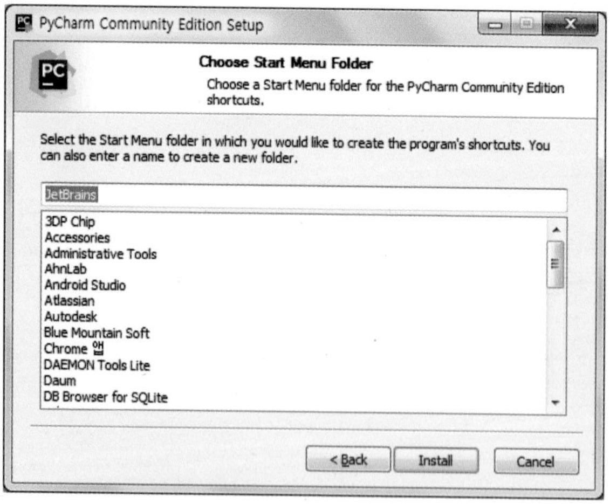

9단계 설치가 된다.

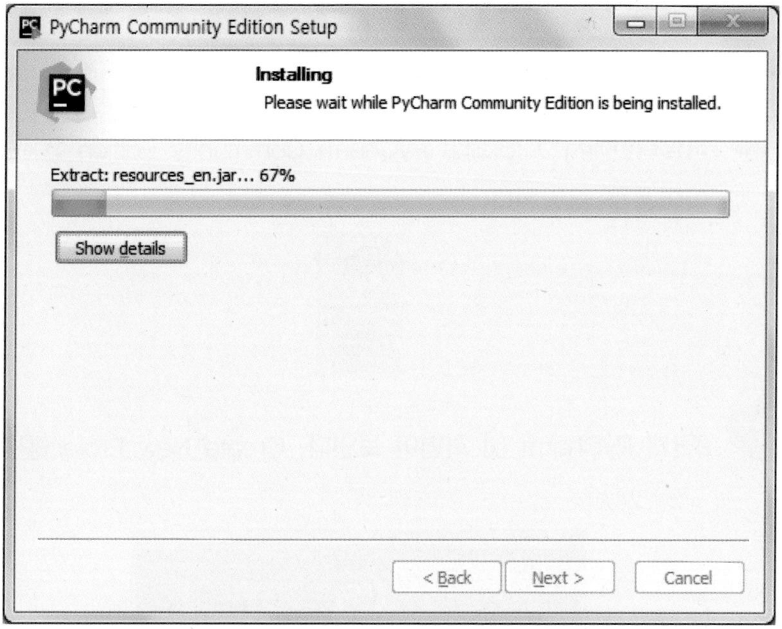

10단계 설치가 완료되었다. Finish 버튼을 누른다.

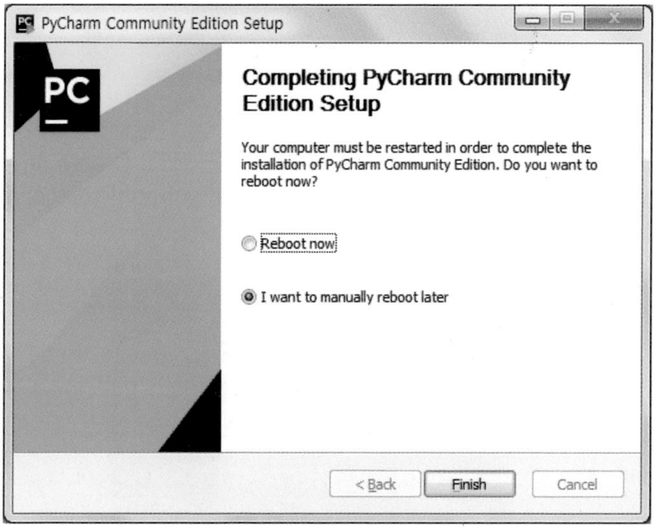

5. 파이참 실행하기

1단계

바탕화면에서 JetBrains PyCharm Community Edition 2018.3.3. x64 아이콘을 클릭한다.

2단계

2단계 PyCharm 첫 화면이 보인다. Create New Project를 선택한다.

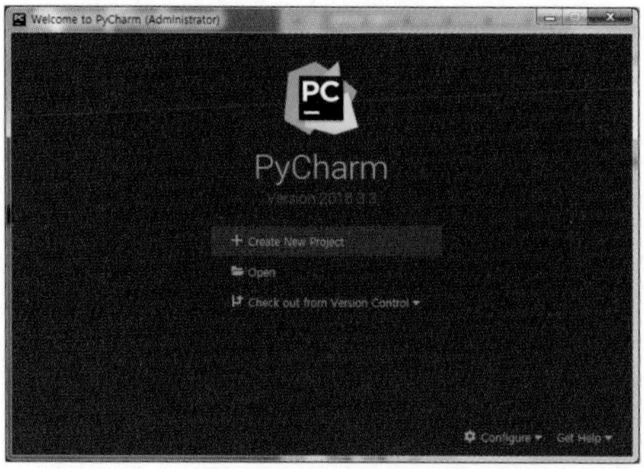

3단계

프로젝트가 만들어질 경로와 프로젝트명을 쓰고 Create 버튼을 누른다.
(예:C:₩Users₩Administrator₩PycharmProjects₩Project_1)

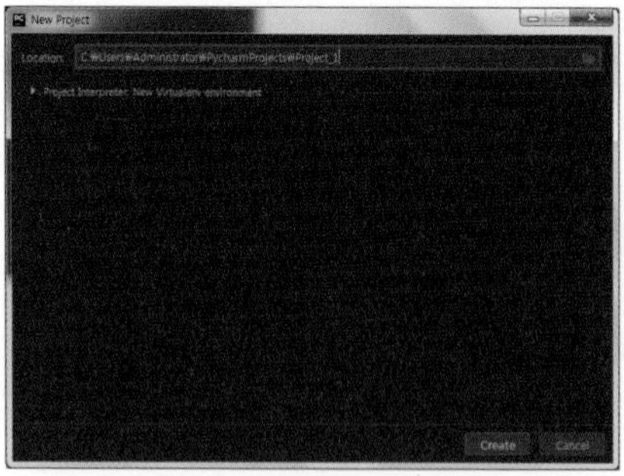

4단계 PyCharm이 실행되면 close단추를 클릭한다.

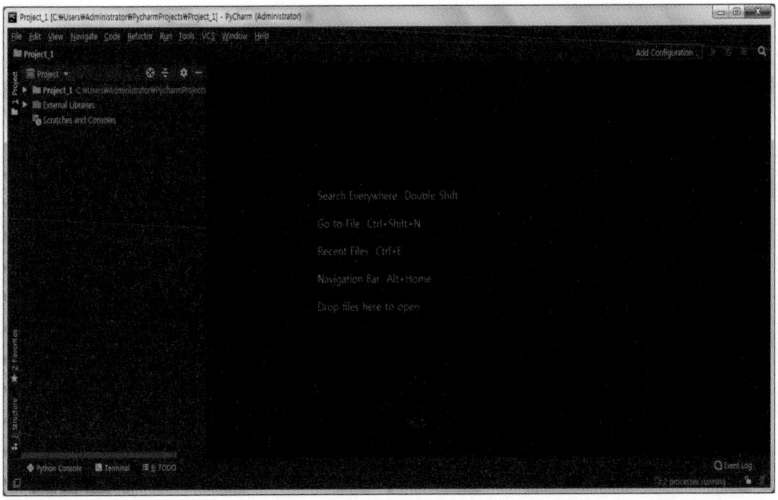

5단계 File - New을 클릭하여 Python File을 클릭한다.

(3단계에서 이미 프로젝트명을 만들었으므로 Project_1이 이미 있을 것이다.) 만약 새롭게 프로젝트를 실행하려면 New - Project를 실행한다.

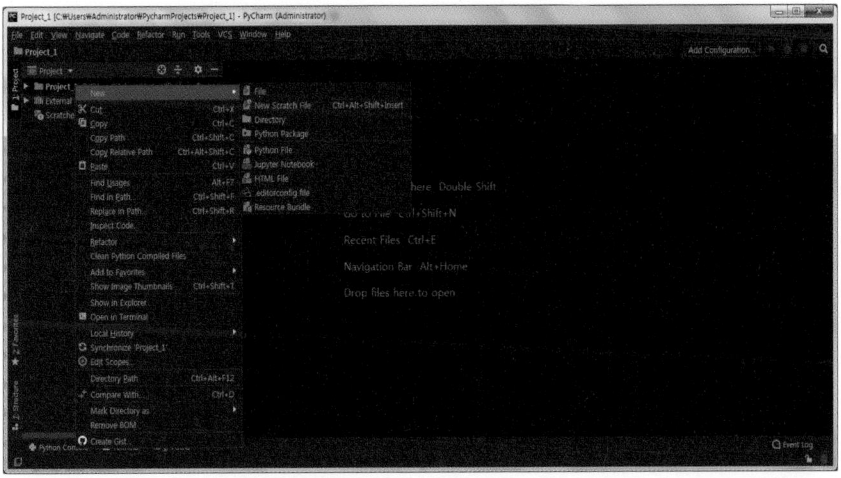

6단계 파일명을 file_1로 한다. 내용은 print('Hello Python!!')으로 입력한다. File - Run을 실행한다.

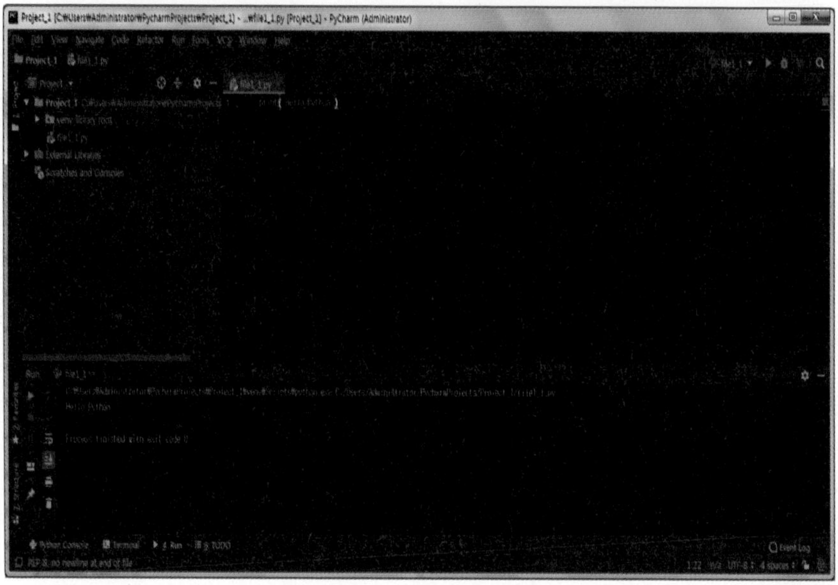

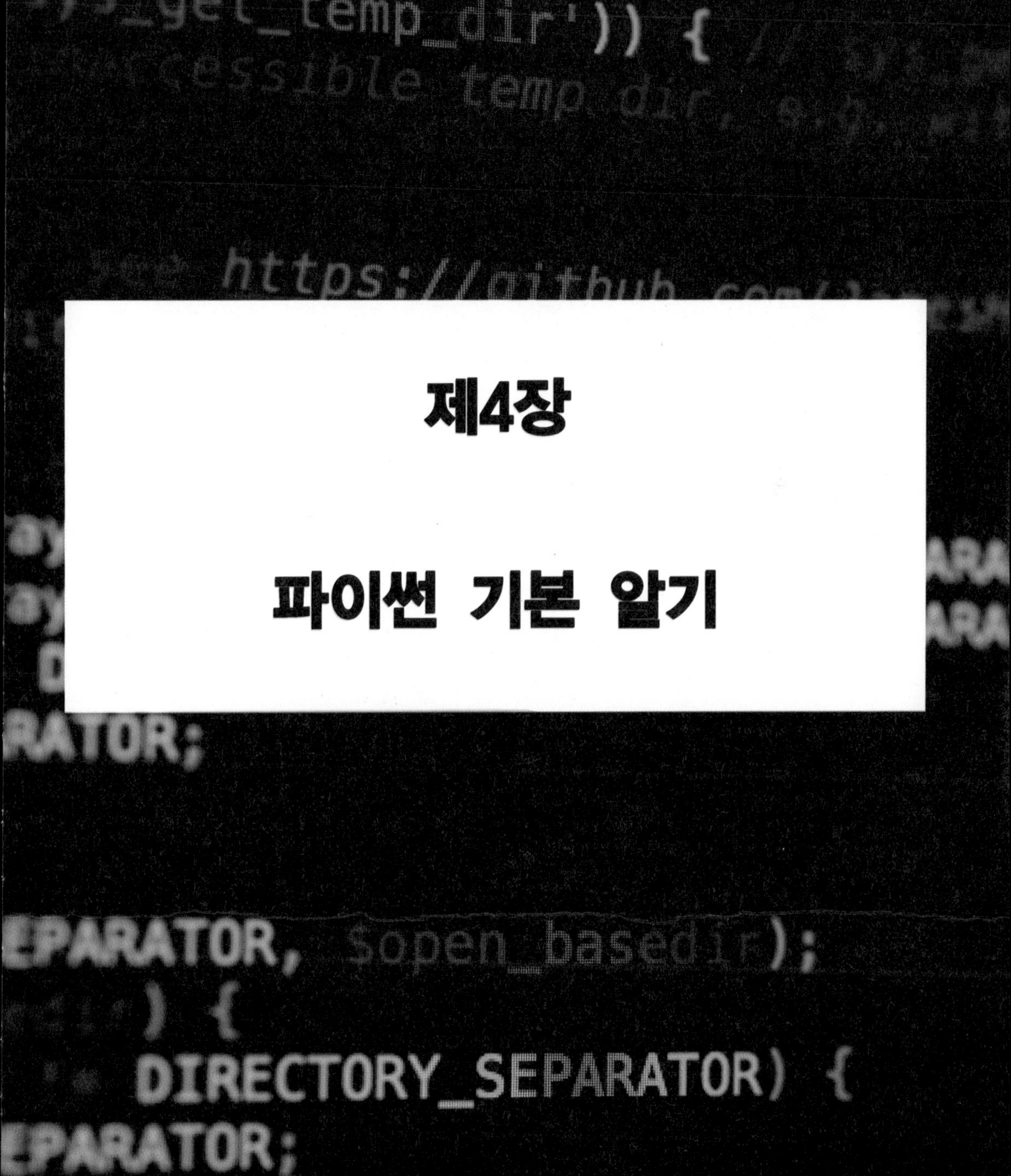
https://github.com/
EPARATOR, $open_basedir);
DIRECTORY_SEPARATOR) {
EPARATOR;

제4장

파이썬 기본 알기

배울 내용
1. 연산자
2. 변수의 개념 알기
3. 숫자를 표현하는 방법

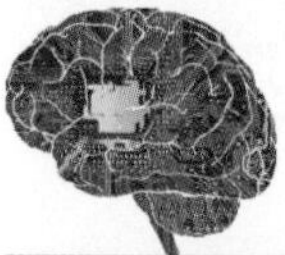

1. 연산자

[수학문제] 15m는 몇 cm인가?

문제를 풀기 위해서는 1m가 100cm인 것을 알아야 한다. 풀이는 15 X 100 = 150이다. 이처럼 15, 100은 수이고 X(곱하기)는 연산자라 한다.

모든 프로그래밍 언어들은 연산자를 가지고 있다. 대부분 비슷하지만 약간은 언어마다 다르다. 파이썬 언어는 수학의 기호를 대부분 연산자로 사용하고 있지만 컴퓨터 특성을 고려해 곱하기를 '*'로 표시하고 '//'는 정수의 몫만 구하는 새로운 연산자로 추가된 것도 있다.

연산자	설명	예제	정답
+	더하기	50+10	60
−	빼기	50−10	40
*	곱하기	12*3	36
/	나누기 소수점	25/2	12.5
%	나머지 구하기	25%2	1
//	정수의 몫만 구하기	25//2	12
**	제곱	3**2	9

- 연산자 실습예제를 풀기 위해서는 windows열쇠 —> 작업표시줄 —> python 3.7(32 bit) —> Python 3.6.0 shell 창에서 실습을 하면 된다.

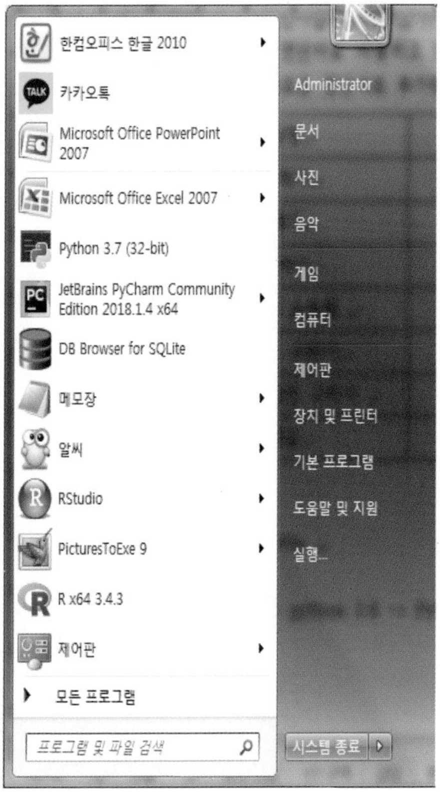

- 윈도우 메뉴 표시에서 Python 3.7(32 bit)를 누른다.

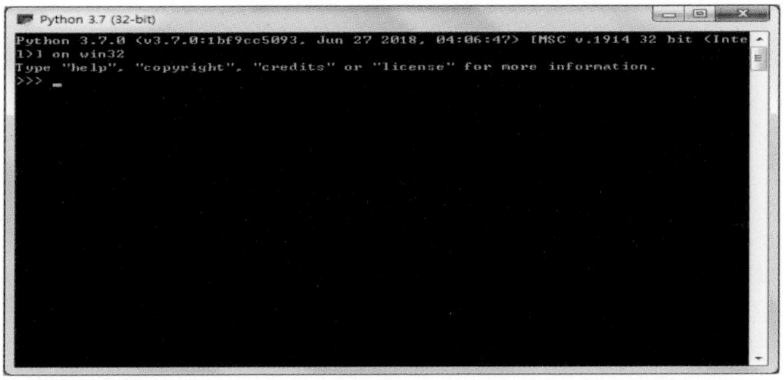

1) +, -, *, / 연산자

사칙연산자로 + 더하기, - 빼기 , * 곱하기 수학에서 사용하는 X는 영어 알파벳 X와 비슷하므로 이를 사용하지 않고 * (아스타)를 사용합니다. 나누기는 ÷가 키보드에 없기 때문에 / 기호로 사용합니다.

실습예제 다음 사칙 연산자를 이용하여 수식을 실행해 보세요.

❶ 100 + 20 =
❷ 200 - 150 =
❸ 300 * 20 =
❹ 400 / 100 =
❺ (100-52) * 2 =

2) //연산자

피제수인 5를 제수 2로 나누면 몫이 2이고 나머지가 1이 된다. 대부분 소수점연산을 하는 경우 2.5의 몫을 얻을 수 있다. 하지만 정수만을 구할 경우 나머지가 제수보다 작은 때 더이상 연산을 진행하지 않으면 어떤 연산자를 사용할까? 이때 //연산자를 사용하면 된다. 5//2인 경우 몫은 2이다. 정수형 몫을 구할 시에 사용한다.

실습예제 다음 //연산자를 이용하여 수식을 실행해 보세요.

❶ 36 // 3 =
❷ 87 // 5 =
❸ 480 // 8 =
❹ 325.2 // 7 =
❺ -7850 // 6 =

3) %연산자

피제수인 5를 제수 2로 나누면 몫이 2이고 나머지가 1이 된다. 이때 나머지를 구할 때 사용하는 연산자이다. 수학에서는 나머지의 값어치는 몫의 값어치와 비슷한 것 같다. 하지만 프로그램 언어에서는 수식의 나머지를 이용하여 다양한 알고리즘을 만들어 낼 수 있다. 예를 들면, 짝수, 홀수를 판별하는 알고리즘, 몇 배수를 판별하는 알고리즘 등이다. 짝수, 홀수 판별 알고리즘은 어떻게 할까? 짝수는 2, 4, 6, 8, 10, 12...... 이런 수일 것이다. 이것은 어떤 규칙이 있을까? 2로 나누어서 나머지가 0이면 짝수이다. 이를 이용하면 된다.

몇 배수를 판별하는 알고리즘은 5의 배수가 어떤 수인가 생각해보면 된다. 5, 10, 15, 20, 25, 30...... 이런 수일 것이다. 어떤 규칙이 있을까? 5로 나누어서 나머지가 0이면 5의 배수이다.

실습예제 다음 %연산자를 이용하여 수식을 실행해 보세요.

❶ 100 % 2 =
❷ 100.0 % 2 =
❸ 99 % 2 =
❹ 99.5% 2 =
❺ 200 % 5 =

4) **연산자

수학에서 제곱은 3^2 또는 3∧2라고 쓴다. 3을 2번 곱한 것이다. 3 X 3 = 9이다. ** 연산자를 제곱을 구하는 연산자이다. 파이썬에서 32 은 3**2으로 사용한다.

실습예제 다음 **연산자를 이용하여 수식을 실행해 보세요.

❶ 2**2 =
❷ 3**2 =
❸ 4**3 =
❹ 5**2 =
❺ 10**2 =

연습문제

01. 밑줄 친 부분을 입력하면서 다양한 연산자를 연습해 보세요.

```
>>> 100 + 300
400
>>> 1234 - 234
1000
>>> 50 * 10
500
>>> 80 / 4
20.0
>>> 100 % 2
0
>>> 101 % 2
1
>>> 80 //3
26
>>> 20**3
8000
```

02. 연산자 2개 이상을 이용하여 다음의 문제를 푸세요. 수학에서 연산자이 우선순위를 생각하면서 푸세요.

❶ 150 + 300 =

❷ 1235 * 50 - 780 =

❸ 700 / 15 =

❹ 800 // 25 =

❺ 578.5 * 45 - 800 =

❻ 6-1 * 0 + 2 ÷ 2 =

❼ 9 - 3 ** 2 + 8 =

❽ 1000 - 250 * 20 =

❾ 7000 * 19 - 580 =

❿ 781250 - 8000 + 962 * 2 =

03. 분수 연산자를 이용하여 다음의 문제를 푸세요.

$$\frac{1}{2} \div \frac{2}{3} + \frac{3}{4} \times \frac{4}{5} - \frac{5}{6} = \frac{31}{60}$$

```
>>> (1/2) / (2/3) + (3/4) * (4/5) - (5/6)
0.5166666666666667
>>> 31/60
0.5166666666666667
>>>
```

2. 변수의 개념 알기

1) 변수의 개념

- 변수란 사전적 의미로 어떤 상황의 가변적 요인, 수학적 개념에서 어떤 관계나 범위 안에서 여러 가지 값으로 변할 수 있는 수를 말한다. 매개변수, 미지수 등이라고 한다.
- 컴퓨터에서 사용하는 변수는 이와 약간의 차이가 있다. 일을 하려면 무수히 많은 자료를 사용해야 하는데, 그 자료를 담기 위해 필요한 그릇 같은 것이라고 생각하면 된다.
- 그릇도 무엇을 담느냐에 따라 국그릇, 밥그릇, 과자 그릇, 과일 그릇 등으로 분류하듯 어떤 자료를 담느냐에 따라 숫자변수(정수형, 실수형), 문자변수, 논리형 변수(Boolean, True 또는 False 저장) 등으로 분류할 수 있다.

“그릇에 무엇인가를 담는다.”

- 그릇은 변수이고 무엇은 자료이고 담는다는 의미는 “넣는다, 할당한다.”라고 말할 수 있으며 ‘=’ 기호를 사용한다.

2) 변수 만들기

이제 변수를 만들어 보자.

❶ 변수 만들 때 기억해야 할 것은?

- ✓ 변수명을 만들 때는 의미 있는 영어 단어를 사용하는 것이 좋다. (예 : 봉급인 경우 SALARY)
- ✓ 단어가 1개 이상이면 단어와 단어 사이에 _(underscore)를 넣어 구분하는 것이 좋다.
- ✓ 변수의 이름은 문자, 숫자, _(Underscore)만 포함해야 한다. 이것 외에 다른 것을 사용하면 안 된다.
- ✓ 변수의 시작은 문자 또는 _(Underscore)로만 시작할 수 있다.
- ✓ 대소문자를 구분한다. 즉 score와 Score는 다른 변수이다.
- ✓ 파이썬의 예약된 명령어나 함수명 등을 이용하여 변수를 만들 수 없다.

❷ 변수로 사용할 수 없는 예약어들은?

and, break, continue, del, else, exec, for, global, import, is, not, pass, raise, try, with, assert class, def, elif, except, finally, from , if, in, lambda, or, print, return, while, yield, from, as

실습예제 》 제품 생산 현황을 처리하기 위한 프로그램 작성 시 변수를 만들려고 합니다. 규칙을 응용하여 변수를 만들어 봅시다. (정답은 특별히 없으며 임의로 만드시면 됩니다.)

힌트 : 제품코드 - product_code 또는 너무 길면 prod_code로 축약하여도 된다.

❶ 제품코드 –
❷ 제품명 –
❸ 생산부서 –
❹ 생산량 –
❺ 불량률 –

실습예제 퇴직금 정산을 처리하기 위한 프로그램 작성 시 변수를 만들려고 합니다. 규칙을 응용하여 변수를 만들어 봅시다. (정답은 특별히 없으며 임의로 만드시면 됩니다.)

❶ 성명 -
❷ 부서명 -
❸ 직책 -
❹ 근속기간 -
❺ 기본급 -
❻ 상여금 -
❼ 수당 -
❽ 퇴직금 -

3) 변수 사용해 보기

여태까지 실습은 결과가 바로 화면에 나왔다면 변수를 이용하여 담아 두었다가 필요할 때 변수에 있는 값을 가져와서 처리하는 것을 실습해 볼 것이다.

실습예제 숫자를 변수(number1)에 넣기

>>> number1 = 10 엔터키를 치면 아무것도 나오지 않는다.

>>> number1 엔터키를 치면 10이 나온다.

```
>>> number1 = 10
>>> number1
```

실습예제 숫자와 변수를 더해서 다른 변수에 넣기

>>> number2 = 100 엔터키

>>> number2 + 200 엔터키를 치면 300이 나온다.

```
>>> number2 = 100
>>> number2 + 200
300
```

실습예제 숫자 2개를 변수에 담아서 연산하기

\>>> number3 = 300 엔터키

\>>> number4 = 200 엔터키

\>>> number3 + number4 엔터키를 치면 500이 나온다.

```
>>> number3 = 300
>>> number4 = 200
>>> number3 + number4
500
```

실습예제 작은따옴표 문자를 변수에 넣기

문자는 작은따옴표(‘ ’)나 큰 따옴표(“ ”)에 넣어야 문자로 인식한다.

\>>> name = ‘강감찬’ 엔터키를 친다.

\>>> name 엔터키를 친다.

```
>>> name = '강감찬'
>>> name
'강감찬'
```

실습예제 큰따옴표 문자를 변수에 넣기

\>>> position =“부장” 엔터키를 친다.

\>>> position

```
>>> position = "부장"
>>> position
'부장'
```

3. 숫자를 표현하는 방법

1) 숫자의 종류

수학에서의 숫자는 자연수(1, 2, 3, 4), 정수(−2, −1, 0, 1, 2), 실수(0.145 소수점이 있는 수), 무리수, 복소수가 있다. 하지만 컴퓨터에서 정수와 실수 정도를 보통 사용한다. 파이썬에서 정수는 int형, 실수는 float형이다. 예를 들어 25라는 수가 정수라는 것을 알고 싶으면 type( )라는 함수를 사용한다.

실습예제 》》 25가 정수인지 확인하려면?

>>> type(25) 치고 엔터키를 치면 <class 'int'> 가 나온다. (int : integer(정수)의 약자)

```
>>> type(25)
<class 'int'>
```

실습예제 》》 '강감찬'이 문자인지를 확인하려면?

>>> type('강감찬') 치고 엔터키를 치면 <class 'str'>가 나온다. (str : string(문자열)의 약자)

```
>>> type('강감찬')
<class 'str'>
```

실습예제 》》 0.145가 실수인지를 확인하려면?

>>> type(0.145) 치고 엔터키를 치면 <class 'float'>가 나온다.

```
>>> type(0.145)
<class 'float'>
```

Tip 함수란?

동일한 작업의 명령어들의 모아 놓은 것을 정의해 둔 것을 말한다. 파이썬 프로그램은 여러 기능을 하는 많은 함수들이 있다. 다음 장에서 더 자세히 배울 것이다.

함수의 형식은 '함수명( )'으로 소괄호( )인 된 것을 본다면 함수로 생각하면 된다.

2) 진수

- ✓ 컴퓨터의 2진수로 표시한다. 2진수는 0부터 2개의 숫자로 표기한다는 의미로 0,1로 모든 숫자를 표현하는 방식이다.
- ✓ 2진수를 3개씩 묶어서 표현하는 8진수는 0부터 8개로 표현한다는 의미로 0,1,2,3,4,5,6,7로 모든 숫자를 표현하는 방식으로 컴퓨터가 사용하는 숫자 표현 방법 중에 하나이다.
- ✓ 10진수는 0부터 10개로 표현한다는 의미로 0, 1, 2, 3, 4, 5, 6, 7, 8, 9로 모든 숫자를 표현하는 방식이다. 사람들은 10진수로 숫자를 표현하는 것을 표준으로 하고 있다.
- ✓ 16진수는 2진수를 4개씩 묶어서 표현하는 숫자로 0부터 9까지 10개 숫자와 A, B, C, D, E, F까지의 6개의 알파벳을 숫자로 사용하는 진수이다. 컴퓨터는 2진수, 8진수, 16진수로 숫자를 표현한다.
- ✓ 16진수를 조금 더 설명하면 A는 10이고, B는 11이고, C는 12이고, D는 13이고, E는 14이고, F는 15이다. 만약 10진수 30이면 16진수이면 1E로 표현한다.

진수	표현범위	표기법 예	비 고
2진수	0,1	0b1010	0:숫자(zero), b: 알파벳
8진수	0,1,2,3,4,5,6,7	0o12	0:숫자(zero), o: 알파벳
10진수	0,1,2,3,4,5,6,7,8,9	15	
16진수	0,1,2,3,4,5,6,7,8,9,A, B, C, D, E, F	0xB	0:숫자(zero), x: 알파벳

3) 문자열로 표현된 숫자 사용하기

키보드(콘솔)로 입력하는 숫자는 "123" 이렇게 숫자에 문자열 표시 ""(따옴표)가 붙여진다. 이것은 123이라는 숫자가 아니라 문자열로 되어있다는 의미이다. 즉 연산이 되지 않는 숫자이다. 핸드폰 번호나 주민번호는 숫자이지만 연산을 하지 않는다. 이것과 유사한 의미이다.

키보드로 입력받아서 연산을 하고자 한다면 문자열로 된 숫자에서 " "를 제거해 주어야 하는 단계가 필요하다. 바로 int함수를 사용하는 것이다.

실습예제 밑줄 친 부분을 입력하면 됩니다.(결과는 에러임)

〉〉〉 number = input("숫자1 ") 엔터키

숫자1 123

〉〉〉 number + 100

```
>>> number = input("숫자1 ")
숫자1 123
>>> number + 100
Traceback (most recent call last):
  File "<stdin>", line 1, in <module>
TypeError: can only concatenate str (not "int") to str
>>>
```

실습예제 위의 실습예제에서 number + 100을 int(number)+100으로 고쳐서 실습

〉〉〉 int(number) + 100

```
>>> int(number) + 100
223
>>>
```

실습예제 진수 변환

〉〉〉 int('200')

200

>>> int('0x200' ,16) #16진수

512

>>> int('0o200' ,8) #8진수

128

>>> int('0b1000' ,2) #2진수

```
>>> int('200')
200
>>> int('0x200',16) #16진수
512
>>> int('0o200',8) #8진수
128
>>> int('0b1000',2) #2진수
8
>>>
```

4) 문자열

문자열은 작은따옴표(' ')나 큰 따옴표(" ")로 묶인 문자들의 모임이다.

(1) 한 행 문자열 처리

>>> a = ' ' # 빈 문자열

>>> a1 = 'Python' # 작은따옴표 '를 사용

>>> a2 = "language" #큰 따옴표 "를 사용

>>> a3 = "It₩' s " #특수문자 '를 그대로 표현할 때는 ₩문자를 쓰고 특수문자를 쓴다.

>>> type(a) # 자료 형을 확인한다.

```
>>> a = ' '
>>> a1 = 'Python'
>>> a2 = "language"
>>> a3 = "It₩'s "
>>> type(a)
<class 'str'>
>>> print(a)

>>> print(a1)
Python
>>> print(a2)
language
>>> print(a3)
It's
```

(2) 여러 행의 문자열 처리

작은따옴표나 큰따옴표를 세 번 연속해서 사용하고 여러 행의 문자열을 그대로 입력한다.

실습예제 》 여러 행 문자열 처리

```
>>> m="""
컴퓨터 구조(computer architecture)는 컴퓨터 공학에서 개념의 설계요,
컴퓨터 시스템의 근간이 되는 운영 구조이다. 컴퓨터의 여러 부분에 대해
설계적으로 이식되는 것들과 요구 사항들(특히 속도와 상호 연결)이 무엇
인지 기능적으로 설명되어 있는 청사진이다."""
>>> print(m)
컴퓨터 구조(computer architecture)는 컴퓨터 공학에서 개념의 설계요,
컴퓨터 시스템의 근간이 되는 운영 구조이다. 컴퓨터의 여러 부분에 대해
설계적으로 이식되는 것들과 요구 사항들(특히 속도와 상호 연결)이 무엇
인지 기능적으로 설명되어 있는 청사진이다.
```

```
>>> m="""컴퓨터 구조(computer architecture)는 컴퓨터 공학에서 개념의 설계요. 컴
퓨터 시스템의 근간이 되는 운영 구조이다. 컴퓨터의 여러 부분에 대해 설계적으로 이
식되는 것들과 요구 사항들(특히 속도와 상호 연결)이 무엇인지 기능적으로 설명되어
있는 청사진이다."""
>>> print(m)
컴퓨터 구조(computer architecture)는 컴퓨터 공학에서 개념의 설계요. 컴퓨터 시스
템의 근간이 되는 운영 구조이다. 컴퓨터의 여러 부분에 대해 설계적으로 이식되는 것
들과 요구 사항들(특히 속도와 상호 연결)이 무엇인지 기능적으로 설명되어 있는 청사
진이다.
```

(3) 특수문자 처리

문자	설 명	문자	설 명
₩n	줄바꾸기	₩t	tab키
₩ '	'문자	₩ "	"문자
₩b	백스페이스	₩e	esc키

실습예제 》 특수문자를 이용하여 문자열을 출력해 봅시다.

(\와 ₩은 같은 코드이다.)

>>> n = ' \" 컴퓨터 구조 \"는 컴퓨터 공학에서 개념의 \b \b 설계요, \n 컴퓨터 시스템의 근간이 되는 \' 운영 구조 \'이다. \t \b 컴퓨터의 여러 부분에 대해 설계적으로 이식되는 것들과 요구 사항들이 무엇인지 기능적으로 설명되어 있는 청사진이다.

>>> print(n)

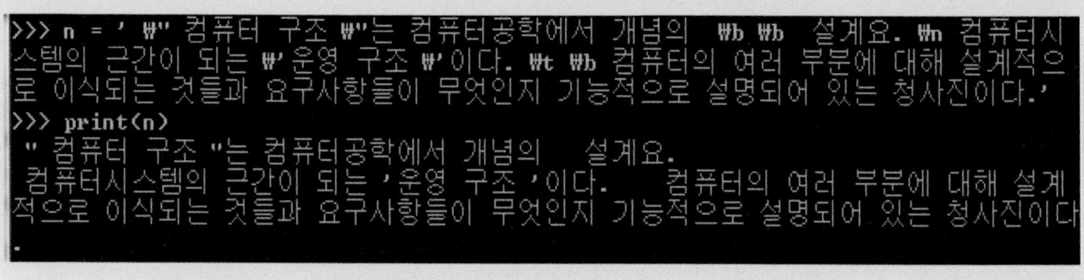
```
>>> n = ' ₩" 컴퓨터 구조 ₩"는 컴퓨터공학에서 개념의  ₩b ₩b  설계요. ₩n 컴퓨터시
스템의 근간이 되는 ₩'운영 구조 ₩'이다. ₩t ₩b 컴퓨터의 여러 부분에 대해 설계적으
로 이식되는 것들과 요구사항들이 무엇인지 기능적으로 설명되어 있는 청사진이다.'
>>> print(n)
 " 컴퓨터 구조 "는 컴퓨터공학에서 개념의   설계요.
 컴퓨터시스템의 근간이 되는 '운영 구조 '이다.    컴퓨터의 여러 부분에 대해 설계
적으로 이식되는 것들과 요구사항들이 무엇인지 기능적으로 설명되어 있는 청사진이다
.
```

요약

01. 그릇은 변수이고 무엇은 자료이고 담는다는 의미는 "넣는다, 할당한다." 라고 말할 수 있으며 '=' 기호를 사용한다.

02. 숫자변수(정수형, 실수형), 문자변수, 논리형 변수(Boolean, True 또는 False 저장) 등으로 분류할 수 있다.

03. 컴퓨터의 2진수로 표시한다. 2진수는 0부터 2개의 숫자로 표기한다는 의미로 0,1로 모든 숫자를 표현하는 방식이다.

04. 컴퓨터에 사용하는 진수는 2진수, 8진수, 16진수이다.

05. 키보드로 입력받아서 연산을 하고자 한다면 문자열로 된 숫자를 " "를 제거해 주어야 하는 단계가 필요하다. 바로 int함수를 사용하는 것이다.

06. 문자열은 작은따옴표(' ')나 큰 따옴표(" ")로 묶인 문자들의 모임이다.

07. 특수문자 ₩n - 줄바꾸기, ₩t - tab키, ₩ ' - '문자, ₩ " - "문자, ₩b - 백스페이스, ₩e - esc키

연습문제

01. **파이썬으로 수학 연산 문제를 푸세요.**

> 힌트 수학에서는 괄호를 구분한다. 즉 { }, ( )를 구분하여 사용하나 컴퓨터에서는 (   )만을 사용한다.
>
> 예) 30 ÷ ((15−10) × 2)

❶ 20 − 4 × 4 + 2 =

❷ 345 − 16 × 15 + 12 × 5 =

❸ 30 - 3 × 9 + 34 =

❹ 10 ÷ 5 + 2 × 3 - 4 ÷ 2 × 3 =

❺ 12 × 3 - 54 ÷ 3 + 4 =

❻ 20 - 3 + 4 × (24 ÷ 6) =

❼ 30 ÷ { (15−10) × 2 } =

❽ 8 − {(200 - 50) ÷ 25 - 2 × 2 } =

❾ 100 − {(200 ÷ 50) × 25 - 2 } =

❿ {99 ÷ (3 + 6) + 8} − 5 =

02. 문구생산을 하는 곳에 자동화 시스템을 도입하고자 변수 만들려고 한다. 변수명을 만들어 보세요.

❶ 제품코드 –
❷ 제품명 –
❸ 주재료코드 –
❹ 주재료명 –
❺ 생산수량 –
❻ 불량수량 –
❼ 원가 –
❽ 제품가격
❾ 세금 –
❿ 제품생산자명 –

03. 진수 변환 연산을 이용하여 각 진수에 대하여 답하여 보세요.

❶ 10진수 300을 2진수로 –
❷ 10진수 513을 8진수로 –
❸ 10진수 461을 16진수로 –
❹ 2진수 1010111을 10진수로 –
❺ 2진수 111100001을 8진수로 –
❻ 2진수 101011100을 16진수로 –
❼ 8진수 145를 10진수로 –
❽ 8진수 5412를 2진수로 –
❾ 8진수 236을 16진수로 –
❿ 16진수 A1F를 10진수로 –
⓫ 16진수 15AE를 2진수로 –
⓬ 16진수 56E를 8진수로 –

04. 아래 문장을 특수문자를 사용하여 출력하도록 하세요.

컴퓨터라는 단어는 '계산하다'라는 뜻을 가진 라틴어인 'computare'에서 유래된 것으로 계산 및 논리 연산 등을 할 수 있는 기기를 말합니다. 일반적으로 컴퓨터는 연산, 제어, 기억, 입력, 출력 등의 기능을 가지고 있으며 각 기능을 수행하는 장치가 있습니다.
[네이버 지식백과] 컴퓨터 [Computer] (소프트웨어 어휘다지기 – 초등)

제5장

파이썬 제어문 익히기

배울 내용	1. if문(조건문 만약에 ~라면) 2. for문(반복문) 3. while문(반복문) 4. continue문 5. break문 6. pass문 7. with문

프로그램은 기본적으로 순차적으로 처리를 한다. 그러나 때에 따라서 순차적으로 처리해서는 안 될 경우가 있다. 이를 처리하기 위해서 제어문을 사용하여야 한다. 파이썬의 제어문은 3개 밖에 없다. if문, for문, while문이다.

1. if문(조건문, 만약에 ~라면)

1) 단순 if문

```
[형식]

if 조건식1 :
    문장1
    문장2
문장3
```

만약에 조건식1이 참이면 문장1, 문장2를 수행하고 문장3을 수행한다. 조건식1이 거짓이면 문장1, 문장2를 수행하지 않고 문장3을 수행한다.

실습예제

학교에서 학생들의 점수를 입력받아서 60점 이상이면 "합격입니다. 수고하셨습니다."를 출력하고 60점 미만이면 "수고하셨습니다."만을 출력하고 싶다면 어떻게 해야 될까?

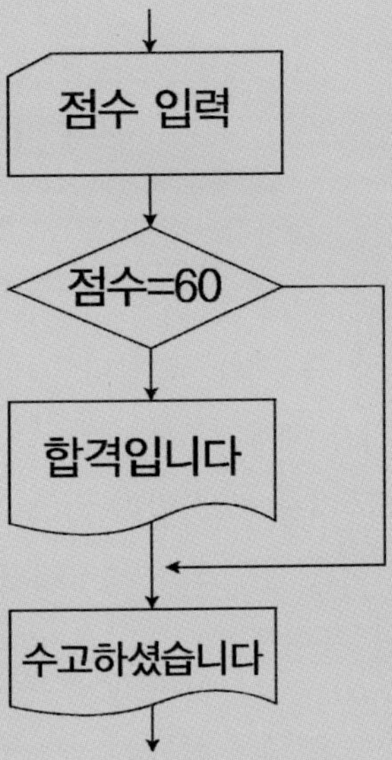

jumsu = input("점수입력 ")	❶
if int(jumsu) >= 60 :	❷
[redacted]print("합격입니다")	❸
print("수고하셨습니다")	❹

❷ 커서를 '점수입력'이라는 뒤에 놓고 클릭하고 80점을 입력할 수 있도록 input( )함수를 사용하였다. ❷ 만약에 jumsu가 60점 이상이면 int( ) 함수는 키보드로 입력받은 숫자 "80"은 문자열로 되어 있으므로 숫자형(80)으로 바꾸어 주는 함수이다. ':'은 if문이 아직 끝나지 않음을 나타내며 다음 문장은 안으로 일정한 간격만큼 반드시 들여 쓰여야 된다.

❸ 반드시 안으로 일정한 간격만큼 들여 쓰여야 한다. ❷의 블록으로 한 문장임을 뜻한다.

❹ '❸'은 일정한 간격만큼 들여 쓰였으므로 ❷의 if문장의 참인 것을 처리하는 문장이며 ❹는 내어 쓰기로 되어있으므로 ❷ if문의 블록이 아닌 블록 밖의 다른 문장임을 알 수 있다. 내어 쓰기와 들여쓰기는 제어문에서 아주 중요한 부분이다. 다양하게 입력하여 실행 결과를 확인해 보자.

- 실행시키어 점수입력 글자 뒤에 60점 이상인 점수 80점을 입력하고 엔터키를 치면 “합격입니다. 수고하셨습니다.”가 화면에 출력됩니다.
- 다시 실행시켜서 점수입력 글자 뒤에 60점 미만인 점수 40점을 입력하고 엔터키를 치면 “수고하셨습니다.”라는 글자가 화면에 출력됩니다.

Tip

- int( ) : int(jumsu)는 문자로 된 숫자 즉 “80”은 숫자가 아니므로 “ ” 를 제거하여 숫자로 바꾸어 주는 함수입니다.
- input함수로 입력받은 jumsu는 문자로 된 숫자 즉 “80”이 됩니다.
- 들여쓰기(Indentation) : 파이썬에서는 들여쓰기가 매우 중요하다. 블록이 시작하고 끝나는 부분을 표시하기 위해 들여쓰기를 사용한다. if문에서 참이면 들여쓰기를 한 바로 아랫줄이 실행되고 다음 문장도 일정하게 들여쓰였을 경우 참이면 모두 수행한다. 거짓이면 들여쓰기가 된 문장 아래 내어쓰기 된 문장을 실행한다.

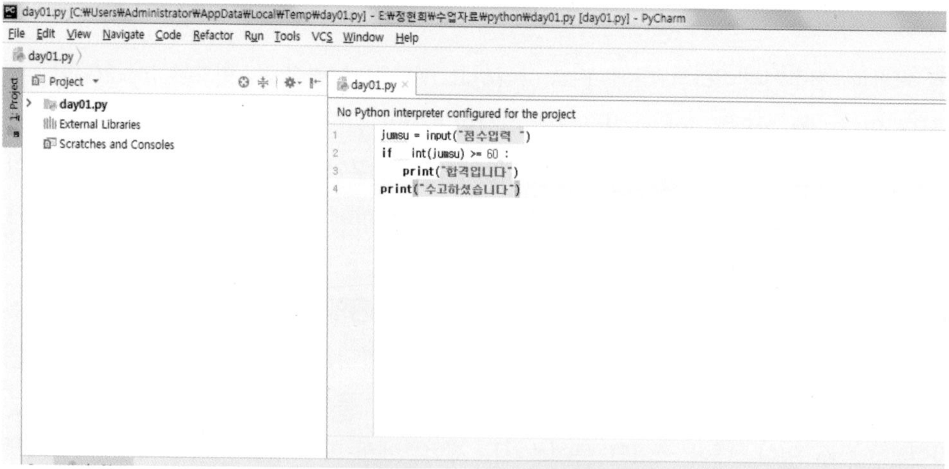

실습예제

회사에서 5명의 사원별 영업실적을 입력받아 평균보다 크면 평가에서 "당신의 평가는 우수입니다."를 표시하는 프로그램을 작성해 보자.

```
sum = 0 #영업실적을 누적할 변수의 초기 값을 0으로 지정        ❶
for i in range(5) : # 5번 반복해라                             ❷
    sales_performance1 =int(input("영업 실적을 입력하세요? "))
    sum += sales_performance1                                  ❸
average = sum / 5                                              ❹
print("평균 실적은? ", average)
sales_performance2=int(input("영업실적을 입력하세요? "))
if sales_performance2 >=  average :                            ❺
    print("당신의 평가는 우수입니다")                          ❻
```

위의 코드는 아직 반복문(for문)을 배우지 못하였으므로 코드를 완벽히 이해하지 못해도 뒷부분에서 배워 나갈 것이다.

❶ sum 변수는 영업실적을 누적할 변수이다. #으로 된 부분은 주석 문으로써 인터프리터가 번역을 하지 않는 부분으로 프로그래머들이 메모를 남기기 위한 부분이라고 생각하면 된다.

❷ 반복문으로 ❷ ~ ❸까지를 5번 반복한다. 조금 후에 다시 배울 것이다.

❹ sum변수 안에 5명 직원의 영업실적을 5로 나누어 average 평균변수에 넣는다.

❺ 조건문으로 이 부분을 완벽히 이해하여야 한다. 이 프로그램은 이 부분이 핵심이다. ❺ ~ ❻은 한 블록이다. 즉 ❺ 조건문이 참이면 ❻을 수행한다.

만약에 평가를 판단하고자 하는 직원의 영업실적(sales_performance2)을 입력받아서 5명의 직원 평균(average)보다 크거나 같다면 ❻ 문장 "당신의 평가는 우수입니다"를 화면에 출력한다.

```python
sum = 0 #영업실적을 누적할 변수이 초기값을 0으로 지정
for i in range(5) : # 5번 반복해라
    sales_performance1 =int(input("영업 실적을 입력하세요? "))
    sum += sales_performance1
average = sum / 5
print("평균실적은? ", average)
sales_performance2=int(input("영업실적을 입력하세요? "))
if sales_performance2 >=  average :
    print("당신의 평가는 우수입니다")
```

Run: file_sava_ex1

```
영업 실적을 입력하세요? 15600
영업 실적을 입력하세요? 57840
영업 실적을 입력하세요? 56000
영업 실적을 입력하세요? 35000
영업 실적을 입력하세요? 15000
평균실적은?  35888.0
영업실적을 입력하세요? 40000
당신의 평가는 우수입니다
```

Tip 들여쓰기 규칙

❶ 가장 바깥쪽에 있는 외부 블록의 작성하는 코드는 반드시 첫 열부터 써야 한다.

❷ 내부 블록의 레벨에 맞추어 동일 레벨인 경우 일정한 간격만큼 동일하게 들여쓰기를 해야 한다. 즉 1번째 내부 블록이 3칸 들여쓰기를 했다면 2번째 동일 레벨의 내부 블록은 3칸 들여쓰기를 해야 한다.

❸ 탭과 스페이스바를 같이 사용하면 오류가 날 수 있다. 대부분 스페이스바를 사용하는 것이 좋다.

❹ 들여쓰기 간격으로 블록이 결정되므로 신경을 쓰도록 한다.

2) 조건문에서 조건식에 들어갈 수 있는 연산자는?

```
jumsu >= 60
```

(1) 관계연산자(relational operator)

관계연산자(relational operator)는 두 개의 피연산자를 비교하는 데 사용된다.

연 산	설 명	결 과
jumsu에 80점을 입력하였다면		
jumsu == 60	jumsu가 60점과 같은가?	거짓(False)
jumsu != 60	jumsu가 60점과 같지 않은가?	참(True)
jumsu > 60	jumsu가 60점보다 큰가?	참(True)
jumsu < 60	jumsu가 60점보다 작은가?	거짓(False)
jumsu >= 60	jumsu가 60점보다 크거나 같은가?	참(True)
jumsu <= 60	jumsu가 60점보다 작거나 같은가?	거짓(False)

(2) 논리연산자(logical operator)

논리연산자(logical operator)는 참(True)과 거짓(False)을 나타내는 연산자이다.

연 산 자	설 명
논리식1 AND 논리식2	논리식1과 논리식2가 모두 True이면 True
논리식1 OR 논리식2	논리식1과 논리식2가 모두 False이면 False
NOT 논리식1	논리식1이 True이면 False로 논리식2가 False이면 True

데이터로 참(True)과 거짓(False) 판단하기

데이터	예	결과
문자열	"12345"	참(True)
빈 문자열	" "	거짓(False)
리스트	[12,34,56]	참(True)
빈 리스트	[]	거짓(False)
빈 사전	()	거짓(False)
빈 세트	set()	거짓(False)

3) if ~ else 조건문

```
형식
if 조건식1 :
  문장1
else :
  문장2
문장3
```

만약에 조건식1이 참이면 문장1을 실행하고 문장3으로 진행한다. 그렇지 않고 조건식1이 거짓이면 문장2를 실행하고 문장3으로 진행한다.

실습예제 자격증 시험을 봤는데 시험점수를 입력받아서 60점 이상이면 "합격입니다. 수고하셨습니다."를 출력하고 60점 미만이면 "불합격입니다. 수고하셨습니다"만을 출력하고 싶다면 어떻게 해야 될까?

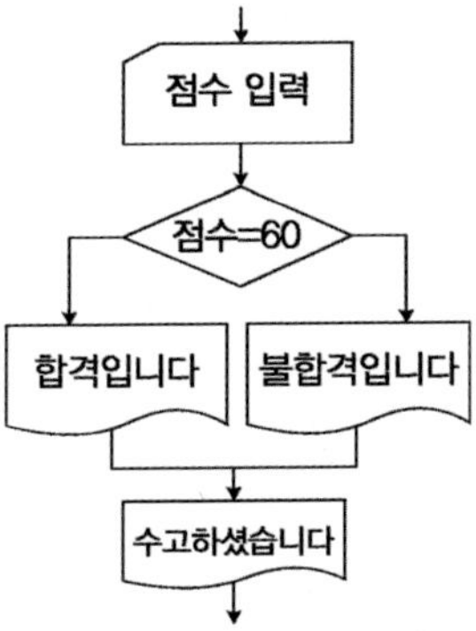


```
jumsu = input("점수입력 ")

if    int(jumsu) >= 60 :

      print("합격입니다")
else :
      print("불합격입니다")


print("수고하셨습니다")
```

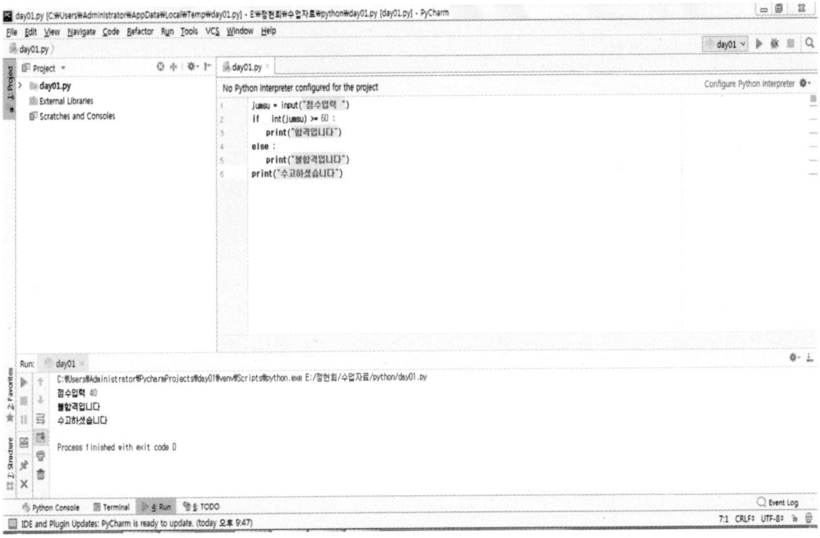

실습예제 》 영화관에서 영화를 보려고 하는데 '15세이상가'이다. 당신의 나이를 입력하면 영화를 볼 수 있는지를 판단하는 프로그램을 작성하시오.

```
age = int(input("당신의 나이는 ?"))
if age>=15 :
    print("영화 예매가능")
else :
    print("영화 예매 불가능")
```

```
age = int(input("당신의 나이는 ?"))
if age>=15 :
    print("영화 예매가능")
else :
    print("영화 예매 불가능")
```

```
else
Run:  file_sava_ex1
C:\Users\Administrator\PycharmProjects
당신의 나이는 ?25
영화 예매가능
```

4) if~elif~else문

```
형식
if 조건식1 :
  문장1
elif 조건식2 :
  문장2
else
  문장3
문장4
```

만약에 조건식1이 참이면 문장1을 실행하고 문장4로 간다. 조건식1이 거짓이면 조건식2의 조건을 판단한다. 조건식2가 참이면 문장2를 실행하고 문장4로 간다. 조건식2가 거짓이면 문장3을 실행하고 문장4로 간다.

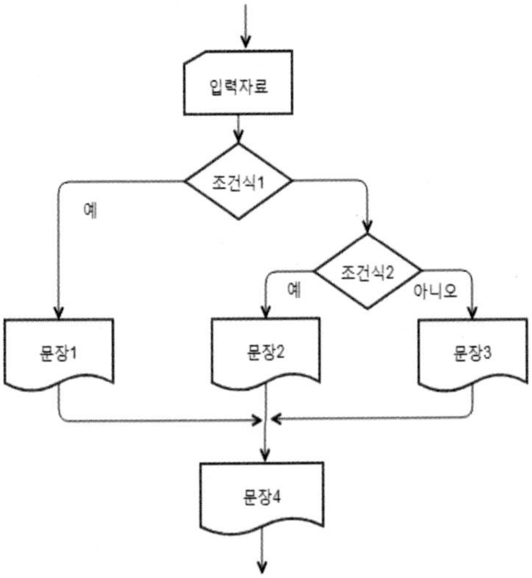

실습예제 점수를 입력하여 80점 이상이면 “우수”로 출력하고 60점 이상이면 “보통”으로 출력하고 60점 미만이면 “노력”이라고 출력하고 모두 “수고하셨습니다”를 출력하는 프로그램을 작성해 보자.

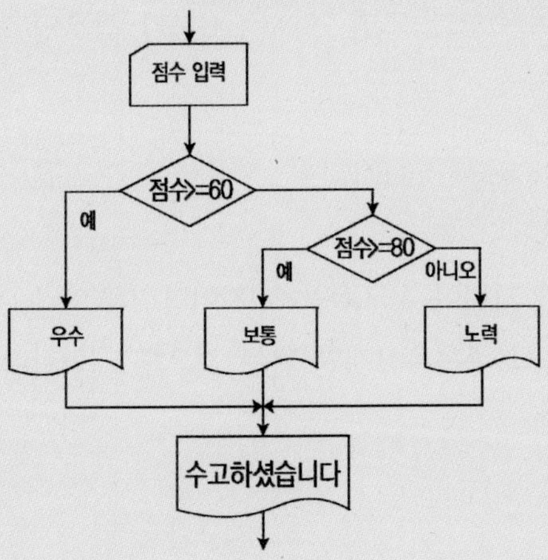


```
jumsu = input("점수입력 ")          ❶

if int(jumsu) >= 80  :             ❷
   print(“우수”)                    ❸
elif int(jumsu) >= 60 :            ❹
   print(“보통”)                    ❺
else :                             ❻
   print(“노력”)                    ❼

print(“수고하셨습니다”)              ❽
```

❶ 점수를 키보드로 입력을 받는다.

❷ 만약에 jumsu가 80점 이상이면

❸ ❷ 뒤에 ':' 아래 문장을 들여쓰기 되어있으므로 한 블록이다. "우수"를 출력한다.

❹ 그렇지 않고 만약에 jumsu가 60점 이상이면 ❹뒤에 ':' 이 있고 아래 문장이 들여쓰기 되어 있으므로 ❹❺은 같은 블록이다.

❻ ❹의 if가 거짓이면 ❼ "노력"을 출력한다.

❽ 내어쓰기 되어 있으므로 ❷, ❹, ❻의 if문의 모든 문장을 수행하고 공통으로 ❽을 수행한다.

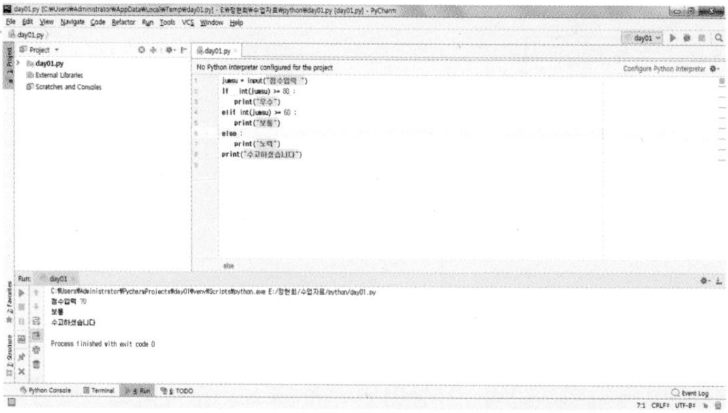

문제풀이

정수 1개를 입력받는다. 이를 판단하여 0보다 크면 "양수", 0보다 작으면 "음수", 0과 같으면 "0"이라고 출력하여라.

문제풀이

음식 주문을 받는다. 만약에 짜장면이면 가격이 4,500원, 피자이면 가격이 10,000원 치킨이면 12,000원을 출력하여라. 단 음식 주문은 1개만 받는 것으로 제한한다.

문제풀이

회사에서 퇴사하는 사람들의 퇴직금을 지급하려고 한다. 근속년수가 1년 이상인 사람에 대하여 퇴직금 지급대상이다. 1년 이상이면 '연수 x 월급여액'으로 계산한다.

2. for문(반복문)

1) 단일 반복문

```
형식
for 변수명 in 순차적인 객체 :
    실행할 문장1
else :
    실행할 문장2
```

순차적인 객체의 각 항목이 변수에 치환되어 실행할 문장 1을 수행한다. 순차적인 객체의 항목 개수만큼 반복해서 실행할 문장1을 수행한다. 반복 횟수가 끝나면 else:문장 뒤의 실행할 문장2를 수행한다.

실습예제

1~5까지의 합을 구하여서 출력하는 프로그램을 작성하여라.

```
sum = 0
for x in [1,2,3,4,5] :    ❶
    print(x)              ❷
    sum += x              ❸
else :                    ❹
    print(sum)            ❺
```

프로그램을 작성했다면 ❶ 리스트 1이 x변수에 치환되고 ❷ 문장으로 가서 x를 인쇄한다. x의 값 1이 출력된다. sum이라는 변수에 x의 값을 더해서 sum에 넣는다. 그리고 다시 ❶으로 가서 리스트에 있는 각 항목 5개를 x로 치환하면서 ❶❷❸ 문장을 5회

반복한다. 반복이 정상적으로 끝났으면 ❺ 문장으로 가서 sum변수에 1~5의 합계 15가 출력된다. 결과가 여러 행에 1개 숫자가 출력된다. 만약 한 행에 모든 결과를 출력하고 싶다면 ❷을 print(x, end=' ')으로 변경하면 된다.

실습예제 리스트에 저장된 fruit 문자열 반복하여 출력하기

fruit = ['apple', 'banana', 'mango']	❶
for i in fruit :	❷
print(i)	❸

출력은 "apple banana mango"라고 된다.

처리순서는 ❶ → ❷ → ❸ → ❷ → ❸ → ❷ → ❸

❷, ❸을 3번 반복한다.

apple	banana	mango
fruit[0]	fruit[1]	fruit[2]

❶ fruit 리스트에 구조로 저장된다.

❷ fruit 리스트의 요소는 3이다. 그러므로 3번 반복한다. 맨 처음에 fruit[0]에 있는 'apple'을 I변수에 넣고 ❸으로 간다. 2번째 반복에서는 fruit[1]에 'banana'를 넣고 ❸으로 간다. 3번째 반복에서는 fruit[2]에 'mango'를 넣고 ❸으로 간다. 4번째 반복에서는 fruit요소가 없으므로 더 이상 반복하지 않고 ❸ 문장으로 가지 않고 다음으로 간다.

❸ I변수의 값을 출력한다.

실습예제

1~100까지 출력하기

```
for i in range(101) :
    print(i)
```

Tip range() 함수

❶ range(stop)

- range(10)은 0, 1, 2, 3, 4, 5, 6, 7, 8, 9 숫자를 생성한다.
- 마지막 숫자 10(stop)은 포함되지 않는다.

❷ range(start, stop)

- range(1, 11)은 1, 2, 3, 4, 5, 6, 7, 8, 9, 10 숫자를 생성
- 인자를 2개 전달하는 경우 첫 번째 인자는 시작하는 숫자가 된다.

❸ range(start, stop, step)

- range(0, 20, 2)은 0, 2, 4, 6, 8, 10, 12, 14, 16, 18 마지막 인자 step은 숫자의 간격을 나타낸다.
- range(20, 0, -2)은 20, 18, 16, 14, 12, 10, 8, 6, 4, 2 step으로 음수를 지정할 수 있다.
- range() 함수의 결과는 반복 가능(iterable)하기 때문에 for문을 사용해 출력할 수 있다.

문제풀이

0, 3, 6, 9, 12, 15.......99까지 출력해 보세요.

문제풀이

1000, 900, 800, 700......0을 출력해 보세요.

2) 다중 반복문

```
형식
for 변수1 in 순차적인 객체 :        ❶
    문장1                           ❷
    for 변수2 in 순차적인 객체 :    ❸
      문장2                         ❹
    else :                          ❺
      문장3                         ❻
else :                              ❼
    문장4                           ❽
```

반복문 안에 반복문이 들어 있는 구조의 반복문을 다중반복문이다. 처음 있는 반복문을 외부 반복문이라고 하고 안쪽에 있는 반복문을 내부 반복문이라 한다. 외부 반복문 1번에 내부 반복문은 횟수만큼 반복한 후 다시 외부 반복문으로 가서 1번 더 반 복한후 다시 내부 반복문을 횟수만큼 수행한다. 결국은 외부 반복문이 종료되면 모든 반복문이 종료된다.

처리순서는, ❶'순차적인 객체'의 각 항목이 '변수1'로 대입된다. ➜ ❷'문장1'을 한 번 처리한다. ➜ ❸'순차적인 객체'의 각 항목이 '변수2'로 대입된다. ➜ ❹'문장2'를 수행한다. ➜ ❸'순차적인 객체'의 항목 개수만큼 반복해서 ❹'문장2'를 반복 실행한다. ➜ ❸번, ❹번이 반복 횟수만큼 실행되다가 끝나면 ❺ else:문장 뒤의 ❻'문장3'을 실행한다. ➜ 다시 ❶'순차적인 객체'의 각 항목이 변수1에 대입된다 ➜ ❷'문장1'을 '순차적인 객체'의 항목 개수만큼 ❷❸❹❺❻ 반복 실행한다. ➜ 만약 ❶'순차적인 객체'의 각 항목이 변수1에 항목의 개수만큼 대입이 끝났다면 ➜ ❼로 이동하여 ❽'문장4'를 실행한 후 반복문이 끝난다.

실습예제 다중 반복문을 이용하여 구구단을 출력하세요.

코드		결과
for i in range(3,5) :	❶	3 단 3 X 2 = 6 3 X 3 = 9 3 X 4 = 12 3 X 5 = 15 3 X 6 = 18 3 X 7 = 21 3 X 8 = 24 3 X 9 = 27 4 단 4 X 2 = 8 4 X 3 = 12 4 X 4 = 16 4 X 5 = 20 4 X 6 = 24 4 X 7 = 28 4 X 8 = 32 4 X 9 = 36
print(i, "단")	❷	
for j in range(2, 10) :	❸	
print(i, "X" , j , "=" , i*j)	❹	

처리순서

❶ range(3,5)은 3,4의 숫자를 차례대로 i변수에 치환한다. 먼저 i에 3이 치환된다.

→ ❷ 화면에 3단이 출력된다. i값이 ❶에서 3으로 치환되었기 때문이다.

→ ❸ range(2,10)은 2, 3, 4, 5, 6, 7, 8, 9의 숫자를 차례대로 j변수에 치환한다. 먼저 j에 2를 치환된다.

→ ❹ 화면에 3 X 2 = 6이 출력된다.

→ 다시 ❸으로 반복되어 j변수에 3이 치환된다. → ❹ 화면에 3 X 3 = 9가 출력된다.

→ 다시 ❸으로 반복되어 j변수에 4가 치환된다. → ❹ 화면에 3 X 4 = 12가 출력된다.

→ 다시 ❸으로 반복되어 j변수에 5가 치환된다. → ❹ 화면에 3 X 5 = 15가 출력된다.

→ 다시 ❸으로 반복되어 j변수에 6이 치환된다. → ❹ 화면에 3 X 6 = 18이 출력된다.

→ 다시 ❸으로 반복되어 j변수에 7이 치환된다. → ❹ 화면에 3 X 7 = 21이 출력된다.

→ 다시 ❸으로 반복되어 j변수에 8이 치환된다. → ❹ 화면에 3 X 8 = 24가 출력된다.

→ 다시 ❸으로 반복되어 j변수에 9가 치환된다. → ❹ 화면에 3 X 9 = 27이 출력된다.

→ ❶ range(3,5)은 3,4의 숫자를 차례대로 i변수에 치환한다. 먼저 i에 4가 치환된다.

→ ❷ 화면에 4단이 출력된다. i값이 ❶에서 4로 치환되었기 때문이다.

→ ❸ range(2,10)은 2, 3, 4, 5, 6, 7, 8, 9의 숫자를 차례대로 j변수에 치환한다. 먼저 j에 2를 치환된다.

→ ❹ 화면에 4 X 2 = 6이 출력된다.

→ 다시 ❸으로 반복되어 j변수에 3이 치환된다. → ❹ 화면에 4 X 3 = 12가 출력된다.

→ 다시 ❸으로 반복되어 j변수에 4가 치환된다. → ❹ 화면에 4 X 4 = 16이 출력된다.
→ 다시 ❸으로 반복되어 j변수에 5가 치환된다. → ❹ 화면에 4 X 5 = 20이 출력된다.
→ 다시 ❸으로 반복되어 j변수에 6이 치환된다. → ❹ 화면에 4 X 6 = 24가 출력된다.
→ 다시 ❸으로 반복되어 j변수에 7이 치환된다. → ❹ 화면에 4 X 7 = 28이 출력된다.
→ 다시 ❸으로 반복되어 j변수에 8이 치환된다. → ❹ 화면에 4 X 8 = 32가 출력된다.
→ 다시 ❸으로 반복되어 j변수에 9가 치환된다. → ❹ 화면에 4 X 9 = 36이 출력된다.

실습예제

박스에 자료를 순서대로 넣었다. 꺼낼 때는 나중에 넣은 자료를 먼저 꺼내야 한다. 만약에 1월 장부, 2월 장부, 3월 장부를 순서대로 넣었다가 역순 {reverse( )함수 이용}으로 3월 장부, 2월 장부, 1월 장부 순으로 꺼내서 출력하는 프로그램 작성하여 보자.
입력은 "1월 장부, 2월 장부, 3월 장부"로 키보드로 1줄 문자열로 입력받는다.
※ 주의: ',' 뒤에 1칸의 공백을 꼭 지켜야 한다. 왜냐면 split 함수를 구분자로 ','를 사용할 것이기 때문이다.

```
box = input("박스에 넣을 자료를 쓰세요 ")    ❶
box_list = box.split(', ')                 ❷
box_list.reverse()                         ❸
for i in box_list :                        ❹
    print(i)                               ❺
```

❶ 문자열을 입력하기 위해 input함수를 사용했다. "박스에 넣을 자료를 쓰세요" 라는 문장이 보이면 클릭한 후 "1월 장부, 2월 장부, 3월 장부" 를 입력한다. 주의할 것은 ' , ' 뒤에 1칸 공백을 꼭 지켜야 한다는 점이다.
❷ box변수에 있는 문자열을 구분자(' , ')로 하여 나눈다. box_list 변수에는 "1월 장부", "2월 장부", "3월 장부" 3개의 문자열로 넣어진다.
❸ reverse( ) 함수로 문자열의 순서를 역순으로 바꾼다.
❹ 반복문으로 문자열의 개수만큼 3번 반복하여 문자열을 순차적으로 출력해 준다.
❺ ❸에서 역순으로 만들어 주었으므로 "3월 장부", "2월 장부", "1월 장부" 순서대로 출력된다.

```
box = input("박스에 넣을 자료를 쓰세요 ")
box_list = box.split(', ')
box_list.reverse()
for i in box_list :
    print(i)
```

```
Run:  file_sava_ex1 ×   file_sava_ex1 ×
C:₩Users₩Administrator₩PycharmProjects₩day01₩venv₩Scrip
박스에 넣을 자료를 쓰세요 1월장부, 2월장부, 3월장부
3월장부
2월장부
1월장부
```

실습예제	프로그램	실습예제	프로그램

*
**
***
****
*****
	for i in range(6) :
	    for j in range(i) :
	        print("*", end = " ")
	    print(" ")
		*****
		****
		***
		**
		*
			for i in range(5) :
			    for j in range(5−i) :
			        print("*", end = " ")
			    print(" ")

[문제 풀어보기1]	프로그램	[문제 풀어보기2]	프로그램
*** ** * ** ***		***** *** * *** *****	

3. while문(반복문)

for문과 비슷한 반복문이다. 조건식을 검사해서 참이면 실행할 문장1을 반복해서 수행하는 방식으로 많이 사용되는 반복문이다.

```
형식
while 조건식 :          ❶
    실행할 문장1        ❷
else :                  ❸
    실행할 문장2        ❹
```

❶ 조건식이 참인지 거짓인지 판단하여 참이면 ❷ 실행할 문장1을 실행한다. 거짓이면 ❸ else : 로 이동하고 ❹ 실행할 문장2를 실행한다.

실습예제 》 1~10까지를 출력하고 합계를 구하여 마지막에 출력하는 프로그램을 작성하여 보세요.

```
i = 0                   ❶
sum = 0                 ❷
while i < 10 :          ❸
    i = i + 1           ❹
    print(i)            ❺
    sum = sum + i       ❻
else :                  ❼
    print(sum)          ❽
```

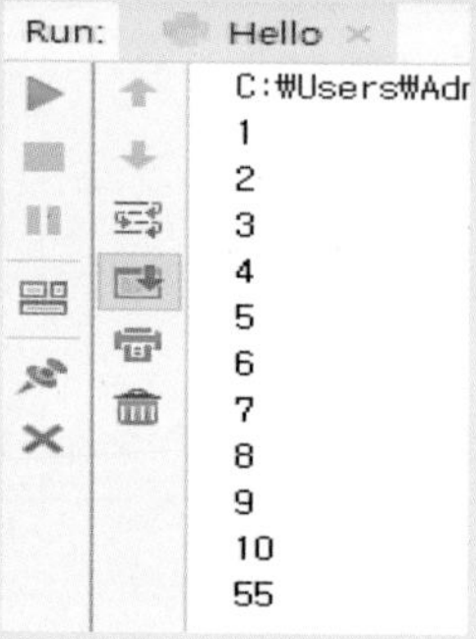

❶ i 변수 1~10까지 항목을 만들 변수의 초기값을 0으로 한다. 만약 i=0을 작성하지 않는다면

```
Traceback (most recent call last):
  File "C:/Users/Administrator/PycharmProjects/while_ex/venv/while_ex.py", line 2, in <module>
    while i<10 :
NameError: name 'i' is not defined
```

와 같은 오류가 발생한다. File의 경로와 파일명은 다를 수 있다.

❷ sum변수 1~10까지 i변수의 값을 누적하기 위해 초기값을 0으로 한다. 만약 sum=0을 작성하지 않는다며

```
Traceback (most recent call last):
  File "C:/Users/Administrator/PycharmProjects/while_ex/venv/while_ex.py", line 4, in <module>
    sum += i
TypeError: unsupported operand type(s) for +=: 'builtin_function_or_method' and 'int'
```

와 같은 오류가 발생한다. File의 경로와 파일명은 다를 수 있다.

❸ while i 〈 10은 i 변수의 값이 10보다 작으면 참이며 ❹❺❻을 수행한다. 또는 i 변수의 값이 10이거나 10보다 크면 거짓이므로 ❼❽을 수행한다.
i 변수의 값에 ❶에서 초기값 0으로 넣었으므로 i 변수의 값은 0이다. 즉 while i〈10에 i값 0을 대입하여 보면 0 〈 10 인지를 판단한다. 0은 10보다 작으므로 참이 된다. 그러므로 ❹❺❻을 수행한다.
❹ i = i + 1은 '='은 대입연산자로 "좌변 = 우변"으로 본다면 우변의 식을 먼저 처리한 후 좌변에 결과값을 치환한다. 즉 i+1의 값을 먼저 계산한 후 우변의 i변수에 값을 넣어준다. i+1은 0+1이므로 1을 좌변의 변수 i에 1을 치환한다. 다음에 ❹ 문장을 다시 반복할 때는 i의 값이 1이었으므로 1+1=2로 i의 값은 2가 된다. 그 다음에 ❹ 문장을 다시 반복하면 '3, 4, 5.....'로 1개씩 증가된 i값을 얻을 수 있다. "i = i + 1" 을 "i + = 1"로도 바꿀 수 있다.
❺ print(i) print함수는 화면에 변수의 값을 나타내 주는 함수로 i값 1을 행으로 출력한다. 만약 1행에 1~10까지의 숫자를 모두 출력하려면 print(i, end="")로 바꾸면 된다.
❻ sum = sum + i는 ❹ 설명과 유사하다. 즉 우변의 식 sum + i를 먼저 계산한다. sum의 초기값은 ❷에 0으로 하였으므로 0이다. i의 값은 ❸에서 1이므로 0 + 1이 된다. 좌변 sum변수에 1이 치환된다. 다음에 ❻ 문장을 수행할 때는 sum + i 이므로 sum은 1이고 i는 1이므로 1+1=2입니다. 그 다음에 ❻ 문장을 수행할 때는 sum은 2이고 i는 2이므로 2 + 2 = 4입니다. 그다음에 ❻ 문장을 수행할 때는 sum은 4이고 i는 3이므로

4+3=7입니다. 이렇게 계속 반복하면서 sum변수에 1~10의 숫자를 누적하여 더 합니다.
❼ ❸문장의 조건문이 거짓이 되면 이곳을 수행하러 분기되어 옵니다.
❽ ❼ 문장 이후 ❽문장을 실행합니다. print(sum)은 sum변수에 있는 값을 출력합니다. sum변수는 ❻을 반복 수행하여 55가 된 값을 출력하여 줍니다.

문제풀이

전자 열쇠를 1개 구매하였다. 처음에 "새로운 비밀번호를 입력해 주세요?"라는 문장이 나오면 비밀번호를 입력한다. "한 번 더 비밀번호를 입력해 주세요?"라는 문장이 나오면 처음에 입력한 비밀번호와 같은 것이 입력이 되었으면 "비밀번호가 저장되었습니다!!"라고 출력한다. 만약, 다르면 "한 번 더 비밀번호를 입력해 주세요?"라고 입력을 받는다. 만약 5번 이상 두 번째 비밀번호가 틀리면 다시 처음으로 "새로운 비밀번호를 입력해 주세요?"라는 문장으로 되돌아가게 프로그램을 작성하세요.

4. continue문

형식		형식	
for 변수 in 순차적인 객체 :	❶	while 조건식 :	❶
실행할 문장1	❷	실행할 문장1	❷
continue	❸	continue	❸
실행할 문장2	❹	실행할 문장2	❹

- for 반복문 중간에 continue를 만나면 ❹의 실행할 문장2를 수행하지 않고 ❶로 간다.
- while 반복문 중간에 continue를 만나면 ❹의 실행할 문장2를 수행하지 않고 ❶로 간다.
- 반복문 중간에 조건식에 continue문을 넣어서 조건이 만족하면 수행하지 않고 넘어가야 하는 문장을 넣어 제어하고자 할 때 사용한다.

실습예제 1~100까지의 합에서 10의 배수를 합에서 제외하는 프로그램을 작성해 보세요.

while i<100 :	❶	
i += 1	❷	1, 2, 3, 4, 5, 6, 7, 8, 9, 11.....19, 21.......99, 4500
if i % 10 == 0 :	❸	
continue	❹	10, 20, 30, 40, 50, 60, 70, 80, 90, 100
sum += i	❺	숫자는 출력하지 않는다.
print(i, "," , end= " ")	❻	

❸의 구문은 "i % 10 == 0"은 '%' 연산자는 i의 값을 10으로 나누어서 나머지를 구하는 연산이다. i가 1이면 1을 10으로 나누면 나머지가 1이 된다. '=='연산자는 같은지 비교하는 관계연산자이다. "1이 0과 같은가?"를 비교하면 같지 않다. 그러므로 첫 ❸구문은 거짓이다. 그러므로 ❺으로 분기하여 sum값을 누적하고 ❻에서 i값을 인쇄를 한다.

> **Tip**
>
> n배수 구하기
>
> if 구하려는 수 % n배수 == 0이 조건이 참이면 구하려는 수는 n배수이다.

5. break문

형식		형식	
for 변수 in 순차적인 객체 :	❶	while 조건식 :	❶
실행할 문장1	❷	실행할 문장1	❷
break	❸	break	❸
실행할 문장2	❹	실행할 문장2	❹

- for 반복문 중간에 break문을 만나면 ❹의 실행할 문장2를 수행하지 않고 반복문을 빠져나온다.
- while 반복문 중간에 break문을 만나면 ❹의 실행할 문장2를 수행하지 않고 반복문을 빠져나온다.
- 반복문 중간에 조건식에 break문을 넣어서 일정한 조건이 만족하면 끝까지 반복하지 않고 중간에 반복문을 빠져나올 수 있도록 제어하고자 할 때 사용한다.

실습예제 ≫ 1~100까지의 합이 300이 넘으면 더 이상 합을 구하지 않고 종료하는 프로그램 작성하세요.

코드		결과
i=0	❶	
sum=0	❷	결과
while i<100 :	❸	
i += 1	❹	
sum += i	❺	
if sum >= 300 :	❻	
print("i = ",i, ",", "sum= ", sum, end=" ")	❼	i=24, sum=300
break	❽	

❶ i변수는 1, 2, 3......100의 항목을 만드는 변수 ❷ sum변수는 i변수의 누적값을 넣어주는 합계 변수

❸ 반복문으로 i가 100보다 작으면 참이므로 ❹를 수행한다. 처음에 i변수는 0이므로 0이 100보다 작으므로 참이다. 다음은 i가 1이므로 1<100이 참, 그다음은 i가 2이므로 2<100이 참으로 계속 반복된다.

❹ i+=1은 i=i+1과 같은 식이므로 i의 값을 1, 2, 3, 4...... 등 1개씩 증가시키는 식이다.

❺ sum += i은 sum = sum + i이므로 sum의 값은 i만큼 누적되어 간다.

❻ 조건문으로 만약에 sum이 300보다 크거나 같으면 ❼❽문장을 수행한다. 그렇지 않으면 ❸ 문장으로 간다. 처음에 sum은 1이므로 거짓이다. 그래서 ❸문장으로 간다. i가 23일 때까지 계속 거짓이므로 계속 ❼로 가는 것이 아니라 ❸문장으로 간다.

❼ " " 안에 있는 문자는 그대로 화면에 출력이 된다. 즉 "i=", "sum="은 그대로 i=,

sum=으로 출력된다. " " 밖에 있는 문자는 변수로서 변수의 값이 출력된다.

❽ break문을 만나면 반복문 ❸으로 가지 않고 반복문 밖으로 빠진다.

6. pass문

- 어떤 작업도 수행하지 않을 경우 사용한다. 제어문이 필요한데 아직 특별히 처리할 부분이 정해져 있지 않을 때 쓰인다. 프로그램 작업 중 조건문에 임시로 넣어 놨다가 나중에 실제 조건문에 처리할 문장으로 바꾸면 된다.
- 파이썬은 들여쓰기에 의한 블록을 처리하는 언어로써 if문의 조건에 대한 실행문을 비워두면 구문 에러가 발생한다. 이를 예방하고 아무것도 수행하지 않고 진행하기 위해 pass문을 사용한다.

```
if  i%2 == 0 :
pass
```

7. with문

- 파이썬에서 두 개의 관련된 연산들 사이에서 관련 연산자를 연속해서 실행할 때 유용한 구문이다. open 함수와 close 함수는 같이 처리되어야 한다. 또한 save 함수와 restore 함수도 같이 처리되어야 한다. 이처럼 관련된 연산을 묶어 줄 때 사용한다. 주로 사용하는 예로는 파일을 다룰 때 with 블록을 통해 명시적으로 close() 메서드를 호출하지 않고도 파일을 닫을 수 있습니다.

```
with open('data1.txt', mode='wt', encoding='utf-8') as f:
f.write('파이썬의 with문')
```

요약

01. 단순 if문

if 조건식1 :
    문장1
    문장2
문장3
	만약에 조건식1이 참이면 문장1, 문장2를 수행하고 문장3을 수행한다. 조건식1이 거짓이면 문장1, 문장2를 수행하지 않고 문장3을 수행한다.

02. 들여쓰기 규칙

❶ 가장 바깥쪽에 있는 외부 블록의 작성하는 코드는 반드시 첫 열부터 써야 한다.

❷ 내부 블록의 레벨에 맞추어 동일 레벨인 경우 일정한 간격만큼 동일하게 들여쓰기를 해야 한다. 즉 1번째 내부 블록이 3칸 들여쓰기를 했다면 2번째 동일 레벨의 내부 블록은 3칸 들여쓰기를 해야 한다.

03. if~elif~else문

if 조건식1 :
    문장1
elif 조건식2 :
    문장2
else
    문장3
    문장4
	만약에 조건식1이 참이면 문장1을 실행하고 문장4로 간다. 조건식1이 거짓이면 조건식2의 조건을 판단한다. 조건식2가 참이면 문장2를 실행하고 문장4로 간다. 조건식2가 거짓이면 문장3을 실행하고 문장4로 간다.

04. for문

for 변수명 in 순차적인 객체 :
    실행할 문장1
else :
    실행할 문장2
	순차적인 객체의 각 항목이 변수에 치환되어 실행할 문장1을 수행한다. 순차적인 객체의 항목 개수만큼 반복해서 실행할 문장1을 수행한다. 반복 횟수가 끝나면 else:문장 뒤의 실행할 문장2를 수행한다.

05. while문

while 조건식 :
    실행할 문장1
else :
    실행할 문장2
	조건식이 참인지 거짓인지 판단하여 참이면 실행할 문장1을 실행한다. 거짓이면 else : 로 이동하고 실행할 문장2를 실행한다.

06. break문

반복문 중간에 break문을 만나면 반복문을 빠져나온다. 반복문 중간에 조건식에 break문을 넣어서 일정한 조건이 만족하면 끝까지 반복하지 않고 중간에 반복문을 빠져나올 수 있도록 제어하고자 할 때 사용한다.

연습문제

01. 다음 순서도를 보고 조건문을 이용하여 프로그램을 작성하시오.

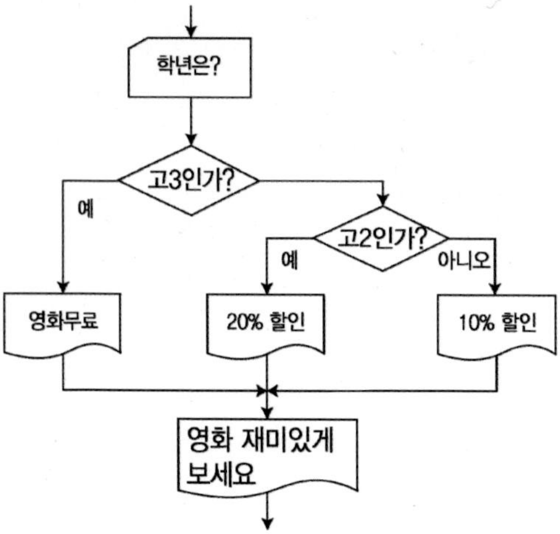

02. 세 개의 양의 정수를 입력받아서 가장 큰 수와 가장 작은 수를 구하는 프로그램을 구하세요.

03. 상대편이 생각한 숫자 맞추기 게임을 만들어 보세요.

규칙 :

- A사람 1~10까지의 정수 중에서 한 명이 마음으로 숫자 1개를 생각한다.
- B사람 1~10까지 중에서 숫자를 맞춘다. 맞으면 A가 맞았다고 외친다.
- 틀렸으면 속으로 생각한 숫자보다 작은 숫자인지 큰 숫자인지를 말해 준다.
- 계속해서 B가 맞출 때까지 반복하면서 빠르게 맞춘 사람이 이기는 게임이다.

제6장

파이썬 자료형

배울 내용	1. 리스트의 소개 2. 튜플(tuple) 3. 세트(set) 4. 사전(Dictionary)

1. 리스트의 소개

1) 리스트의 소개

파이썬의 리스트는 다른 언어의 배열(array)와 비슷하지만 완전히 같지는 않다. 배열은 보통 크기가 정해져 있지만 리스트는 크기가 정해져 있지 않다. 또 다른 특징으로 배열에는 같은 종류의 자료형만 넣을 수 있다는 점이다. 즉 숫자의 배열에는 숫자만 넣어야 한다. 하지만 리스트는 다양한 종류의 데이터를 섞어서 넣을 수 있다. 파이썬의 리스트는 다른 언어의 배열보다 더 유연한 자료의 집합 구조이다.

프로그램 작성 시 변수는 오직 하나의 값만을 저장할 수 있으므로 여러 개의 자료일 경우 여러 개의 변수명이 있어야 한다. 변수명을 만드는 것도 쉽지 않지만, 반복적인 것을 각 변수로 처리하려면 효율적이지 못할 것이다. 반복문을 적절하게 사용하여 반복적인 것을 리스트로 만들어 처리하면 효율적인 프로그램 작성이 될 것이다. 또한, 많은 양의 데이터를 한꺼번에 저장할 수 있도록 대용량의 데이터를 저장하기 쉬운 형태의 데이터 목록을 순서적으로 다루는 자료형이다.

2) 리스트 형식

형식
리스트명 = [항목0, 항목1, 항목2...... 항목n]

항목0	항목1	항목2	.....	항목n
리스트명[0]	리스트명[1]	리스트명[2]	.....	리스트명[n]

항목에 대하여 리스트의 순서적인 번호를 붙여서 데이터를 저장한다.

실습예제 리스트에 자료를 저장하기

```
list_jumsu= [100,80,90,70]    ❶
print(list_jumsu)             ❷
```

```
[100, 80, 90, 70]
```

❶ list_jumsu는 리스트명이고 list_jumsu[0]에 100이 저장되고 list_jumsu[1]에 80이 저장된다.

❷ 리스트명을 print하면 전체 리스트의 내용을 볼 수 있다.

100	80	90	70
list_jumsu[0]	list_jumsu[1]	list_jumsu[2]	list_jumsu[3]

실습예제 특정항목을 출력하기

```
list_name = [ '홍길동' , '이순신' , '최영' , '계백' ]    ❶
print(list_name[2])                                      ❷
```

```
최영
```

❶ list_name의 리스트명이고 list_name[0]='홍길동', list_name[1]='이순신', list_name[2]='최영', list_name[3]='계백'

❷ list_name의 2번 요소의 값 '최영'이 출력된다.

'홍길동'	'이순신'	'최영'	'계백'
list_name[0]	list_name[1]	list_name[2]	list_name[3]

실습예제 항목을 연속적으로 출력하기

❶ 리스트명 list_sungjuk[0]~list_sungjuk[7]까지 성적 자료를 순서적으로 저장한다.

list_sungjuk=['홍길동' ,100, '이순신' ,85, '최영' ,90, '계백' ,75] ❶ print(list_sungjuk[0:1]) ❷ print(list_sungjuk[:4]) ❸ print(list_sungjuk[2:]) ❹	['홍길동'] ['홍길동', 100, '이순신', 85] ['이순신', 85, '최영', 90, '계백', 75]

'홍길동'	100	'이순신'	85	'최영'	90	'계백'	75
list_sungjuk[0]	list_sungjuk[1]	list_sungjuk[2]	list_sungjuk[3]	list_sungjuk[4]	list_sungjuk[5]	list_sungjuk[6]	list_sungjuk[7]

❷ list_sungjuk[0:1]리스트 요소 0열부터 (1-1)열까지 인쇄한다. 즉 list_sungjuk[0] 인쇄한다.

❸ list_sungjuk[:4]리스트 요소 처음부터 (4-1)열까지 인쇄한다. 즉 0열~3열까지 인쇄한다.

❹ list_sungjuk[2:]리스트 요소 2열부터 마지막열까지 인쇄한다. 즉 2열~7열까지 인쇄한다.

3) 리스트 활용

실습예제 2개 리스트를 합치기

list_sungjuk1=['홍길동',100,'이순신',85] ❶ list_sungjuk2=[,'최영',90,'계백',75] ❷ print(list_sungjuk1 + list_sungjuk2) ❸	['홍길동', 100, '이순신', 85, 최영', 90, '계백', 75]

❶ list_sungjuk1에 저장된 구조

'홍길동'	100	'이순신'	85
list_sungjuk1[0]	list_sungjuk1[1]	list_sungjuk1[2]	list_sungjuk1[3]

❷ list_sungjuk2에 저장된 구조

'최영'	90	'계백'	75
list_sungjuk2[0]	list_sungjuk2[1]	list_sungjuk2[2]	list_sungjuk2[3]

❸ 리스트 간의 결합(+ 연산자 이용)

'홍길동' ,	100	'이순신' ,	85	'최영'	90	'계백'	75
list_sungjuk1 [0]	list_sungjuk1 [1]	list_sungjuk1 [2]	list_sungjuk1 [3]	list_sungjuk2 [0]	list_sungjuk2 [1]	list_sungjuk2 [2]	list_sungjuk2 [3]

실습예제 리스트의 요소 변경하기

list_jumsu = [100,80,90,70]	❶	
print(list_jumsu)	❷	[100, 80, 90, 70]
list_jumsu[2]=75	❸	[100, 80, 75]
print(list_jumsu[:3])	❹	

❸ list_jumsu[2]에 있던 90에 새롭게 75를 넣는다.

❹ list_jums[:3] 리스트 요소 처음부터 (3-1)열까지 인쇄한다.

실습예제 리스트를 반복연산자(*) 사용한다.

list_jumsu = [100,80,90,70] print(list_jumsu * 3)	❶ ❷	[100, 80, 90, 70, 100, 80, 90, 70, 100, 80, 90, 70]

❷ list_jumsu * 반복횟수로 list_jumsu를 3번 반복한다.

실습예제 리스트 항목의 갯수 계산하기(len)

list_jumsu = [100,80,90,70] print(len(list_jumsu))	❶ ❷	4

실습예제 리스트 항목의 요소 추가하기(append)

list_jumsu = [100, 80, 90, 70] list_jumsu.append(80) list_jumsu.append(100) print((list_jumsu))	❶ ❷ ❸ ❹	[100, 80, 90, 70, 70, 85]

실습예제 리스트 항목의 요소 삽입하기(insert)

list_jumsu = [100,80,90,70] list_jumsu.insert(1,50) list_jumsu.insert(4,99) print((list_jumsu))	❶ ❷ ❸ ❹	[100, 50, 80, 90, 99, 70]

❷ 1번 인덱스 첨자에 50항목을 삽입하기

❸ 4번 인덱스 첨자에 99항목을 삽입하기

삽입하기는 리스트의 각 인덱스에 삽입되고 그곳에 원래 있었던 자료는 뒤로 밀려난다. 마지막 항목 뒤에 붙여서 추가한다.

100	80	90	70
list_jumsu[0]	list_jumsu[1]	list_jumsu[2]	list_jumsu[3]

⬆

50

100	50	80	90	70
list_jumsu[0]	list_jumsu[1]	list_jumsu[2]	list_jumsu[3]	list_jumsu[4]

⬆

99

100	50	80	90	99	70
list_jumsu[0]	list_jumsu[1]	list_jumsu[2]	list_jumsu[3]	list_jumsu[4]	list_jumsu[5]

실습예제 》 리스트 항목의 자료 찾기(in)

```
list_name = [ '홍길동' , '이순신' , '최영' , '계백' ]   ❶
i = list_name.index( '이순신' )                          ❷
print(i)                                                  ❸
if  '이순신'  in list_name :                              ❹
    print(list_name[i])                                   ❺
```

```
1
이순신
```

❷ 리스트 항목에서 이순신을 찾아서 해당 첨자요소의 인덱스값 1을 반환하여 i변수에 넣는다.

❹ 만약에 list_name리스트에 '이순신'의 항목을 찾아서 ❺ list_name[1]의 이순신을 출력하기

실습예제 리스트 정렬하기(sort)

list_name=['e','a','q','f','d']	❶	
list_name.sort()	❷	['a' , 'd' , 'e' , 'f' , 'q']
print(list_name)	❸	

❷ 리스트 항목에서 이순신을 찾아서 해당 첨자 요소의 인덱스값 1을 반환하여 i변수에 넣는다.

❹ 만약에 list_name리스트에 '이순신'의 항목을 찾아서 ❺ list_name[1]의 이순신을 출력하기

문제풀이

동아리 회원명이 있을 경우 특정 사람의 이름을 입력하고 회원인지 판단하는 프로그램을 작성하여라.

> 힌트 member_name = ['김신우' , '나영미' , '김승현' , '최연지' , '안혜진']
> '나영미' in member_name

문제풀이

3의 배수 리스트, 5의 배수 리스트, 7의 배수 리스트를 합쳐서 출력하세요.

문제풀이

'love' 단어를 'like'로 바꾸어 보세요.

> 힌트 word = ['l' , 'o' , 'v' , 'e']
> word[1] = 'i'

2. 튜플(tuple)

1) 튜플 소개

튜플은 리스트와 비슷하다. 리스트의 성격을 가지고 있다. 리스트, 튜플은 같은 자료의 형태로 시퀀스(sequence)라고 한다. 시퀀스는 항목으로 구성되어 있고 항목 간에는 순서가 있다. 항목 간에 0번부터 일련번호를 붙인다.

시퀀스 자료형은 인덱싱, 슬라이싱, 덧셈 연산, 곱셈 연산의 기능을 지원한다는 것이 공통점이다. 차이점으로는 리스트는 리스트의 내용을 수정할 수 있지만 튜플은 내용을 변경할 수 없다. '내용을 변경할 수 있는지, 없는지가 무슨 큰 의미가 있을까?' 하고 생각할 수 있을 수 있지만, 프로그램에서는 이 부분이 굉장히 중요하다. 튜플로 작성한 자료 집합은 리스트보다 빠르게 처리할 수 있다. 그래서 보통 변경이 자주 일어나는 자료형은 리스트로 저장을 하고, 더는 변경이 없어도 되는 자료형 같은 경우 튜플로 저장을 한 후 최종 처리를 하면 빠른 프로그램 수행이 가능하다.

보통은 리스트로 작업 후 튜플로 형태를 바꾸기도 하고, 튜플로 작업을 하고 리스트로 변환하기도 하는 방식으로 리스트와 튜플의 자료형을 자주 바꾸어 프로그래밍한다.

형식 튜플명 = (항목1, 항목2, 항목3, ... 항목n)

실습예제 튜플 기본 연습하기

```
tuple_1 = (10, 20, 30, 40, 50)    ❶
print(tuple_1)                    ❷
print(tuple_1[2])                 ❸
type(tuple_1)                     ❹
```

```
(10, 20, 30, 40, 50)
30
<class 'tuple'>
```

❶ tuple_1은 튜플 이름으로 변수명을 만드는 형식과 동일하다. '(   )' 소괄호에 해당하는 항목을 나열한다.

❷ 튜플 이름을 입력하면 전체 튜플의 항목이 출력된다.

❸ 튜플의 2번 인덱스 항목을 출력하려면 튜플명([인덱스값])을 출력하면 된다.

❹ type 함수는 자료의 형을 알 수 있다.

실습예제 튜플의 자료를 리스트로/리스트의 자료를 튜플로 형 변환하기

```
tuple_1 = (100, 200, 300,400,500)    ❶
list_1 = list(tuple_1)               ❷
print(list_1)                        ❸
list_2 = [500, 250, 100, −100, 0]    ❹
tuple_2 = tuple(list_2)              ❺
print(tuple_2)                       ❻
```

```
[100, 200, 300, 400, 500]
(500, 250, 100, −100, 0)
```

❶ 튜플 자료를 tuple_1에 넣는다.

❷ list( )함수로 tuple_1의 튜플을 list로 형태를 변환한다.

❸ list_1 변수를 인쇄하면 [100, 200, 300, 400, 500] 리스트가 인쇄된다.

❹ 리스트 자료를 list_2에 넣는다.

❺ tuple( )함수로 list_2의 리스트를 튜플로 형태를 변환한다.

❻ 튜플 자료를 인쇄한다.

list( )함수와 tuple( )함수를 이용하여 자유롭게 형을 바꿀 수 있다.

실습예제 》 다양한 모습의 튜플 형태 연습하기

```
tuple_1 = ()                 ❶
tuple_2 = (100,'kbs')        ❷
tuple_3 = 200,'sbs'          ❸
tuple_4 = ('mbc',)           ❹
tuple_5 = ('mbc')            ❺
print(tuple_1)               ❻
print(tuple_2)               ❼
print(tuple_3)               ❽
print(tuple_4)               ❾
print(tuple_5)               ❿
print(type(tuple_3))         ⓫
print(type(tuple_4))         ⓬
print(type(tuple_5))         ⓭
```

```
()
(100, 'kbs')
(200, 'sbs')
('mbc',)
mbc
<class 'tuple'>
<class 'tuple'>
<class 'str'>
```

❶ 빈 튜플을 tuple_1 변수에 넣는다.

❷ 튜플의 기본적인 형태는 (자료, 자료)이다.

❸ 튜플에서 ( )을 생략할 수 있다.

❹ ('mbc',)은 튜플이다. ',' 뒤에 아무 자료가 없더라도 반드시 ','를 써 주어야 한다.

❺ ('mbc')는 튜플이 아니다. ⓭을 살펴보면 type이 str 문자열로 나온다. 즉 ','가 없으면 문자열로 처리된다.

실습예제 》 튜플 슬라이싱, 연산자 연습하기

```
tuple_2                                  =   ❶
( 'apple' ,' banana' , 'coconut' )           ❷
print(tuple_2[1:3])                          ❸
print(tuple_2[:2])                           ❹
print(tuple_2[2:])
```

```
('banana', 'cocont')
('apple', 'banana')
('cocont',)
```

❶ tuple_2 튜플에 문자열로 저장한다.

'apple'	'banana'	'coconut'
tuple_2[0]	tuple_2[1]	tuple_2[2]

❷ [1:3]은 1열부터 (3-1)열까지의 문자열을 출력한다. 즉 1열의 'banana'와 2열의 'coconut'가 출력된다.

❸ [:2]은 튜플의 인덱스 0번부터 (2-1)까지의 문자열을 출력한다. 즉 0열의 'apple'과 1열의 'banana'가 출력된다.

❹ [2:]은 튜플의 인덱스 2열부터 마지막 항목까지 출력한다. 즉 2열부터 마지막은 없으므로 'coconut'만 출력된다.

실습예제 튜플에서 많이 사용되는 함수 연습하기

코드		결과
tuple_3 = ('car' ,' taxi' , 'bus' , 'truck' , 'ship' , 'bus') tuple_4 = (10,20,30,40,50,60,70,80,90,100) print(tuple_3.index('bus')) print(tuple_3.count('bus')) print(len(tuple_4)) print(max(tuple_4)) print(min(tuple_4))	❶ ❷ ❸ ❹ ❺ ❻ ❼	2 2 10 100 10

❶ tuple_3 튜플에 문자열로 저장한다.

'car'	'taxi'	'bus'	'truck'	'ship'	'bus'
tuple_3[0]	tuple_3[1]	tuple_3[2]	tuple_3[3]	tuple_3[4]	tuple_3[5]

❷ tuple_4 튜플에 문자열로 저장한다.

10	20	30	40	50	60	70	80	90	100
tuple_3[0]	tuple_3[1]	tuple_3[2]	tuple_3[3]	tuple_3[4]	tuple_3[5]	tuple_3[6]	tuple_3[7]	tuple_3[8]	tuple_3[9]

❸ index함수의 매개변수 'bus' 데이터와 일치하는 첫 번째 인덱스값을 출력한다. 'bus' 데이터는 인덱스 2번과 5번 중에 첫 번째 인덱스를 2를 출력한다.

❹ count함수의 매개변수 'bus' 데이터의 갯수를 출력한다. 'bus' 데이터는 2개이므로 2가 출력된다.

❺ len함수는 tuple_4 튜플의 전체 길이를 구한다.

❻ max함수는 tuple_4 튜플의 전체 항목 중 가장 큰 수를 구한다.

❼ min함수는 tuple_4 튜플의 전체 항목 중 가장 작은 수를 구한다.

문제풀이

아래 표는 서점별 도서 거래 현황표이다. 각 열에 해당하는 것을 튜플로 저장하여 출력해 보자.

서점명	출고단가	거래량
우리문고	6000	54
대한문고	12000	15
교보문고	8000	23

문제풀이

"[문제 풀어보기1]"에서 '판매금액 = 출고단가 X 거래량'이다. 판매금액을 리스트로 구하여서 튜플로 형을 바꾸어서 넣고 출력해 보세요.

3. 세트(set)

1) set 소개

- set형은 집합을 말한다. 수학에서 배운 집합을 생각하면 쉽다. 많은 양의 자료를 분류하고 이용하는 데 수학에서 배운 것을 바탕으로 프로그램을 할 수 있다.
- 집합을 생각해 보면 입력된 순서가 없으며 원소의 중복값을 허용하지 않는다. 집합 원소에 사용될 수 있는 값으로는 그동안 배운 자료형 모두가 된다. 정수형인 int, 실수형인 float, 문자형인 string, 자료구조형인 list, tuple, type 등의 모든 자료형이다. 또한 원소의 내용으로 자료형이 혼합해 있을 수 있다. 사용하는 기호는 { }(중괄호)이다.

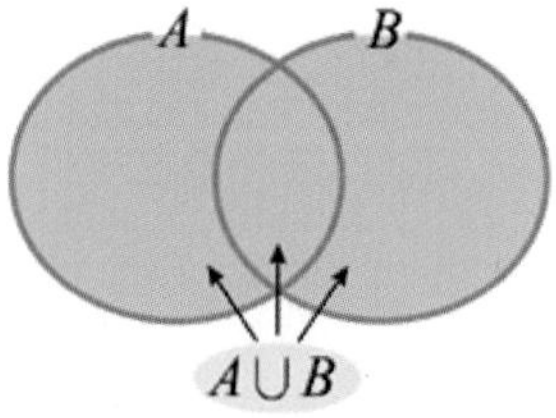

A와 B의 합집합
$A \cup B = \{x/x \in A$ 또는 $x \in B\}$

형식 세트명 = { 원소1, 원소2, 원소3……}

- { } 중괄호 기호를 사용하여 원소 또는 요소를 나열한다. 이를 변수명에 할당한다.

2) set 기본 연습하기

실습예제 》 세트의 기본 형태

```
set_1 = {}                                              ❶
set_2 = { 1000,2000,3000}                               ❷
set_3 = {'교사', '회사원','자영업'}                       ❸
set_4 = { ('정회원, 준회원, 비회원'), 5000,7000,10000}    ❹
print(set_1)                                            ❺
print(set_2)                                            ❻
print(set_3)                                            ❼
print(set_4)                                            ❽
print(type(set_1))                                      ❾
print(type(set_2))                                      ❿
print(type(set_3))                                      ⓫
print(type(set_4))
```

```
{}
{1000, 3000, 2000}
{'자영업', '교사', '회사원'}
{5000, 10000, 7000, '정회원, 준회원, 비회원'}
<class 'dict'>
<class 'set'>
<class 'set'>
<class 'set'>
```

❶ 요소가 없는 빈 세트이다. 타입은 dict로 된다.

❷ 원소로 숫자형을 사용한 세트이다. 타입은 set로 된다.

❸ 원소로 문자형을 사용한 세트이다. 타입은 set로 된다.

❹ 원소로 숫자형과 문자형을 사용한 세트이다. 타입은 set로 된다.

실습예제 》

어느 회사의 데이터베이스에서 사원 부서만 추출하였다. 이 자료를 보고 회사 전체 부서명을 알고자 한다. 세트를 이용하여 중복되는 부서를 1회만 출력하고자 세트를 사용한 예제이다.

```
set_1 = {'경리1과','인사과','기획과','인사과','경리2과', '경리1과', '기획과'}   ❶
print(set_1)                                                                    ❷
```

```
{'경리2과', '기획과', '경리1과', '인사과'}
```

❶ 중복된 부서자료를 set_1변수에 세트 형식을 넣는다.

❷ set_1 변수에 할당된 set 자료를 인쇄했다. 중복된 '경리1과, 기획과, 인사과'가 1개만 출력된 것을 알 수 있다.

세트의 특징은 중복된 것을 1회만 저장하는 것을 알 수 있다. 또 입력된 순서대로 출력되는 게 아니라는 것도 알 수 있다. 정렬되어 출력되는 게 아니라는 것도 알 수 있다. 순서에 상관없이 저장된다.

3) set의 집합연산 알아보기

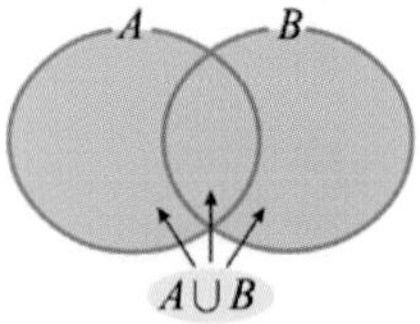

A와 B의 합집합
$A \cup B = \{x/x \in A$ 또는 $x \in B\}$

실습예제

합집합 구하기

```
# 합집합 구하기 부호 '|' (₩ 위에 있는 키)
set_1 = { 1,2,3,4,5}
set_2 = { 3,4,5,6,7,8,9}
set_3 = set_1 | set_2 # 합집합
print(set_3) # 중복된 3,4,5는 1회만 출력
```

결과

```
{1, 2, 3, 4, 5, 6, 7, 8, 9}
```

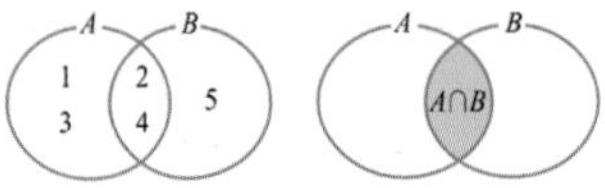

A와 B의 교집합
$A \cap B = \{x|x \in A$ 그리고 $x \in B\}$

실습예제

교집합 구하기

```
# 교집합 구하기 부호  '&'
set_1 = {1,2,3,4}
set_2 = {2,4,5}
set_3 = set_1 & set_2 # 교집합
print(set_3)
```

결과

```
{ 2, 4 }
```

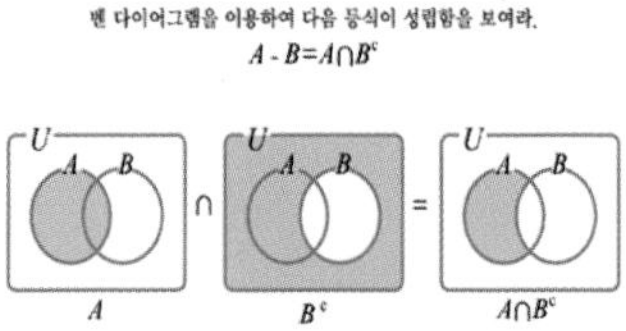

실습예제 차집합 구하기

```
# 차집합 구하기 부호 '–'
set_1 = { 1,2,3,4,5}
set_2 = { 3,4,5,6,7,8,9}
set_3 = set_1 – set_2 # 차집합
print(set_3)

결과 {1, 2}
```

4) 리스트로 입력된 자료를 set로 형을 변환하기

실습예제

코드		결과
set_1 = set([1,2,3,4,5])	❶	{1, 2, 3, 4, 5}
print(set_1)	❷	<class 'set'>
print(type(set_1))	❸	

❶ 리스트로 된 [1,2,3,4,5]를 set( )함수로 형을 변환하여 set_1 변수에 넣는다.

❷ set_1 변수에 값을 인쇄하면 set형태로 {1, 2, 3, 4, 5}가 인쇄된다.

❸ 변수의 타입을 인쇄하면 'set'라고 인쇄된다.

5) set에 주로 사용되는 함수

실습예제 기존의 set에 추가하기

코드		결과
set_1 = set([1,2,3,4,5])	❶	
set_1.update([6,7,8,9])	❷	{1, 2, 3, 4, 5, 6, 7, 8, 9}
print(set_1)	❸	<class 'set'>
print(type(set_1))	❹	

❷ update( ) 함수를 이용하여서 기존의 set에 [6,7,8,9]리스트를 추가한다.

실습예제 불필요한 요소 삭제하기

```
set_1 = set([1,2,3,4,5])    ❶
set_1.remove(3)             ❷
print(set_1)                ❸
print(type(set_1))          ❹
```

```
{1, 2, 4, 5}
<class 'set'>
```

❷ remove( ) 함수를 이용하여서 요소 3을 삭제한다.

실습예제 set 전체를 삭제하기

```
set_1 = set([1,2,3,4,5])    ❶
print(set_1)                ❷
del set_1                   ❸
print(set_1)                ❹
```

```
{1, 2, 3, 4, 5}
Traceback (most recent call last):
  File "C:/python_project/file_sava_ex1.py", line 4, in <module>
    print(set_1)
NameError: name 'set_1' is not defined
```

❶ set_1 변수에 리스트 [1,2,3,4,5]를 set로 형변환하여 넣었다.

❷ set_1을 인쇄했더니 {1,2,3,4,5} 정상적으로 출력되었다.

❸ 'del set명'으로 세트를 삭제했다.

❹ set_1을 인쇄했더니 'set_1' is no defined라는 오류메시지가 뜬다. 즉 set_1이 제거된 것을 확인할 수 있다.

실습예제 set 전체의 요소의 갯수 구하기

```
set_1 = set([1,2,3,4,5])           ❶
set_2 = {'기본금','상여금','제세금'}   ❷
print(len(set_1))                  ❸
print(len(set_2))                  ❹
```

```
5
3
```

❶ set_1 변수에 리스트 [1,2,3,4,5]를 set로 형변환하여 넣었다.

❷ set_2 변수에 set 기본형으로 문자열들 '기본금', '상여금', '제세금'을 넣었다.

❸ len( )함수는 length의 약자로 길이를 구하는 함수를 이용하여 set_1의 요소의 갯수 5를 인쇄하였다.

❹ set_2 요소의 갯수를 3을 인쇄하였다.

문제풀이

A회사에 호봉현황표이다. 1년에 한 번도 휴가를 사용하지 않는 사람은 김현성, 최경진이다. 보너스 지급 조건은 휴가를 1번도 사용하지 않고, 과장인 사람이다.

A회사에 호봉현황표			
직급	호봉	부서	이름
대리	14	영업부	김현성
사원	1	총무부	정재영
과장	17	영업부	최경진
과장	20	기획부	박홍철

❶ 문제1 – A회사의 직급을 출력하여라.
❷ 문제2 – 부서를 출력하여라.
❸ 문제3 – 보너스를 받을 사람을 출력하여라.

4. 사전(Dictionary)

1) 딕셔너리 소개

사전이라면 영어사전, 국어사전 등이 연상이 될 것이다. 예를 들어 영어사전에서 python이라는 단어 입력하여 검색하듯, 검색하고 싶은 key를 입력하고 한글로 '비단뱀'의 자료가 나오는 방식과 유사하다.

사전에서 찾으면 'python – 비단뱀'이라고 나올 것이다. 파이썬에서 사전은 기존의 리스트와 튜플과 비슷하지만 순차적인 인덱스를 갖는 것이 아니라 '키(key) : 값(value)'이라는 한 쌍의 형태로 만들어져 있다. 중괄호({ })로 감싸주고 안에 들어가는 요소들은 쉼표(,)로 구분한다. 사전은 리스트나 튜플처럼 인덱스 되어 순서가 정해지는 자료형이 아니므로 사전에 생성한 순서대로 출력이 안 될 수도 있다.

형식
사전명 = { key1 : value1, key1 : value2, ... }

사전의 형식은 { }안에 '키:값'으로 구성되어 있다. key로 지정된 값은 잃어버리거나 변경될 경우 해당 value를 찾지 못하므로 매우 중요한 값이다. 그러므로 key로 사용될 수 있는 것은 변경할 수 없는 자료이다. 그럼 list형일까? tuple형일까? 앞에서 배운 것을 정리하면서 답을 해보자. 정답은 tuple형이다. tuple은 변경이 불가능하므로 tuple형이어야 한다.

실습예제 아래 표의 사전을 입력하여 영어를 입력하면 한글로 결과가 출력되는 영한사전을 만들어 보자. (영한사전 만들기, 단어 검색하기)

영한사전	
key	value
sunset	일몰
glory	영광
set	두다
brain	두뇌

```
dict_1 = { 'sunset':'일몰', 'glory':'영광', 'set':'두다' , 'brain','두뇌' }    ❶
print(dic_1)                                                                    ❷
print(dic_1['sunset'])                                                          ❸
```

RESULTS (결과)

```
{'sunset': '일몰', 'glory': '영광', 'set': '두다', 'brain': '두뇌'}
일몰
```

❶ dict_1 딕셔너리명으로 key와 value형태로 딕셔너리를 생성한다.

❷ dict_1 딕셔너리명을 인쇄하면 사전의 모든 요소들이 출력된다.

❸ 출력하고자 하는 key를 입력하면 해당 value가 출력된다.

실습예제 음식메뉴가 '라면 짜장면 떡볶이'만 파는 분식점에 '순대'를 추가하려고 한다. (기존 사전에 새로운 요소 추가하기)

```
형식
딕셔너리명[key] = value
```

```
dict_2 = { '라면' :3000, '짜장면' :4500, '떡볶이' :3500}   ❶
dict_2[ '순대' ]=5000                                      ❷
print(dict_2)                                              ❸
```

```
{'라면': 3000, '짜장면': 4500, '떡볶이': 3500, '순대': 5000}
```

❶ dict_2 딕셔너리명으로 key와 value 형태로 음식의 가격을 생성한다.

❷ dict_2 딕셔너리에 '순대'를 키워드로 추가합니다.

❸ dict_2 딕셔너리명을 인쇄하면 사전의 모든 요소들이 출력된다.

실습예제 해당 영한사전에 단어가 있는지를 검사하기(in 사용)

```
dict_3 = { 'game' : '게임' , 'garde' : '정원' , 'gas' : '가스' }   ❶
print(dict_3)                                                   ❷
print( 'give' in dict_3.keys())                                 ❸
print( 'garden' in dict_3.keys())                               ❹
```

```
False
True
```

❸ 사전에 'give'라는 키가 있는지를 검사하여 있으면 True를 반환하고 없으면 False를 반환한다. 'give'라는 키가 없으므로 False라고 출력된다.

❹ 사전에 'garden'이라는 키가 있는지를 검사하여 있으면 True를 반환하고 없으면 False를 반환한다. 'give'라는 키가 있으므로 'True'라고 출력된다.

실습예제 정리되지 않는 한영사전을 순서대로 정렬하기(values함수 이용)

- 파이썬의 사전은 요소들이 순서대로 저장되지 않으므로 최종적인 사전의 저장은 알 수 없다.
- 이 문제에 대한 해결방법으로는 3가지가 있다. **첫째**로는 순서가 있는 리스트로 정렬하는 것이고, **둘째**로 sorted( ) 함수를 이용하여 사전 객체를 받아서 정렬된 키들의 리스트를 반환하는 방법이다. **셋째**로 값을 정렬하고자 하는 경우 values( )함수를 이용한다.

```
dict_4 = { '기본' : 'base' , '흔들다' :' shake' , '접다' : 'fol    ❶
d' , '돕다' : 'assist' }
print(list(dict_4))                                                ❷
print(sorted(dict_4))                                              ❸
print(sorted(dict_4.values())                                      ❹
```

```
['기본', '흔들다', '접다', '돕다']
['기본', '돕다', '접다', '흔들다']
['assist', 'base', 'fold', 'shake']
```

❷ dict_4 사전을 list로 변환한다.

❸ sorted() 함수를 이용하여 키에 해당하는 것을 오름차순으로 정렬하여 저장 후 print()함수로 출력한다.

❹ 사전명.values()는 사전의 값들을 정렬하여 출력한다.

문제풀이 사전 만들어 보기

단어의 개수가 50개 이상 되도록 필요한 영한사전이나 한영사전을 만들어 보세요.

요약

01. 리스트는 많은 양의 데이터를 한꺼번에 저장할 수 있는 대용량의 데이터를 저장하기 쉬운 형태의 데이터 목록을 다루는 순서적으로 다루는 자료형이다.

02. 리스트 형식은 리스트명 = [항목0, 항목1, 항목2...... 항목n]이다.

03. 리스트의 특징은 다양한 종류의 데이터를 요소로 지니며, 순서적인 인덱스 구조로 되어있다.

04. 튜플은 리스트와 비슷하다. 리스트의 성격을 가지고 있다. 리스트, 튜플은 같은 자료의 형태로 시퀀스(sequence)라고 한다. 시퀀스는 항목로 구성되어 있고 항목 간에는 순서가 있다. 항목 간에 0번부터 일련번호를 붙인다. 시퀀스 자료형은 인덱싱, 슬라이싱, 덧셈 연산, 곱셈 연산의 기능을 지원한다는 것이 공통점이다.

05. 리스트와 튜플의 차이점으로는 리스트는 리스트의 내용을 수정할 수 있지만 튜플은 내용을 변경할 수 없다.

06. 튜플의 형식은 튜플변수명 = (항목1, 항목2, 항목3...... 항목n)

07. set형은 집합을 말한다. 집합을 생각해 보면 입력된 순서가 없으며 원소의 중복값을 허용하지 않는다.

08. set형식은 세트명 = { 원소1, 원소2, 원소3....... }

09. 사전은 기존의 리스트와 튜플과 비슷하지만, 순차적인 인덱스를 갖는 것이 아니라 '키(kye) : 값(value)' 이라는 한 쌍의 형태로 만들어져 있다.

10. 사전은 중괄호({ })로 감싸주고 안에 들어가는 요소들은 쉼표(,)로 구분한다. 사전은 순서가 리스트나 튜플처럼 인덱스 되어 순서가 정해지는 자료형이 아니므로 사전에 생성한 순서대로 출력이 안 된다.

11. 사전형식은 사전명 = { key1 : value1, key1 : value2...... } 이다.

연습문제

01. 키보드로 영어 문장을 입력하여서 모두 대문자로, 모두 소문자로, 대문자를 소문자로 소문자를 대문자로 바꾸어 보는 프로그램을 작성한 코드이다. ( ) 안에 들어갈 부분을 넣어 보자

```
sentence_1 = input("문장을 입력하세요? ")
print('대문자로 변환', sentence_1.upper()) #upper( ) 대문자로 변환하는 함수
print('소문자로 변환', sentence_1.lower()) #lower( ) 소문자로 변환하는 함수
print("대문자<->소문자로 변환", sentence_1.swapcase()) #대소문자로 변환하는 함수
# 대소문자로 변환하는 함수를 사용하지 않고 변환해 보기
new_sentence_1 = str() #new_sentence_1을 문자렬 변수로 지정
for i in sentence_1 :
    if i.islower() :
        new_sentence_1 += (          ❶          )
        #대문자로 바꾸어서 new_setence_1변수에 누적하기
    else :
        new_sentence_1 += (          ❷          )
        #소문자로 바꾸어서 new_setence_1변수에 누적하기
print("대문자<->소문자로 변환", new_sentence_1)
```

RESULTS (결과)

```
문장을 입력하세요? I will go out to lunch.
대문자로 변환 I WILL GO OUT TO LUNCH.
소문자로 변환 i will go out to lunch.
대문자<->소문자로 변환 i WILL GO OUT TO LUNCH.
```

02. 자원봉사 활동한 목록 정리장 만들기

자원봉사일	봉사시간	자원봉사기관	하는일	전화번호
2019-05-05	2	작은별 도서관	도서정리	010-123-1234
2019-06-01	4	구민회관	청소	010-234-2345
2019-07-10	3	시민체육센터	행사 도우미	010-345-3456
2019-09-11	5	시민요양원	식사 도우미	010-456-4567
2019-12-20	4	시민요양원	행사 도우미	010-456-4567

```
volunteer = list( )
volunteer.append({'자원봉사일':'2019-05-05','봉사시간':2,'자원봉사기관':'작은별
도서관','하는일':'도서정리','전화번호':'010-123-1234'})
volunteer.append({'자원봉사일':'2019-06-01','봉사시간':4,'자원봉사기관':'구민회
관','하는일':'청소','전화번호':'010-234-2345'})
volunteer.append({'자원봉사일':'2019-07-10','봉사시간':3,'자원봉사기관':'시민체
육회관','하는일':'행사도우미','전화번호':'010-345-3456'})
volunteer.append({'자원봉사일':'2019-09-11','봉사시간':5,'자원봉사기관':'시민요
양원','하는일':'식사도우미','전화번호':'010-456-4567'})
volunteer.append({'자원봉사일':'2019-12-20','봉사시간':4,'자원봉사기관':'시민요
양원','하는일':'행사도우미','전화번호':'010-456-4567'})
total = 0
agency = set()
service = set()

for k in volunteer :
    print(k)
    total += k['봉사시간']
    agency.add(k['자원봉사기관'])
    service.add(k['하는일'])
print("올해 총 봉사한 시간은? ",total)
print("올해 자원봉사한 기관은?", agency)
print("올해 봉사한 일?", service )
```

RESULTS (출력결과)

```
{'자원봉사일': '2019-05-05', '봉사시간': 2, '자원봉사기관': '작은별 도서관', '하는일': '도서정리', '전화번호': '010-123-1234'}
{'자원봉사일': '2019-06-01', '봉사시간': 4, '자원봉사기관': '구민회관', '하는일': '청소', '전화번호': '010-234-2345'}
{'자원봉사일': '2019-07-10', '봉사시간': 3, '자원봉사기관': '시민체육회관', '하는일': '행사도우미', '전화번호': '010-345-3456'}
{'자원봉사일': '2019-09-11', '봉사시간': 5, '자원봉사기관': '시민요양원', '하는일': '식사도우미', '전화번호': '010-456-4567'}
{'자원봉사일': '2019-12-20', '봉사시간': 4, '자원봉사기관': '시민요양원', '하는일': '행사도우미', '전화번호': '010-456-4567'}
올해 총 봉사한 시간은? 18
올해 자원봉사한 기관은? {'시민체육회관', '구민회관', '작은별 도서관', '시민요양원'}
올해 봉사한 일? {'식사도우미', '도서정리', '행사도우미', '청소'}
```

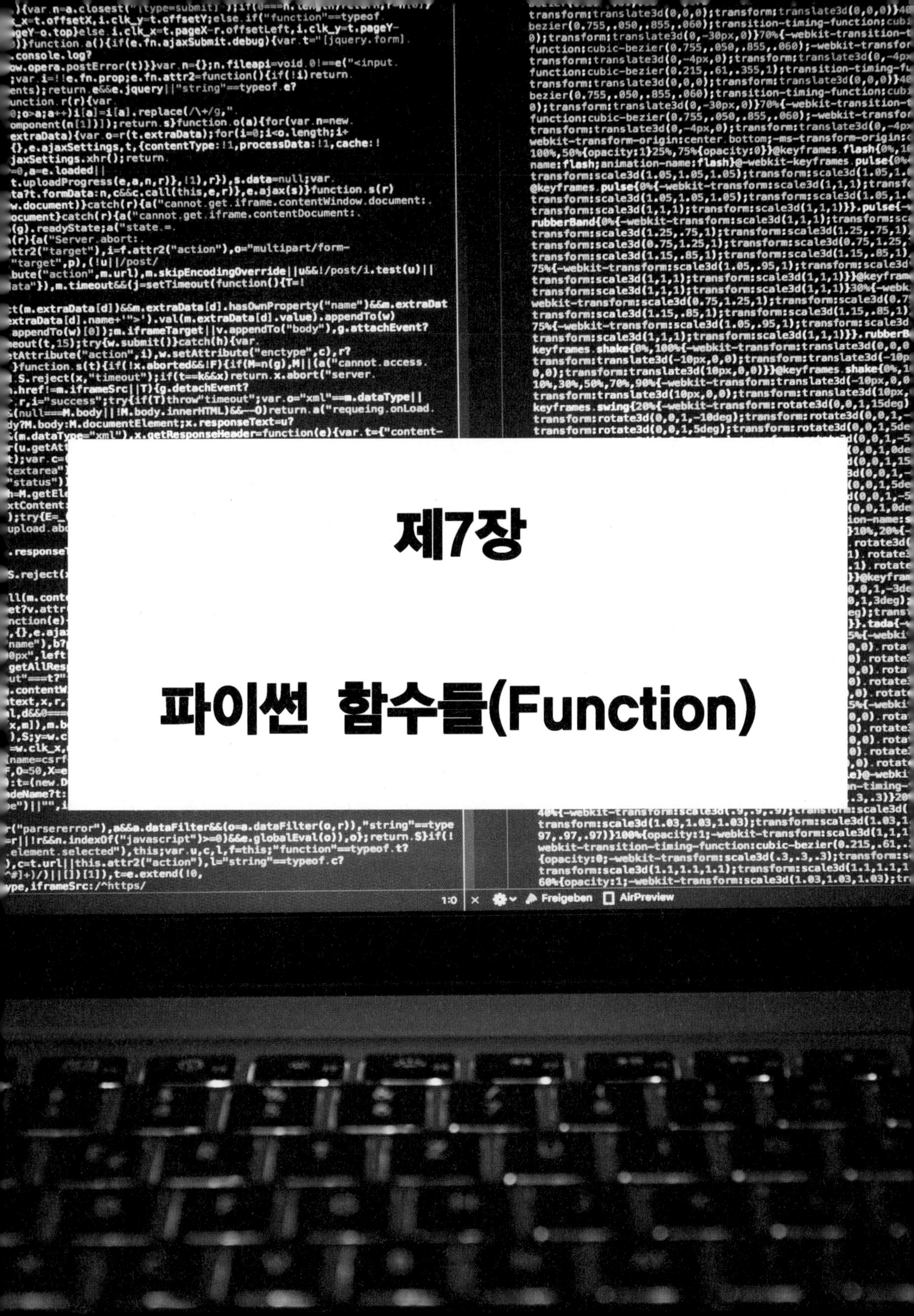

제7장

파이썬 함수들(Function)

배울 내용

1. 함수 소개
2. 함수 정의
3. 함수의 호출방식
4. 함수를 활용한 자료구조 개념
5. 내장함수들

1. 함수 소개

1) 함수란 무언인가?

대형 마트에서 장을 본 경험이 누구나 있을 것이다. 물건을 고르고 계산을 했는데 반품을 할 때는 고객센터에 가서 한다. 여러 가지 물건을 살 때 품목별로 반품코너를 만들면 비효율적이고 많은 직원과 공간이 필요할 것이다. 그러나 공통인 반품 업무를 고객센터라는 곳에서 전담한다면 효율적이며 공간도 덜 차지할 것이다.

이렇듯 프로그램도 비슷한 원리이다. 프로젝트 안에 많은 파이썬 프로그램이 존재하는데 공통적인 프로그램 코드를 함수로 만들어 두고 필요시에 해당 함수를 가져다가 사용하면

좋을 것이다.

프로젝트는 여러 개의 프로그램이 모아서 된 것이고 프로그램은 여러 개의 함수로 만들어졌으며 함수는 여러 개의 자료형, 조건문 반복문들의 명령으로 모여진 것이다.

함수란? 공동으로 사용할 명령어들의 모아 놓은 것을 말한다. 대부분의 프로그램은 많은 함수들을 가지고 있다.

Tip 수학에서 이야기하는 함수(자료 : 위키백과)

- 수학에서, 첫 번째 집합의 임의의 한 원소를 두 번째 집합의 오직 한 원소에 대응시키는 대응 관계이다.
- 함수는 정의역의 각 원소를 정확히 하나의 공역 원소에 대응시킨다.
- 정의역이 {1,2,3}, 공역이 {4,5,6}이며, 대응 규칙 f(1)=4 f(2)=5 f(3)=6을 따르는 대응 관계는 함수이다.

2) 함수 이용분야

❶ 프로그램에서 중복된 코드를 함수로 처리한다.
❷ 함수를 만들어서 동일한 프로그램 코드가 필요할 때 재사용할 수 있다.
❸ 복잡한 프로그램 작업을 분해하여 함수 안에 또 다른 함수를 포함할 수 있다.

3) 함수 사용하는 방법

❶ 함수 만들기 : 공통적인 프로그램 코드를 작성한다.
❷ 함수 호출하여 사용하기 : 프로그램 수행 중에 함수로 만들어진 코드가 필요하면 호출하면 함수 만들기로 만들어진 함수의 내용을 수행하고 계속 아래 코드를 수행한다.

2. 함수 정의하기

❶ 함수의 헤더 부분으로 함수 이름과 매개변수를 정의한다. 함수 이름은 함수의 내용을 대표할 수 있는 명칭으로 정한다. 변수를 만드는 규칙과 동일한 방법으로 프로그래머가 만들어 준다.

첫 글자는 의미 있는 영단어로 한다. 사용할 수 있는 문자는 영문자, 숫자, _(Under bar)만 가능하다. 예약어는 사용할 수 없다.

형식
def 함수이름(매개변수1, 매개변수2, ... 매개변수n) :
    함수 내용1
    return 결과값 변수
	
	❶
	❷
	❸

매개변수는 다른 말로 인자(Parameter)라고도 한다. 매개변수는 여러 개 사용할 수도 있고 전달할 값이 없을 경우 생략할 수도 있다. 매개변수는 함수호출 시 자료를 받을 임시 지역변수이다. 그러므로 함수 만들기를 벗어난 경우에는 변수를 사용할 수 없다.

❷는 바디 부분으로 함수의 처리할 내용을 정의하는 부분이다. 즉 공통적인 프로그램 코드를 작성하는 곳이다.

❸은 결과값을 반환해 주는 곳이다. return문을 수행한 후 함수는 종료가 된다. return문 뒤에 올 수 있는 것으로는 결과값 숫자, 문자, 변수가 올 수 있다. 반환할 값이 없을 경우 return문을 생략해도 된다. return문이 있는 함수를 호출할 경우 "변수 = 함수이름( )"형태로 return문에서 반환한 값을 받아줄 변수가 필요하다. 여기서 변수는 반환된 값의 자료형과 똑같다.

Tip

<u>지역변수:</u> 일정한 블록에서만 사용할 수 있는 변수로 사용할 수 있는 범위가 지역에 국한되어 있는 변수로 지역을 벗어나면 변수를 사용할 수 없다.

<u>전역변수:</u> 함수밖에서 사용할 수 있는 함수로 여러 개의 함수가 만들어졌다면 각각의 함수에서 모두 사용할 수 있는 변수를 말한다.

실습예제 》 숫자 2개를 매개변수로 받아서 가장 큰 수를 찾는 프로그램을 함수로 만들어 보세요.

# 함수정의 부분 	
def put_max(x, y) : # 함수헤더
    if x〉y :   # 함수정의
        max = x
    else :
        max = y
    return max
	❶
	❷
	❸
	❹
	❺
	❻
		40

# 함수 호출부분 	
print(put_max(20,40))
	❼	

❶ def는 함수를 정의하기 위한 키워드이다. put_max는 함수 이름으로 변수 이름 만드는 방식과 동일한 규칙으로 만들면 된다. (x, y)는 x, y는 매개변수로써 함수에서 값을 전달할 때 사용하는 변수이다. 함수 호출할 때 매개변수에 해당 데이터가 전달된 것을 x, y 변수에서 받는다. 이 변수는 지역변수로써 함수정의 부분을 벗어나면 자료의 값을 사용할 수 없다. ":" 파이썬에서 인터프리터가 줄 단위 해석을 하는데 ":"은 아직 명령이 끝나지 않았으므로 해석을 하지 말라는 의미로 쓰인다. 이후 들여쓰기 부분을 한 블록으로 처리하여 들여쓰기가 동일한 곳이 되면 해석을 한다. 즉 ❷~❻까지를 한 개의 문장으로 인식하여 해석한다.

❷ if x〉y : '만약에 x가 y보다 크다'면의 조건문이다.

❸ max = x : max라는 변수에 큰 값 x를 치환한다. 그러므로 큰 값이 max변수에

담긴다.

❹ else : if문의 조건이 거짓일 경우 수행하는 구문이다. '그렇지 않으면'으로 해석하면 된다.

❺ max = y : max라는 변수에 큰 값 y를 치환한다. 그러므로 큰 값이 max변수에 담긴다.

❻ return max : 함수 호출한 ❼로 인수값을 되돌려줄 때 사용한다. max의 값을 함수 이름에 넣어서 되돌려준다.

❼ 함수 호출부분으로 함수 정의 부분을 호출하여 사용한다. 함수 정의 부분은 함수 호출하기 전까지는 전혀 실행되지 않는다. 함수 정의 부분을 한 번만 정의하여 두면 함수 호출 문장을 사용하여 재사용할 수 있다. 함수 호출할 때는 함수 이름(put_max)을 사용하고 매개변수에 넣어줄 값을 형식에 맞추어 실 매개변수(30,40)를 넣어준다.

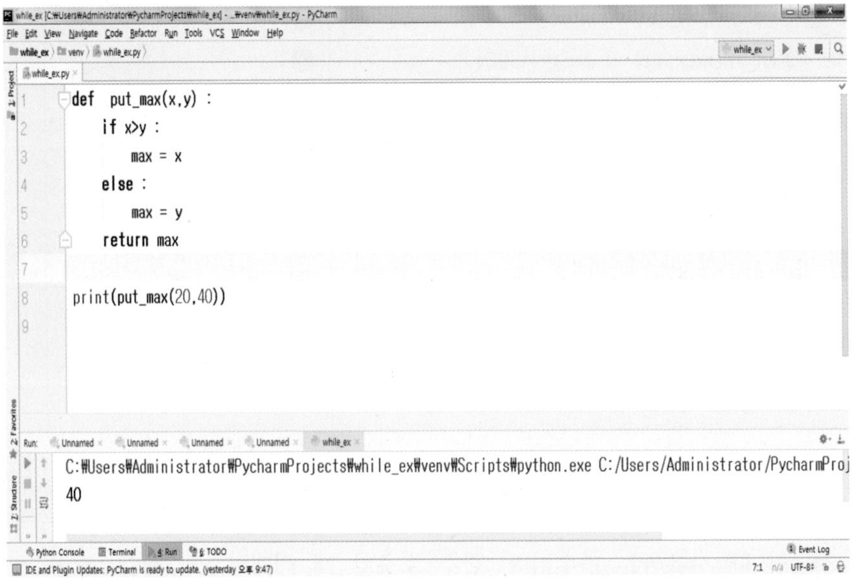

실습예제 ⟫ 3개의 직각사각형의 면적의 합을 구하는 프로그램(지역변수와 전역변수)

```
total_area = 0 #전역변수                                  ❶
def rectangle_area(hori,vert ) :                          ❷
        area =  hori * vert  #지역변수                     ❸
        print("전역변수 :", total_area)                    ❹
        return area                                       ❺
for i in range(3) :                                       ❻
      hori_i = int(input("가로크기? "))                     ❼
      vert_i = int(input("세로크기? "))                     ❽
      total_area += rectangle_area(hori_i, vert_i)        ❾
print("3개의 사각형 면적의 합은? ", total_area)                ❿
```

```
가로크기? 10
세로크기? 5
전역변수 : 0
가로크기? 20
세로크기? 5
전역변수 : 50
가로크기? 30
세로크기? 5
전역변수 : 150
3개의 사각형 면적의 합은? 300
```

처리순서

❶ → ❻ → ❼ → ❽ → ❾ → ❷ → ❸ → ❹ → ❺ → ❻ → ❼ →
❽ → ❾ → ❷ → ❸ → ❹ → ❺ → ❻ → ❼ → ❽ → ❾ → ❷ →
❸ → ❹ → ❺ → ❿

ⓐ total_area변수는 함수밖에 쓰여 진 함수로서 ❹ 함수 안에서도 쓸 수 있고 ❾ 반복문 안에서도 쓸 수 있 반복문 밖에서도 쓰고 있다. 이렇듯 어디에서나 사용할 수 있는 변수를 전역변수라 한다.

ⓑ 함수를 만드는 부분이다. 가로 크기는 hori 매개변수로 세로 크기는 vert 매개변수로 함수호출할 때 전달받는다. hori, vert 매개변수는 함수 만들기(정의) 부분에서만

유용한 변수이다. 즉 함수지역에서만 사용할 수 있는 변수이므로 지역변수라 할 수 있다,

ⓒ 'area = hori * vert' hori 매개변수의 가로크기 값과 vert 매개변수의 세로크기 값을 곱하여 area변수에 넣는다. area변수는 함수 만들기(정의) 부분에서 만들어진 변수이므로 지역변수이다.

ⓓ total_area변수는 전역변수이기 때문에 처음에 함수가 호출되었을 때는 0이 인쇄된다. 이후 2번째 함수가 호출될 때는 50이 인쇄된다.

ⓔ 함수 정의가 끝나는 부분이다. 함수를 호출한 ❾으로 area변수의 값을 반환한다.

ⓕ 반복문으로 3번 반복을 한다.

ⓖ 사각형 면적을 구하기 위해서 키보드로 가로의 크기를 입력받는다. int( ) 정수형으로 형을 바꾼다. hori_i변수는 for문에서만 사용되는 지역변수이다.

ⓗ 사각형 면적을 구하기 위해서 키보드로 세로의 크기를 입력받는다. int( ) 정수형으로 형을 바꾼다. vert_i변수는 for문에서만 사용되는 지역변수이다.

ⓘ total_area += rectangle_area(hori_i, vert_i) rectangle_area함수를 호출한다. 매개변수로 가로의 크기 hori_i의 값과 세로의 크기 vert_i의 값을 ❷의 매개변수로 전달한다. 그리고 함수 정의된 부분 ❷~❺까지 수행하고 ❺에서 반환된 area값을 total_area 변수에 누적한다. total_area변수는 전역변수로써 값이 지워지지 않고 계속 누적된다.

ⓙ ❻~❿ 반복문을 3회 하고 나서 반복문이 끝나면 total_area 있는 3개의 사각형의 넓이를 누적한 것을 출력한다.

3. 함수의 호출방식

1) 함수의 호출방식

- 파이썬이 아닌 다른 프로그램 언어에서 함수의 호출방식은 인수를 전달하는 방법에 따라 값에 의한 호출, 참조에 의한 호출로 구분할 수 있다.
- 값에 의한 호출은 계산 결과값을 함수의 인수로 전달되는 것이다. 참조에 의한 호출은 참조 변수의 주소를 인수로 전달하는 방식이다.
- 파이썬에서 함수호출방식은 객체 참조에 의한 호출(Call by Reference)과 공유에 의한 호출(Call by Sharing) 방식이 있다. 파이썬의 함수호출방식은 함수를 호출할 때 객체의 참조를 넘겨주는 방식의 호출방식이다.

2) 매개변수(인수)의 기본값

함수호출을 할 때 인수를 넘겨주지 않아도 기본으로 가지고 있는 값을 의미한다. 함수호출 시 기본값을 매개변수로 넘겨주지 않아도 함수 정의 시 기본값으로 처리하도록 할 때 사용한다.

형식 def 함수이름(기본값이 없는 인수, 기본값이 있는 인수)

기본값이 없는 매개변수와 기본값이 있는 인수를 매개변수로 사용할 경우 반드시 기본값이 없는 인수가 앞에 와야 한다.

실습예제 》 매개변수의 초기값이 있는 경우와 없는 경우 함수처리 방식 연습하기

def def_fun(a, b=10) : print(a+b)	❶ ❷	 정답
num=5 def_fun(num) def_fun(num,20)	❸ ❹ ❺	15 25

RESULTS (처리결과)

```
    def_fun(num)
TypeError: def_fun() missing 1 required positional argument: 'b'
```

처리 순서는 ❸ → ❹ → ❶ → ❷ → ❺ → ❶ → ❷

❸ num 변수에 5를 넣는다.

→❹ 함수 호출을 한다. def_fun함수를 호출했을 때 (num)에서 5이란 객체의 참조를 num이 가지고 있다. 이 참조가 함수 def_fun을 통해 a로 전달된다. 참조에 의한 호출방법과 유사하다.

→ ❶ 즉 5의 숫자가 a변수에 넣어지는 것이 아니라 5의 담긴 메모리의 주소값을 (num)에서 (a)로 주소값 즉 참조하여 넣는다. b매개변수에는 호출한 곳에서 넘어온 값이 없기에 기본값 10을 넣는다.

→ ❷ a와 b를 더해서 15를 출력한다. 그리고 함수정의 부분이 끝났으므로 호출한 곳 ❹로 다시 이동한 후 다음 줄로 이동한다.

→ ❺ def_fun를 다시 호출한다. 매개변수 num, 20을 인자로 해서 넘겨주는 매개가 된다.

→ ❶ num의 5는 a로 20은 b로 넘겨진다.

→ ❷ 5 + 20의 값 25가 출력된다. 만약, ❶ def def_fun(a, b=10) : 에서 b=10을 b로 고친다면 위와 같은 오류가 발생한다. 이유는 ❹ 문장을 주석 처리한다면 오류는 사라질 것이다.

실습예제 》 인수를 숫자로 참조하는 함수처리 방식 연습하기

코드		
def number_fun(x) :	❶	
print("x= " , x)	❷	정답
number = 500	❸	x= 500
number_fun(number)	❹	number= 500
print("number=" , number)	❺	

처리 순서는 ❸ → ❹ → ❶ → ❷ → ❺

❸ number 변수에 500을 넣는다.

→ ❹ 함수 호출을 한다. number_fun함수를 호출했을 때 (number)에서 500이란 객체의 참조를 number가 가지고 있다. 이 참조가 함수 number_function을 통해 x로 전달된다. 참조에 의한 호출방법과 유사하다.

→ ❶ 즉 500의 숫자가 x변수에 넣어지는 것이 아니라 500에 담긴 메모리의 주소값을 (number) → (x)로 주소값, 즉 참조하여 넣는다. 500의 주소를 같이 참조한다.

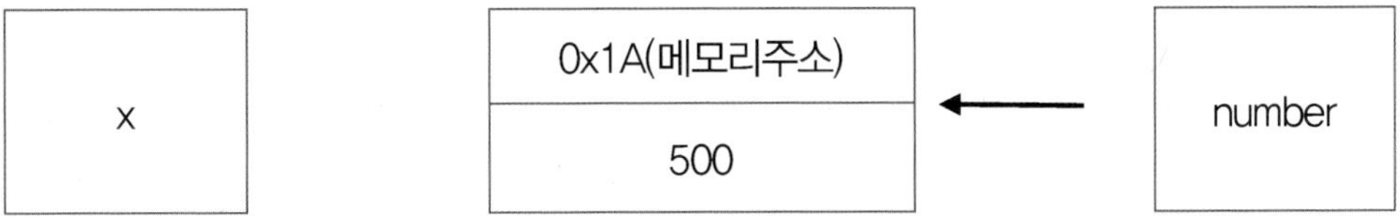

→ ❷ x가 참조한 값 500의 주소(0x1A)를 공유한 것의 주소에 값을 출력하면 500이 출력된다.

→ ❺ 함수 호출해서 정의된 부분의 마지막 줄까지 수행하고 호출한 곳을 되돌아온다. 즉 ❹로 되돌아와서 아래 문장 ❺를 수행한다. number변수의 값을 출력한다. 그러면 number변수도 0x1A 주소를 가리키고 있으므로 500이 동일하게 출력된다.

실습예제 아래의 실습예제에서 ❷를 x=100으로 바꾸어 보고 실행해 보자.

def number_fun(x) :	❶	
x=100	❷	정답
number = 500	❸	
number_fun(number)	❹	number= 500
print("number=" , number)	❺	

위의 설명에서 ❸ ❹ ❶은 동일하게 동작을 한다.

→ ❷에서 x변수에 값은 100으로 바뀐다. 그리고 함수 정의가 종료되므로

→ ❺로 되돌아와 number를 찍어 500이 출력된다. 메모리 주소는 임의의 주소이다.

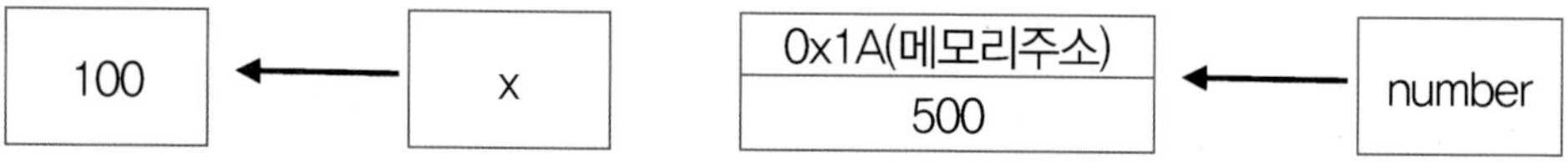

실습예제 튜플을 인수로 활용한 함수 호출

def tuple_ex(x) :	❶	
x=(100,200)	❷	정답
print(x)	❸	
number=(500,600)	❹	(100,200)
tuple_ex(number)	❺	(500,600)
print(number)	❻	

처리 순서는 ❹ → ❺ → ❶ → ❷ → ❸ → ❻

❹ number 튜플에 500, 600항목을 넣는다.

→ ❺ tuple_ex함수를 호출했을 때 (number)는 튜플을 매개변수의 멤버 인자로 사용한다.

→ ❶ 즉 튜플 이름인 number가 저장된 주소값을 x를 변수에 전달한다. 그러면 number 튜플이 저장된 곳의 메모리 주소를 x와 number가 공유한다.

→ ❷ x 튜플의 항목을 100,200으로 변경하면서 x변수에 100, 200튜플의 자료들을 가리키는 주소로 변경된다.

→ ❸ x 튜플이 가리키고 있는 100, 200항목을 인쇄한다.

→ ❺ 함수 호출한 곳을 되돌아와서

→ ❻으로 이동하여 number 튜플이 가리키고 있는 500, 600을 인쇄한다. 튜플의 주소는 임의의 주소이다.

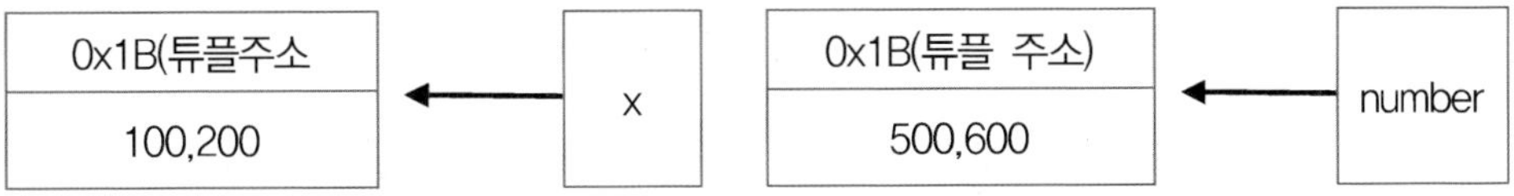

4. 함수를 활용한 자료구조 개념

1) 스택 구조 프로그램 작성하기

- 컴퓨터에서는 자료를 처리하기 위한 여러 가지 구조가 있다. 그중에서 대표적인 구조가 스택 구조이다.
- 스택은 한쪽만으로 입력과 출력이 이루어진다. 마치 박스와 비슷하다. 제일 먼저 넣은 자료가 가장 아래에 있고 최근에 넣은 자료가 위에 있다. 그래서 먼저 입력된 것이 나중에 꺼내진다(출력)고 해서 선입선출구조(LIFO : Last in First Out)라고 한다.
- 입력순서는 "A → B → C"일 때 아래와 같은 구조이다. 만약 출력한다면 "C → B → A"이다.
- 입력(삽입)은 넣는다는 의미로 push라 한다. 출력(삭제)은 꺼낸다는 의미로 pop이라 한다.

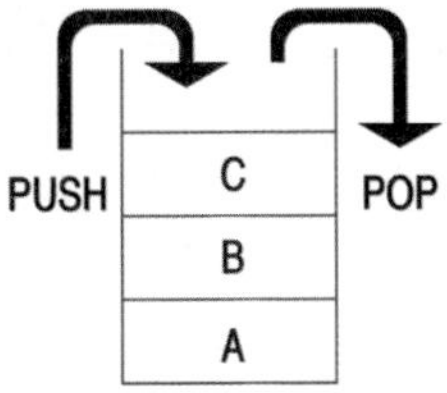

Results (결과)

```
stack_nodes=[]
# 삽입함수 정의
def push(x):
    stack_nodes.append(x)
# 삭제함수 정의
def pop():
    node_count=len(stack_nodes) #스택에 있는 자료의 갯수를 구한다.
    if node_count < 1: #삭제할 자료가 없는 경우 참이 된다.
        print("출력할 자료는 없습니다")
        return False
    k = stack_nodes[node_count-1]  #스택의 가장 위에 있는 자료를 k에 넣는다
    del stack_nodes[node_count-1] #스택의 가장 위에 있는 자료를 삭제한다.
    return k
# A->B->C순서대로 삽입한다.
print("스택에 자료를 A 삽입하기")
push('A')
print(stack_nodes)
print("스택에 자료를 B 삽입하기")
push('B')
print(stack_nodes)
print("스택에 자료를 C 삽입하기")
push('C')
print(stack_nodes)
#pop함수를 호출하면서 삭제한다.
print("스택에 자료를 C 삭제하기")
print(pop())
print("스택에 자료를 B 삭제하기")
print(pop())
```

```
print("스택에 자료를 A 삭제하기")
print(pop())
print(pop())
```

```
스택에 자료를 A 삽입하기
['A']
스택에 자료를 B 삽입하기
['A', 'B']
스택에 자료를 C 삽입하기
['A', 'B', 'C']
스택에 자료를 C 삭제하기
C
스택에 자료를 B 삭제하기
B
스택에 자료를 A 삭제하기
A
출력할 자료는 없습니다
False
```

2) 큐(Queue) 구조

큐 구조는 선착순이라고 생각하면 된다. 문이 2개가 있어서 한쪽 문은 들어가기만 하고 다른 쪽문은 나오기만 하는 구조이다. 먼저 들어간 자료가 먼저 출력되는 구조 형식이다. FIFO(First In First Out) 구조이다.

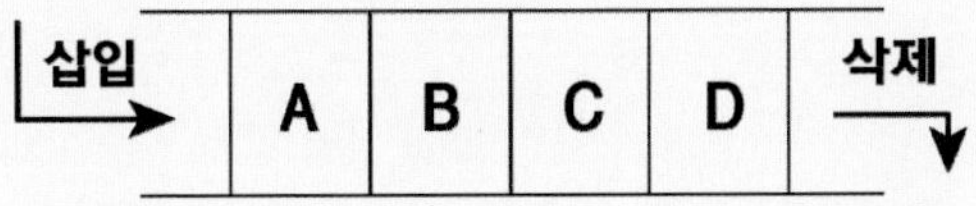


```
queue_node = []
# 큐에 데이터 삽입
def insert_queue(x):
        queue_node.append(x)
        return None
# 큐에 데이터 삭제
def delete_queue():
```

```
        node_len = len(queue_node)
        if node_len < 1:
            print("삭제할 자료가 없습니다.")
            return False
        k = queue_node[0]
        del queue_node[0]
        return k

print("큐에 첫번째 데이터 'A'를 삽입한다.")
insert_queue('A')
print(queue_node)
print("큐에 두번째 데이터 'B'를 삽입한다.")
insert_queue('B')
print(queue_node)
print("큐에 세번째 데이터 'C'를 삽입한다.")
insert_queue('C')
print(queue_node)
print("큐에 첫번째 데이터를 삭제한다.")
print(delete_queue())
print("큐에 두번째 데이터를 삭제한다.")
print(delete_queue())
```

```
큐에 첫번째 데이터 'A'를 삽입한다.
['A']
큐에 두번째 데이터 'B'를 삽입한다.
['A', 'B']
큐에 세번째 데이터 'C'를 삽입한다.
['A', 'B', 'C']
큐에 첫번째 데이터를 삭제한다.
A
큐에 두번째 데이터를 삭제한다.
B
```

5. 내장함수들

1) 파이썬 인터프리터에는 항상 사용할 수 있는 많은 함수와 형이 내장되어 있다.

https://docs.python.org/ko/3.7/library/functions.html를 참고하여 정리하였다.

함수명	설 명
abs(x)	정수나 실수의 절대 값, 복소수인 경우 크기이다. 〉〉〉 print(abs(-90))
all(iterable)	iterable의 모든 요소가 참이면 True이다.
any(iterable)	iterable의 요소 중 어느 하나라도 참이면 True, 비어 있으면 False이다.
ascii()	객체의 인쇄 가능한 표현을 포함하는 문자열을 반환한다. 〉〉〉 a=ascii(65) 〉〉〉 type(a)
bin()	10진수를 이진문자열을 구한다. 〉〉〉 print(bin(15))
bool()	논리값 True또는 False 중 하나를 구한다. 〉〉〉 print(bool(10 〉 5))
breakpoint()	함수 호출지점에서 디버거로 진입하게 만든다.
bytearray()	새로운 바이트 배열을 반환 정수의 가변 시퀀스(0~256)이다.
bytes()	새로운 바이트열 객체를 반환한다.
callable()	객체 인자가 callable이면 True로 아니면 False로 반환한다.
chr()	유니코드 코드 포인트가 정수 I 인 문자를 나타내는 문자열 반환, ord()의 반대 함수이다. 〉〉〉 print(chr(‘A’))
classmethod()	메서드를 클래스 메서드로 변환합니다.

compile()	source를 코드 또는 AST 객체로 컴파일. 코드 객체는 exec() 또는 eval()로 실행할 수 있다.
complex()	복소수를 돌려주거나 문자열 또는 숫자를 복소수로 변환합니다.
delattr()	인자는 객체와 문자열. 문자열은 객체의 어트리뷰트 중 하나의 이름이어야 한다. 이 함수는 객체가 허용하는 경우 명명된 어트리뷰트를 삭제한다.
dict()	새 딕셔너리를 만듭니다. dict 객체는 딕셔너리 클래스입니다
dir()	인자가 없으면, 현재 지역 스코프에 있는 이름들의 리스트를 돌려줍니다. 인자가 있으면, 해당 객체에 유효한 어트리뷰트들의 리스트를 돌려주려고 시도합니다.
divmod()	두 개의 (복소수가 아닌) 숫자를 인자로 취하고 정수 나누기를 사용할 때의 몫과 나머지로 구성된 한 쌍의 숫자를 돌려줍니다.
enumerate()	열거 객체를 돌려줍니다. iterable 은 시퀀스, 이터레이터 또는 이터레이션을 지원하는 다른 객체여야 합니다. 〉〉〉for i, j in enumerate([100, 2000, 500, 'KKKK']): ..... print(i, j)
eval()	인자는 문자열 및 선택적 globals 및 locals다. 제공된 경우, globals는 딕셔너리여야 합니다.
exec()	파이썬 코드의 동적 실행을 지원합니다. object 는 문자열 또는 코드 객체여야 합니다. 문자열이면 문자열은 파이썬 문장들의 스위트로 파싱된 후 (문법 에러가 발생하지 않는 한) 실행됩니다.
filter()	function 이 참을 돌려주는 iterable 의 요소들로 이터레이터를 구축합니다. iterable 은 시퀀스, 이터레이션을 지원하는 컨테이너 또는 이터레이터일 수 있습니다.
float()	숫자 또는 문자열 x 로 부터 실수를 만들어 돌려줍니다.
format()	value 를 "포맷된" 표현으로 변환합니다.
globals()	현재 전역 심볼 테이블을 나타내는 딕셔너리를 돌려줍니다.
hash()	객체의 해시값을 돌려줍니다.
hasattr()	인자는 객체와 문자열입니다. 문자열이 객체의 속성 중 하나의 이름이면 결과는 True이고, 그렇지 않으면 False가 됩니다.

help()	내장 도움말 시스템을 호출합니다.
hex()	정수를 "0x" 접두사가 붙은 소문자 16진수 문자열로 변환합니다.
id()	객체의 "아이덴티티"를 돌려준다. 이것은 객체의 수명 동안 유일하고 바뀌지 않음이 보장되는 정수입니다.
input()	prompt 인자가 있으면, 끝에 개행 문자를 붙이지 않고 표준 출력에 씁니다. 그런 다음 함수는 입력에서 한 줄을 읽고, 문자열로 변환해서 (줄 끝의 줄 바꿈 문자를 제거한다) 돌려줍니다
int()	숫자 나 문자열 x 로 부터 만들어진 정수 객체를 돌려줍니다. 인자가 주어지지 않으면 0 을 돌려줍니다.
isinstance()	object 인자가 classinfo 인자 또는 그것의 (직접, 간접 혹은 가상) 서브 클래스의 인스턴스면 참을 돌려줍니다. object 가 주어진 형의 객체가 아니면, 함수는 항상 거짓을 돌려줍니다.
issubclass()	class가 classinfo 의 서브 클래스 (직접, 간접 또는 가상)면 참을 돌려줍니다. 클래스는 그 자체의 서브 클래스로 간주합니다. classinfo 는 클래스 객체의 튜플 일 수 있습니다.
iter()	이터레이터 객체를 돌려줍니다. 첫 번째 인자는 두 번째 인자의 존재 여부에 따라 매우 다르게 해석됩니다.
len()	객체의 길이 (항목 수)를 돌려줍니다.
list()	함수이기보다, 리스트 와 시퀀스 형 —— list, tuple, range 에 문서화 된 것처럼, list 는 실제로는 가변 시퀀스 형입니다.
locals()	현재 지역 심볼 테이블을 나타내는 딕셔너리를 갱신하고 돌려줍니다
map()	iterable 의 모든 항목에 function 을 적용한 후 그 결과를 돌려주는 이터레이터를 돌려줍니다.
max()	iterable 에서 가장 큰 항목이나 두 개 이상의 인자 중 가장 큰 것을 돌려줍니다. >>>print(max(1,6,8,2,0)) >>>print(max([1,6,90,33]))
memoryview()	지정된 인자로부터 만들어진 "메모리 뷰" 객체를 돌려줍니다.

min()	iterable 에서 가장 작은 항목이나 두 개 이상의 인자 중 가장 작은 것을 돌려줍니다. >>>print(min(1,6,8,2,0)) >>>print(min([1,6,90,33]))
next()	메서드를 호출하여 iterator 에서 다음 항목을 꺼냅니다
object()	새 기능 없는 객체를 돌려줍니다. object 는 모든 클래스의 베이스 클래스 입니다.
oct()	정수를 "0o"로 시작하는 8진수 문자열로 변환합니다.
open()	file 을 열고 해당 파일 객체 를 돌려줍니다.
ord()	하나의 유니코드 문자를 나타내는 문자열이 주어지면 해당 문자의 유니코드 코드 포인트를 나타내는 정수를 돌려줍니다.
pow(x,y)	x 의 y 거듭제곱을 돌려줍니다. >>>print(pow(2,3))
print()	objects 를 텍스트 스트림 file 로 인쇄하는데, sep 로 구분되고 end를 뒤에 붙입니다
property()	프로퍼티 어트리뷰트를 돌려줍니다.
range()	함수라기보다, range는 실제로는 범위 와 시퀀스 형 — list, tuple, range 에 설명된 대로 불변 시퀀스 형입니다.
repr()	객체의 인쇄 가능한 표현을 포함한 문자열을 돌려줍니다.
reversed()	역 이터레이터를 돌려줍니다.
round()	number를 소수점 다음에 ndigits 정밀도로 반올림한 값을 돌려줍니다
set()	새 set객체를 돌려줍니다. 선택적으로 iterable 에서 가져온 요소를 갖습니다.
setattr()	인자는 객체, 문자열 및 임의의 값입니다. 문자열은 기존 어트리뷰트 또는 새 어트리뷰트의 이름을 지정할 수 있습니다
slice()	range(start, stop, step) 에 의해 지정된 인덱스 세트를 나타내는 슬라이스 객체를 돌려줍니다.

sorted()	iterable 의 항목들로 새 정렬된 리스트를 돌려줍니다. >>>print(sorted(1,5,7,21,88)) >>>print(sorted([1,2,0,10,30,-1]) >>>print(sorted('b' , 'a' , 's' , 'd'))
staticmethod()	메서드를 정적 메서드로 변환합니다.정적 메서드는 묵시적인 첫 번째 인자를 받지 않습니다. 정적 메서드를 선언하려면, 이 관용구를 사용한다.
str()	문자열에 대한 일반적인 정보는 텍스트 시퀀스 형이다.
sum()	start 및 iterable 의 항목들을 왼쪽에서 오른쪽으로 합하고 합계를 돌려줍니다. >>>print(sum(1,3,6,8))
super()	메서드 호출을 type 의 부모나 형제 클래스에 위임하는 프락시 객체를 돌려줍니다.
tuple()	함수이기보다, tuple 은 실제로 튜플 과 시퀀스 형 ── list, tuple, range 에 문서화 된 것처럼 불변 시퀀스 형입니다.
type()	인자 하나의 경우, object 의 형을 돌려줍니다. 반환 값은 형 객체며 일반적으로 object.__class__ 가 돌려주는 것과 같은 객체입니다.
vars()	모듈, 클래스, 인스턴스 또는 __dict__ 어트리뷰트가 있는 다른 객체의 __dict__ 어트리뷰트를 돌려줍니다.
zip()	각 iterables 의 요소들을 모으는 이터레이터를 만듭니다.

2) 콘솔 입출력 내장함수

❶ input함수 - 키보드로 입력받기

형식
변수 = input("모니터에 나올 글자")

- input함수는 prompt 인자(모니터에 나올 글자)가 있으면, 끝에 개행 문자를 붙이지 않고 표준 출력에 쓴다. 그런 다음 함수는 입력에서 한 줄을 읽고, 문자열로 변환해서 (줄 끝의 줄 바꿈 문자를 제거한다.) 돌려준다. 즉, 키보드로부터 1줄씩 입력을 할 때 사용하는 함수이다. 입력하는 것이 문자든 숫자든 모두 문자열로 처리한다.

실습예제 ≫ 숫자를 입력받아 계산하기

```
jumsu = input( "점수를 입력하세요? " )
total = 100 + int(jumsu)
print(total)
```

예를 들어 jumsu = input("점수를 입력하세요?")라고 프로그램을 코딩하고 실행하면 프롬프트가 "점수를 입력하세요?"라는 글자 뒤에서 깜박이면 사용자의 입력을 대기하고 있다. 이때 "?" 뒤에 커서를 놓고 클릭한 후 점수 100을 숫자로 입력한다. jumsu라는 변수에 "100"이라는 문자열로 된 숫자가 입력된다. 점수를 수치화하기 위해서 문자열을 숫자로 변환하는 int()함수를 이용하여 int(jumsu)라고 사용한다. 계산이 되는지 알아보기 위해 total 변수에 100을 더해 넣어서 화면에 출력해 보았다.

코드	결과
jumsu=input("점수를 입력하세요?") total = 100 + int(jumsu) print(total)	점수를 입력하세요? 100 200

실습예제 ≫ 문자를 입력받기

```
id = input( "  아이디를 입력하세요? " )
print(id)
```

코드	결과
id=input("아이디를 입력하세요?") print(id)	아이디를 입력하세요? love123 love123

❷ print 함수 – 화면 출력하기

ⓐ 한 줄에 문자열을 출력할 때 작은따옴표(' ') 또는 큰따옴표(" ")를 이용한다.

코드 : print('기본글자 출력')

결과 : 기본글자 출력

```
>>> print("기본글자 출력")
기본글자 출력
```

ⓑ 출력하려는 문장에 작은따옴표가 들어갈 때는 큰따옴표를 이용한다.

코드 : print(“I’m sorry”)

결과 : I’m sorry

```
>>> print("I'm sorry")
I'm sorry
```

ⓒ 출력하려는 문장에 큰따옴표가 들어갈 때는 작은따옴표를 이용한다.

코드 : print(‘My name is “Jung Hyun Hee”’)

결과 : My name is “Jung Hyun Hee”

```
>>> print('My name is "Jung Hyun Hee"')
My name is "Jung Hyun Hee"
```

ⓓ 출력하려는 문장이 여러 개일때 ‘,’ 로 구분하여 나열하면 한 칸 공백 후 출력된다.

코드 : print(“abcd”,“efgh”)

결과 : abcd efgh

```
>>> print("abcd", "efgh")
abcd efgh
```

ⓔ 출력하려는 문장이 여러 개일 때 ‘+’로 구분하여 나열하면 공백 없이 연속으로 출력된다.

코드 : print(“abcd”+“efgh”)

출력 : abcdefgh

```
>>> print("abcd"+"efgh")
abcdefgh
```

ⓕ 동일한 문장을 여러 번 반복하여 출력한다.

코드 : print(“abcd” * 5) #abcd를 5번 반복하여 출력한다.

출력 : abcdabcdabcdabcdabcd

```
>>> print("abcd"*5)
abcdabcdabcdabcdabcd
```

ⓖ 코드 작성 시 여러 행의 문장을 한 행로 연결하여 출력한다.

코드 : print("Excuse me ₩

Can I try on these jogging shoes?")

결과 : Excuse me Can I try on these jogging shoes?

```
>>> print("Excuse me ₩
... Can I try on these jogging shoes?")
Excuse me Can I try on these jogging shoes?
```

ⓗ 이스케이프 문자를 이용하여 한 줄 print문을 여러 행으로 출력하기

₩와 ₩은 같은 코드값을 가지므로 같은 것이다.

코드 : print('Wow!₩n' + 'thanks')

결과 : Wow!

thanks

```
>>> print('Wow!₩n' + 'thanks')
Wow!
thanks
```

ⓘ 일정한 간격만큼 띄워서 출력하기

코드 : print('Wow!₩t' + 'thanks')

결과 : Wow!　　thanks

```
>>> print('Wow!₩t' + 'thanks')
Wow!    thanks
```

ⓙ 문장과 문장 사이에 기호나 문장을 넣기(sep 키워드 사용)

코드 : print('What','about','you',sep='-')

결과 : What-about-you

```
>>> print('What','about','you',sep='-')
What-about-you
```

ⓚ 변수에 있는 것을 %s 기호를 사용하여 출력하기

코드 : s1= 'Good'

s2 = 'morning'

print('%s %s' %(s1,s2))

결과 : Good, morning

```
>>> s1='Good'
>>> s2='morning'
>>> print('%s %s' %(s1,s2))
Good morning
```

① 변수에 있는 것을 %d 기호를 사용하여 출력하기

코드 : n1 = 2000

n2 = 3000

print(“%d %d’%(n1,n2))

결과 : 2000, 3000

```
>>> n1=2000
>>> n2=3000
>>> print('%d, %d'%(n1,n2))
2000, 3000
```

요약

01. 함수란? 공동으로 사용할 명령어들의 모아 놓은 것을 말한다. 대부분의 프로그램은 많은 함수들을 가지고 있다.

02. 함수 이용 분야는 ❶ 프로그램에서 중복된 코드를 함수로 처리한다. ❷ 함수를 만들어서 동일한 프로그램 코드가 필요할 때 재사용할 수 있다. ❸ 복잡한 프로그램 작업을 분해하여 함수 안에 또 다른 함수를 포함할 수 있다.

03. 함수의 형식은

```
def 함수이름(매개변수1, 매개변수2, ... 매개변수n) :
    함수 내용1
    return 결과값 변수
```

04. 지역변수 : 일정한 블록에서만 사용할 수 있는 변수로 사용할 수 있는 범위가 지역에 국한되어 있는 변수로 지역을 벗어나면 변수를 사용할 수 없다.

05. 전역변수 : 함수밖에서 사용할 수 있는 함수로 여러 개의 함수가 만들어졌다면 각각의 함수에서 모두 사용할 수 있는 변수를 말한다.

06. 매개변수(인수)의 기본값이란? 함수를 호출할 때 인수를 넘겨주지 않아도 기본으로 가지고 있는 값을 의미한다. 함수 호출 시 기본값을 매개변수로 넘겨주지 않아도 함수 정의 시 기본값으로 처리하도록 할 때 사용한다.

07. 매개변수(인수)의 기본값의 형식은 "def 함수 이름(기본값이 없는 인수, 기본값이 있는 인수)" 이다. 기본값이 없는 매개변수와 기본값이 있는 인수를 매개변수로 사용할 경우 반드시 기본값이 없는 인수가 앞에 와야 한다.

08. 파이썬 인터프리터에는 항상 사용할 수 있는 많은 함수와 형이 내장되어 있다.

09. 출력하려는 문장이 여러 개일 때 ',' 로 구분하여 나열하면 한 칸 공백 후 출력된다.

코드 : print(“abcd” , “efgh”)

결과 : abcd efgh

```
>>> print("abcd", "efgh")
abcd efgh
```

10. 출력하려는 문장이 여러 개일 때 ‘+’ 로 구분하여 나열하면 공백 없이 연속으로 출력된다.

코드 : print(“abcd” + “efgh”)

출력 : abcdefgh

```
>>> print("abcd"+"efgh")
abcdefgh
```

11. 동일한 문장을 여러 번 반복하여 출력한다.

코드 : print(“abcd” * 5) #abcd를 5번 반복하여 출력한다.

출력 : abcdabcdabcdabcdabcd

```
>>> print("abcd"*5)
abcdabcdabcdabcdabcd
```

연습문제

01. '수학의 함수식 $f(x) = x^2 + 2x - 5$를 계산하는 문제를 파이썬 함수를 이용하여 구해 보세요.

02. '가로 25, 높이 5인 삼각형의 넓이를 계산하는 프로그램을 파이썬 함수를 이용해 작성해 보세요.

03. 'A 사람이 혼자서 일을 하면 27일 걸리는 일을 A와 B가 같이 일을 하면 18일 걸립니다. 이 일을 처음 6일 동안은 A 혼자서 하고, 나머지는 두 사람이 함께 했습니다. 일을 다 마칠 때까지 A는 며칠 동안 일을 했을까요?

SOLUTION

➔ 1단계

일의 전체량을 1로 생각한다. ➔ A 혼자서 하루에 일하는 양은 $\frac{1}{27}$

➔ A와 B가 하루에 일하는 양은 $\frac{1}{18}$

➔ 2단계

처음 6일은 A혼자 일을 했으니깐?

$\frac{1}{27} \times 6 = \frac{2}{9}$ ➔ 전체량 1중에서 $\frac{2}{9}$을 끝낸 것이니깐 $1-\frac{2}{9} = \frac{7}{9}$

➔ 남은 일을 두 사람이 같이 했으니깐 $\frac{7}{9} \div \frac{1}{18} = 14$

➔ 3단계

처음 6일 + 나머지 14일 = 20일 정답은 20일이다.

위와 같은 해결방법으로 계산할 수 있다. 이를 파이썬 프로그램으로 작성하여 보세요.

Tip

- 27일, 18일을 변수로 생각해서 바뀐다고 가정해보기.
- 각 단계를 함수로 정의하여 계산해 보자.
- 만약, 힌트를 활용하지 않더라도 각자 생각대로 문제를 풀어 보세요.

제8장

클래스

배울 내용	1. 모듈 2. 내장 모듈 3. 최상위 스크립트와 하위 모듈

'클래스'라는 단어를 들으면 무엇이 생각나는가? 영어로는 '수업'이다. 수업을 위해서 여러 가지가 필요하다. 우선 공간이 필요하고, 책상과 의자, 학생, 선생님, 필기도구, 칠판 등 많은 것이 필요하다. 그 공간에 있는 모든 것은 수업을 하기 위해 필요한 것이다.

우리가 지금까지 배운 많은 파이썬 내용들, 변수, 연산자, 반복문, 조건문, 자료구조, 함수 등 많은 것은 프로그램을 짤 때 필요한 것들이다. 프로젝트가 주어졌을 때 그 프로젝트를 짜기 위해서는 수많은 프로그램들이 모여야 한다. 또 프로그램 1개에는 많은 함수와 변수, 자료구조 등이 있어야 한다. 이것을 모아 놓은 것을 클래스라고 한다. 모듈과 비슷하다.

모듈은 파일 단위로 함수와 변수 등을 구성하는 반면에 클래스는 클래스 이름과 클래스가 생성하는 인스턴스변수를 구성한다. 클래스는 또 다른 클래스와 상속 관계 등으로 유기적으로 관계를 맺으면서 프로젝트를 만들어 간다. 이번 장에서는 모듈에 대하여 학습을 하도록 한다.

1. 모듈

1) 모듈 소개

모듈(Module)은 변수, 함수, 클래스들을 모아 놓은 파일을 말한다. 다른 파이썬 파일에서 불러다 쓸 수 있는 독자적인 기능을 갖는 요소를 말한다. 지금까지 연습한 파이썬 파일들을 모듈이라 부를 수 있다.

모듈의 종류는 3가지로 나눌 수 있다.

첫째, 파이썬을 설치할 때 기본적으로 설치된 파일로 된 표준모듈이다.

둘째, 프로그래머가 만들어 사용하는 사용자 모듈이다.

셋째, 다른 프로그래머나 업체에서 제공하는 제3의 모듈인 3rd Party 모듈이다.

2) 모듈 만들기

❶ 모듈의 종류

모듈에서 전체를 모두 import하는 경우도 있고, 모듈의 일부분만 import 할 수도 있다.

모듈 종류의 형식		
전체 모두 import 형식	모듈의 일부분 import 형식	모듈의 전체를 import 형식
import 모듈명 실행문에서 모듈명.함수명	from 파일명 import 함수명1 from 파일명 import 함수명2 실행문에서 함수명	from 파일명 import * 실행문에서 함수명

모듈 종류의 실제 프로그램 예		
전체 모두 import 형식	모듈의 일부분 import 형식	모듈의 전체를 import 형식
import factorial print(factorial.fun_factorial(5))	from max_min import fun_max from max_min import fun_min number1=input("숫자1를 입력하세요 ") number2=input("숫자2를 입력하세요 ") print(fun_max(number1, number2)) print(fun_min(number1, number2))	from max_min import * number1=input("숫자1를 입력하세요 ") number2=input("숫자2를 입력하세요 ") print(fun_max(number1, number2)) print(fun_min(number1, number2))

실습예제 모듈에서 전체를 모두 import하는 경우 – 5!값 구하기

파일명1 : factorial.py	파일명2 : cal_factorial.py	결과화면

def fun_factorial(number) :
    n=number
    answer=1
    while(n>=1):
        answer = answer * n
        n -= 1
    return answer
	import factorial
	
	print(factorial.fun_factorial(5))
		>>>
		======
		120
		>>>

progress(순서)

- 1단계 File → New File후 'factorial.py'의 코드를 입력하고 저장한다.
- 2단계 File → New File후 'cal_factorial.py'의 코드를 입력하고 저장한다.
- 3단계 Run은 2단계 파일 'cal_factorial.py'에서 실행시키면 120이라는 결과값이 나온다.

explnation(설명)

- 실행(Run)을 cal_factorial파일에서 시작했다. 첫 줄은 import구문이 바로 모듈을 불러오는 명령이다. import factorial은 factorial 모듈(파일)을 불러와서 포함시킵니다. print(factorial.fun_factorial(5))에서 숫자 5를 def fun_factorial(number)에서 number에 넣어서 5 x 4 x 3 x 2 x 1을 연산하여 answer 변수의 값을 return한 것을 print해서 120이란 결과가 나온 것이다.

파일명 : max_min.py

```
def fun_max(n1,n2):

    if(n1>=n2):
        return n1
    else:
        return n2

def fun_min(n1,n2):
    if(n1<=n2):
        return n1
    else:
        return n2
```

파일명 : cal_max_min.py

```
import max_min --------❶

number1=input("숫자1를 입력하세요 ")
number2=input("숫자2를 입력하세요 ")

print(max_min.fun_max(number1, number2)) –❷
print(max_min.fun_min(number1, number2))
```

실습예제 모듈의 함수 일부분만 가져올 경우

숫자 2개를 입력받아서 다른 모듈의 함수의 매개변수로 넣어 준다. 이를 max_min.py모듈에서 조건문으로 판단하여 최대값과 최소값을 반환하는 프로그램이다.

```
*Python 3.7.1rc2 Shell*
File Edit Shell Debug Options Window Help
Python 3.7.1rc2 (v3.7.1rc2:(
 (AMD64)] on win32
Type "help", "copyright", "(
>>>
========== RESTART: C:/pyth(
숫자1를 입력하세요 100
숫자2를 입력하세요 200
```

숫자1에 100, 숫자2에 200을 입력한다.(임의 숫자로 바꾸기)

답은 200, 100으로 나오는 것을 확인할 수 있다.

❶을 from fun_max import max_min로 바꾸어서 Run해 보자

```
Python 3.7.1rc2 Shell
File Edit Shell Debug Options Window Help
Python 3.7.1rc2 (v3.7.1rc2:6c06ef7dc3, Oct 13 2018, 15:44:37) [MSC v.1914 64 bit
 (AMD64)] on win32
Type "help", "copyright", "credits" or "license()" for more information.
>>>
========== RESTART: C:/python37/python37_study/ch05/cal_max_min.py ==========
숫자1를 입력하세요 100
숫자2를 입력하세요 200
Traceback (most recent call last):
  File "C:/python37/python37_study/ch05/cal_max_min.py", line 7, in <module>
    print(max_min.fun_max(number1, number2))
NameError: name 'max_min' is not defined
>>>
```

숫자 1에 100을, 숫자 2에 200을 넣고 enter를 치니깐 오류가 난다.

❷에 "print(max_min.fun_max(number1, number2))"에서 "max_min."을 지우고 Run한다.

```
========== RESTART: C:/python37/python37_study/ch05/cal_max_min.py ==========
숫자1를 입력하세요 100
숫자2를 입력하세요 200
200
Traceback (most recent call last):
  File "C:/python37/python37_study/ch05/cal_max_min.py", line 8, in <module>
    print(max_min.fun_min(number1, number2))
NameError: name 'max_min' is not defined
>>> |
```

다시 오류가 난다. 왜 그럴까?

❶을 from fun_max import max_min로 바꾸었기 때문에 fun_max함수만 import가 되었기 때문이다. 그래서 fun_min도 import하여야 하고, print 실행문에서 “max_min.”도 지워야 한다.

오류 없이 고친 프로그램이다.

파일명 : cal_max_min_1.py

```
from max_min import fun_max
from max_min import fun_min

number1=input("숫자1를 입력하세요 ")
number2=input("숫자2를 입력하세요 ")

print(fun_max(number1, number2))
print(fun_min(number1, number2))
```

❷ 모듈의 실행 순서 확인

‘max_min.py’ 파일의 일부분을 수정하자. 오른쪽의 print(fun_max(100,200))과 print(fun_min(100,200))을 추가하여 넣고 ‘max_min_01’ 파일을 Run하면 200과 100이 출력될 것이다.

이제 ‘cal_max_min’파일로 Run을 시켜보자. 결과는

파일명 : max_min_01.py

```
def fun_max(n1,n2):

    if(n1>=n2):
        return n1
    else:
        return n2

def fun_min(n1,n2):
    if(n1<=n2):
        return n1
    else:
        return n2
print(fun_max(100,200))
print(fun_min(100,200))
```

파일명 : cal_max_min.py

```
import max_min

number1=input("숫자1를 입력하세요 ")
number2=input("숫자2를 입력하세요 ")

print(max_min.fun_max(number1, number2))
print(max_min.fun_min(number1, number2))
```

Python 3.7.1rc2 Shell

File Edit Shell Debug Options Window Help

```
Python 3.7.1rc2 (v3.7.1rc2:6c06ef7dc3, Oct 13 2018, 15:44:37) [MSC v.1914 64 bit
 (AMD64)] on win32
Type "help", "copyright", "credits" or "license()" for more information.
>>>
========= RESTART: C:/python37/python37_study/ch05/cal_max_min_01.py =========
20
10
숫자1를 입력하세요
```

결과는 숫자2를 입력하세요가 먼저 나오는 것이 아니라 import 시킨 파일 max_min의 함수 호출을 먼저하고 후에 숫자1를 입력하세요가 실행된다. 이때 함수 import 시 바로 실행되게 하고 싶지 않으려면 어떻게 할까?

```
if __name__ == "__main__":
```

파이썬의 __name__ 변수는 파이썬이 내부적으로 사용하는 특별한 변수명이다.

만약 직접 'max_min_01.py' 파일을 실행시킬 경우 'max_min_01.py'의 __name__ 변수에는 __main__ 이라는 값이 저장된다. 하지만 파이썬 쉘이나 다른 파이썬 모듈에서 max_min_01을 import 할 경우에는 'max_min_01.py'의 __name__ 변수에는 'max_min_01'이라는 max_min_01.py의 모듈이름 값이 저장된다. 그러므로 import시 __name__은 max_min_01이므로 조건에서 if __name__ == "__main__"이 거짓이므로 아래 print 문장이 처리되지 않으므로 "숫자1를 입력하세요"가 먼저 출력되는 것이다.

파일명 : max_min_02.py

```
def fun_max(n1,n2):

    if(n1>=n2):
        return n1
    else:
        return n2


def fun_min(n1,n2):
    if(n1<=n2):
        return n1
    else:
        return n2
if __name__ == "__main__":
    print(fun_max(100,200))
    print(fun_min(100,200))
```

'max_min_01.py' 코드를 네모 안에 있는 if문을 추가해 넣어서 'max_min_02.py'로 변경하고 'cal_max_min.py'에서 Run 또는 F5키를 누른다.

RESULTS (결과화면)

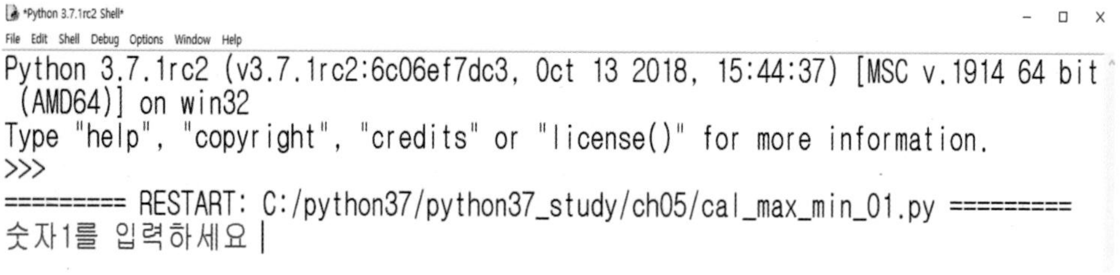

import문을 만나면 파이썬은 어떤 순서로 모듈을 파일을 찾을까?

처음으로 파이썬 인터프린터 내장모듈에서 찾고 없으면 sys.path에 정의되어 있는 디렉터리에서 모듈을 찾는다. 또 sys.path에 정의되어 있는 디렉터리는 현재 파이썬이 실행되고 있는 디렉터리, 파이썬 path 환경변수에 정의한 디렉터리, 설치한 기본 디렉터리이다.

2. 내장모듈

이곳의 예제 자료는 파이썬 IDLE를 새롭게 실행한 후 코딩해야 한다.

1) 시스템 관리 기본 모듈

```
>>> import sys
```

sys모듈을 C언어로 코딩되어 파이썬에 내장되어 있어서 확장자 py로 볼 수 없다. import를 실행하면 파이썬은 모듈의 이름이 있는지 확인하고 있으면 오류없이 >>>가 보이는데 잘못된 모듈인 경우 ModuleNotFoundError: No module named '잘못된 모듈명'을 출력한다.

2) 파이썬에 내장된 모듈의 목록 보기

```
>>> print(sys.builtin_module_names)
```

```
Python 3.7.1rc2 (v3.7.1rc2:6c06ef7dc3, Oct 13 2018, 15:44:37) [MSC v.1914 64 bit
 (AMD64)] on win32
Type "help", "copyright", "credits" or "license()" for more information.
>>> import sys
>>> print(sys.builtin_module_names)
('_abc', '_ast', '_bisect', '_blake2', '_codecs', '_codecs_cn', '_codecs_hk', '_
codecs_iso2022', '_codecs_jp', '_codecs_kr', '_codecs_tw', '_collections', '_csv
', '_datetime', '_functools', '_heapq', '_imp', '_io', '_json', '_locale', '_lsp
rof', '_md5', '_multibytecodec', '_opcode', '_operator', '_pickle', '_random', '
_sha1', '_sha256', '_sha3', '_sha512', '_signal', '_sre', '_stat', '_string', '_
struct', '_symtable', '_thread', '_tracemalloc', '_warnings', '_weakref', '_wina
pi', 'array', 'atexit', 'audioop', 'binascii', 'builtins', 'cmath', 'errno', 'fa
ulthandler', 'gc', 'itertools', 'marshal', 'math', 'mmap', 'msvcrt', 'nt', 'pars
er', 'sys', 'time', 'winreg', 'xxsubtype', 'zipimport', 'zlib')
>>>
```

목록에서 _(underbar)가 붙은 모듈에서 _(underbar)를 삭제하고도 사용할 수 있다. 여기서 time 모듈을 예로 import하고 해당 함수를 확인해 보자

```
>>> import time
>>> dir(time)
```

```
>>> import time
>>> dir(time)
['_STRUCT_TM_ITEMS', '__doc__', '__loader__', '__name__', '__package__', '__spec
__', 'altzone', 'asctime', 'clock', 'ctime', 'daylight', 'get_clock_info', 'gmti
me', 'localtime', 'mktime', 'monotonic', 'monotonic_ns', 'perf_counter', 'perf_c
ounter_ns', 'process_time', 'process_time_ns', 'sleep', 'strftime', 'strptime',
'struct_time', 'thread_time', 'thread_time_ns', 'time', 'time_ns', 'timezone', '
tzname']
>>>
```

한 번만 더 import를 연습하여 보자.

```
>>> import arrary
>>> dir(array)
```

```
>>> import array
>>> dir(array)
['ArrayType', '__doc__', '__loader__', '__name__', '__package__', '__spec__', '_
array_reconstructor', 'array', 'typecodes']
>>>
```

3) 현재 파이썬 연결 폴더들 확인하기

```
>>> sys.path
```

```
>>> sys.path
['', 'C:₩₩python37₩₩Lib₩₩idlelib', 'C:₩₩python37₩₩python37.zip', 'C:₩₩python37₩₩
DLLs', 'C:₩₩python37₩₩lib', 'C:₩₩python37', 'C:₩₩python37₩₩lib₩₩site-packages']
>>>
```

모듈명	모듈 설명
문자 형식	
re	Regular Expression모듈로 re모듈에는 문자열 검색을 위한 re.search(), re.match(), re.split(), re.findall()등의 함수가 있다.
StringIO	파일을 읽고 쓰는 모듈 import StringIO text = 'StringIO test' f=StringIO.StringIO(text) f.read()
difflib	파이썬에서 2개의 파일이 같은지를 비교하는 모듈
codecs	스트리밍 인코더 디코더 사용하기. 파일을 조금씩 읽을 수 있다.
출력 형식	
textwrap	텍스트의 문단을 주어진 화면 너비에 맞게 맞춤
pprint	정교하게 제어할 수 있게 하면 한줄 보다 길면 줄 바꿈과 들여쓰기를 추가하여 데이터 구조를 명확하게 처리할 수 있다.
데이터 형식	
datetime	날짜와 시간을 제공하는 모듈로 날짜와 시간 계산을 지원한다.
calendar	달력을 볼 수 있게 해주는 모듈 import calendar c=calendar.calendar(2018) print(c)
decimal	십진법(decimal) 모듈은 실수를 표현하기 위하여 float 자료형보다 정확한 Decimal 클래스를 제공
random	난수 발생하는 모듈 random(), randint(), randrange()함수가 있다. import random random.random() # 0.0이상~1.0미만의 실수 random.random+1.0 # 1.0이상~2.0미만의 실수를 반환 random.randint(1,10) #1이상 10이하의 정수를 반환 random.randrange(0,10,2) # 0이상 10미만의 2의 배수를 반환
htmllib	HTML분석 빅데이터처리시 웹 크롤링할 때 사용
sgmlib	HTML에서 텍스트, 링크, 제목 등의 원소를 추출
formatter	HTML, XML형식으로 리턴

파일처리 형식	
csv	csv파일을 읽거나 출력
configParser	윈도우의 *.ini 같은 환경 파일을 다룬다
sqlit3	SQLite DB에 접근
loggin	디버깅 및 오류로그를 남김
cmd	프롬프트를 출력
sys	프로그램 실행 환경 관련 정보
pydoc	파이썬 문서 자료를 HTML이나 텍스트로 생성함
인터넷 형식	
mimify	메일 메시지 인코딩 및 디코딩 처리
binascii	바이너리 데이터와 ASCII코드간의 변환
cgi	웹 cgi-bin에서 파이썬으로 웹 응용을 처리
urllin, urlparse	URL을 열고 HTML XML결과를 파싱
SocketServer	독립형 TCP 또는 UDP서버 제작
nntplib	뉴스 크룹의 NNTP서버를 읽을 수 있도록 함
poplib	메일을 읽기 위한 pop3 프로토콜 사용
imaplib	메일을 읽기 위한 imap 프로토콜 사용
httplibm, ftplib	HTTP,FTP 프로토콜 클라이언트 사용

4) copy 모듈

참조하는 형태가 아닌 값을 복사는 형태로 값을 가져오는 모듈. 얕은 복사와 깊은 복사가 있다. 얕은 복사는 상위리스트의 값만 복사하고 하위리스트는 참조 형태로 할당하는 것이고, 깊은 복사는 상위리스트와 하위리스트 모두 값을 복사하는 형태로 가져오는 것이다.

실습예제

```
>>> import copy
>>> c_list=[ 'aa' ,[ 'bb' ]]
>>> cp=copy.copy(c_list) #얕은 복사
>>> dcp = copy.deepcopy(c_list) # 깊은 복사
>>> c_list #출력 결과 [ 'aa' ,[ 'bb' ]]
>>> cp  #출력 결과 [ 'aa' ,[ 'bb' ]]
>>> dcp  #출력 결과 [ 'aa' ,[ 'bb' ]]
>>> id(c_list), id(cp), id(dcp) #상위리스트 id 결과 모두 다름
>>> id(c_list[1]), id(cp[1]), id(dcp[1]) #하위리스트 id 결과가 dcp만 다름
```

5) math 모듈

대부분의 수학 관련 함수들이 math모듈에 존재한다. 하지만 자주 이용되는 특별한 함수는 내장함수로 제공하여 별도의 import 없이 사용할 수 있도록 되어 있다.

❶ 수학 관련 기본 내장 함수 (import하지 않아도 됨)

□ sum(iterable[,start])

순환 가능한 객체의 총 합계를 반환, 총합계의 시작 값이 주어지면 그 값부터 누적되면 그렇지 않으면 0을 기본값으로 한다.

```
>>> sum([1,2,3,4,5]) # 1+2+3+4+5 = 15
>>> sum([1,2,3,4], 5) # 5+1+2+3+4 = 15
```

□ max(iterable)

순환 가능한 객체의 최대값을 반환

〉〉〉 max([1,2,3,4,5]) # 5

□ min(iterable)

순환 가능한 객체의 최소값을 반환

〉〉〉 min([1,2,3,4,5]) # 1

□ abs(인자값)

인자값의 절대값 반환

〉〉〉 abs(-11) # 11

□ pow(x,y[,z])

x의 y제곱값을 반환, 세 번째 인자가 입력된 경우, x의 y제곱한 결과를 z로 나눈 나머지연산을 반환

〉〉〉 pow(2,3) # 2의 3제곱 8

〉〉〉 pow(2,3,5) # 2의 3제곱을 5로 나눈 나머지 3

□ round(x[, n])

인자의 x의 반올림 결과를 반환, 자리수가 지정된 경우 반올림 결과를 지정된 자리까지 나타내며, 그렇지 않은 경우 기본값은 0이다.

〉〉〉 round(13.154592) # 결과 13 소수점 이후부터 반올림

〉〉〉 round(13.154592,2) # 결과 3.14 소수점 3째자리에서 반올림하여 소수점 2자리까지 구한다.

〉〉〉 round(15429,-2) # 결과 15400 10의 자리에서 반올림

❷ math 모듈에 있는 수학 함수들(import하여야 함)

import math

□ 원주율 값

〉〉〉 import math

〉〉〉 math.pi()

3.141592

□ 지수, 로그 연산

math.pow(2,3) #2의 3승 결과 8

math.sqrt(9) # 9의 제곱근 √9

□ 삼각함수 연산

math.degrees(60) #라디안으로 표현된 각도를 60분법으로 변환

math.radians(60) #60분법으로 표현된 각도를 라디안으로 변환

3. 최상위 스크립트와 하위 모듈

- 최상위 수준으로 실행되는 모듈을 메인 모듈이라 하고 메인 모듈이 import문으로 불러오는 모듈을 하위 모듈이라고 한다.
- 다른 프로그래밍 언어에서는 main()로 프로그램의 시작점을 메인 함수라고 하는데 그럼 파이썬은 메인 모듈이 메인함수이고 시작점인가? 아니다. 파이썬 언어는 별도의 메인 함수 즉 시작점이 없다. 그럼 프로그램의 시작점은 어디일까? 라는 의문점이 남는다.
- 최상위 스크립트는 명령 프롬프트창이나 탐색기에서 실행하는 것을 말한다. 그러므로 어떤 모듈도 최상위 스크립트가 될 수 있다. 즉 '무엇을 탐색기에서 실행하느냐?'에 따라 달라질 수 있다는 것이다.

1) __main__ 최상위 스크립트 환경

- '__main__'은 최상위 코드가 실행되는 스코프의 이름으로 모듈의 __main__은 표준 입력, 스크립트 또는 대화식 프롬프트에서 읽힐 때 '__main__'으로 설정된다.
- 스크립트로 실행되거나 python -m 으로 실행될 때 최상위 스크립트가 됩니다.
- 파이썬은 프로그래머가 처음부터 최상위 스크립트를 만드는 것이 아니라 실행을 시키는 것이다.

2) 최상위 모듈

파일명 : main_ex.py	파일명 : sub1.py	파일명 : sub2.py
import sub1 import sub2 print('이 곳은 최상위 모듈부분')	print('sub1 하위 모듈 부분')	print('sub2 하위 모듈 부분')

```
============ RESTART: C:/python37/python37_study/ch05/main_ex.py ============
sub1 하위 모듈 부분
sub2 하위 모듈 부분
이 곳은 최상위 모듈 부분
>>>
```

설명

import sub1을 먼저 수행되므로 sub1 하위 모듈 부분 출력→import sub2을 먼저 수행되므로 sub2 하위 모듈 부분 출력→main_ex파일의 print('이 곳은 최상위 모듈부분')이 출력되었다. import문의 sub1.py, sub2.py 파일을 최상위 모듈이다.

【1단계】: 새로운 프로젝트를 만들기 위해 File – New project

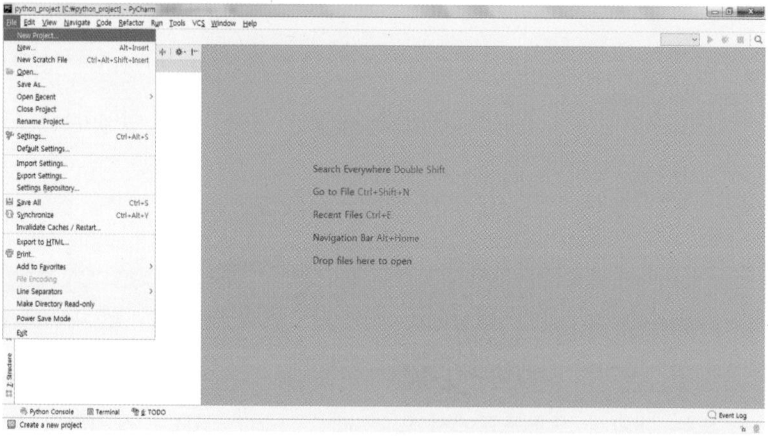

【2단계】: ... 를 클릭하여서 프로젝트 저장할 경로를 설정한다.

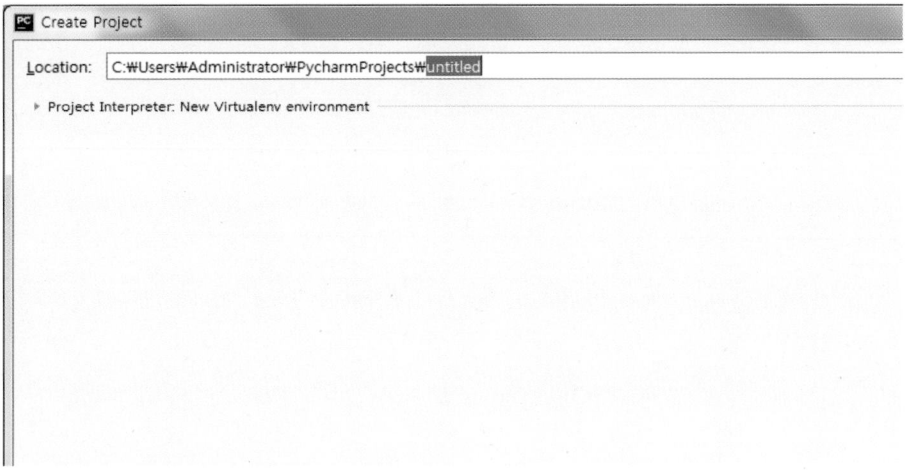

【3단계】: 프로젝트 경로를 c:₩python_project로 했다. 이 프로젝트 위치와 이름은 학습자에 따라 달라질 수 있다.

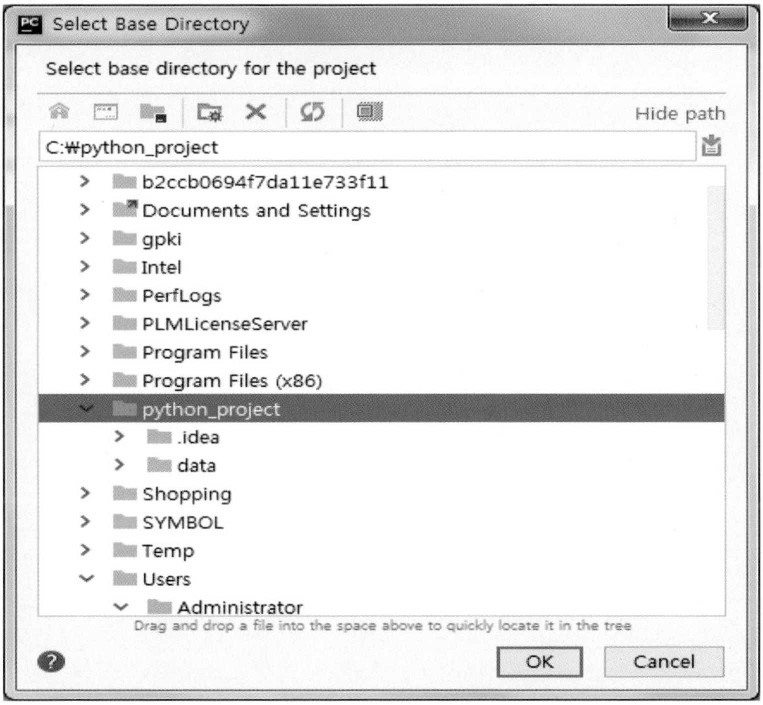

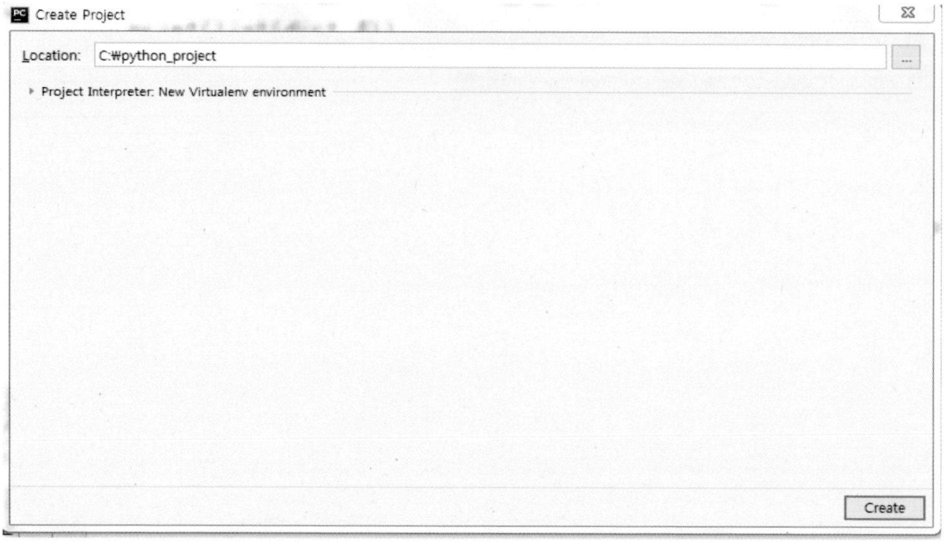
Create Project
Location: C:₩python_project
Project Interpreter: New Virtualenv environment
Create

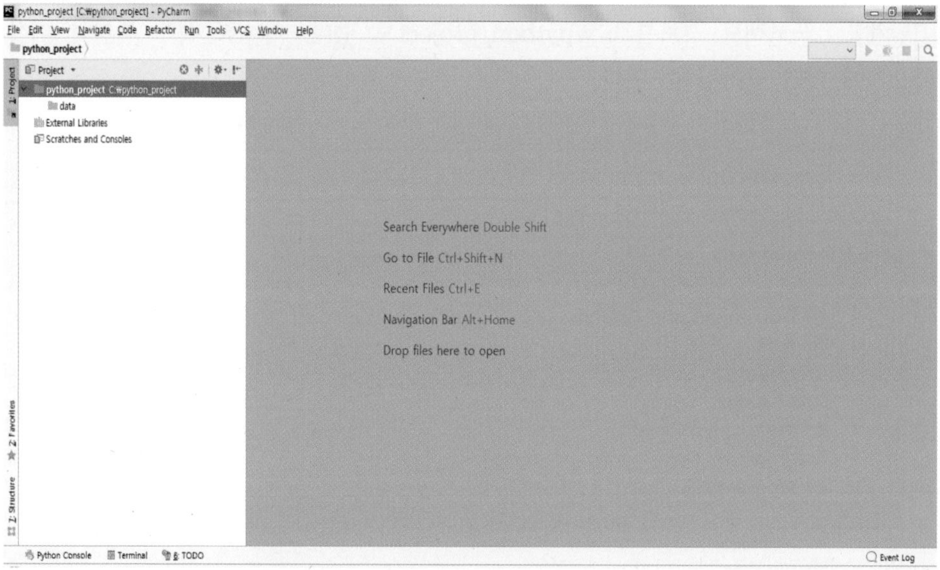
python_project [C:₩python_project] - PyCharm
File Edit View Navigate Code Refactor Run Tools VCS Window Help
python_project
Project
python_project C:₩python_project
data
External Libraries
Scratches and Consoles
Search Everywhere Double Shift
Go to File Ctrl+Shift+N
Recent Files Ctrl+E
Navigation Bar Alt+Home
Drop files here to open
Python Console
Terminal
6: TODO
Event Log

【4단계】: 파이썬 프로젝트에 파이썬 코드를 작성하기 위해 python_project1에서 오른쪽 버튼 - Python File

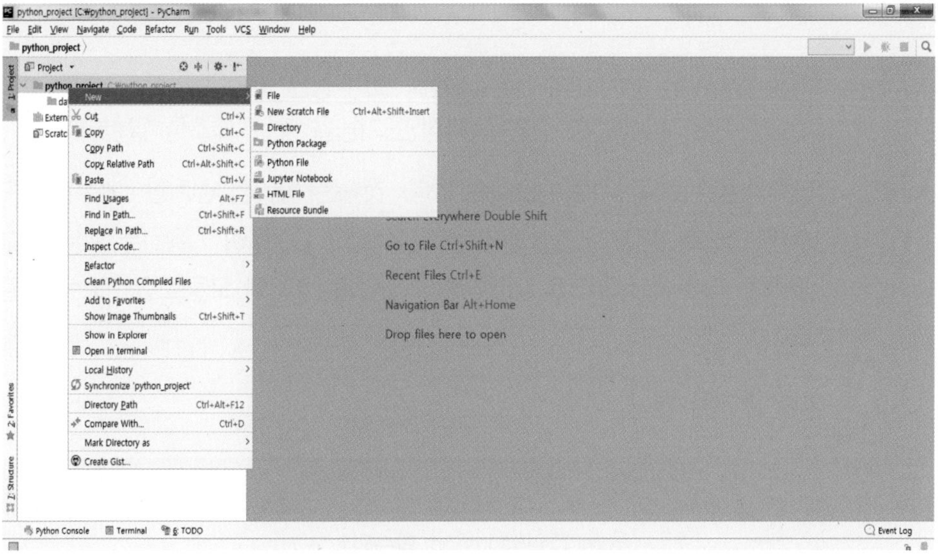

【5단계】: Name에 'file_save_ex1'이라고 파일명을 만든다. - OK 버튼을 누른다.

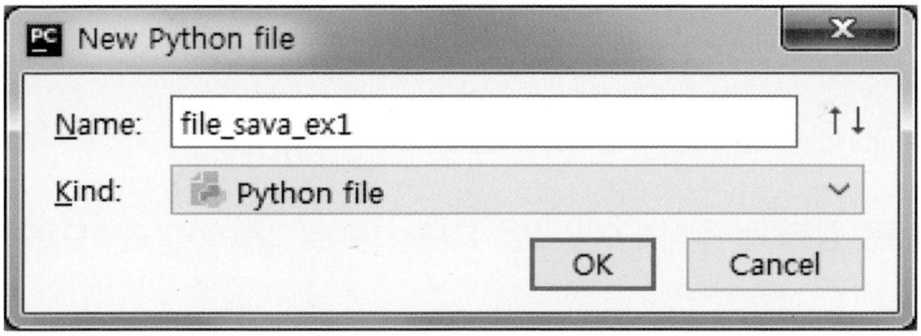

요약

01. 모듈(Module)은 변수, 함수, 클래스들을 모아 놓은 파일을 말한다. 다른 파이썬 파일에서 불러다 쓸 수 있는 독자적인 기능을 갖는 요소를 말한다.

02. 모듈의 종류는 3가지로 나눌 수 있다. 첫째는 파이썬 설치할 때 기본적으로 설치된 파일로 된 표준모듈. 둘째는 프로그래머가 만들어 사용하는 사용자 모듈. 셋째로는 다른 프로그래머나 업체에서 제공하는 제3의 모듈로 3rd Party 모듈이 있다.

03. 모듈 종류의 형식

전체 모두 import 형식	모듈의 일부분 import 형식	모듈의 전체를 import 형식
import 모듈명	from 파일명 import 함수명1 from 파일명 import 함수명2	from 파일명 import *
실행문에서 모듈명.함수명	실행문에서 함수명	실행문에서 함수명

04. 파이썬 내장 모듈에서 시스템 관리 기본 모듈은 import sys이다.

05. 현재 파이썬 연결 폴더들 확인하는 모듈은 sys.path이다.

06. copy 모듈은 참조하는 형태가 아닌 값을 복사는 형태로 값을 가져오는 모듈이다.

07. copy 모듈은 얕은 복사와 깊은 복사가 있다. 얕은 복사는 상위리스트의 값만 복사하고 하위리스트는 참조 형태로 할당하는 것이고, 깊은 복사는 상위리스트와 하위리스트 모두 값을 복사하는 형태로 가져 오는 것이다.

08. math 모듈은 수학 관련 함수들이 math모듈에 존재한다. 자주 이용되는 특별한 함수는 내장함수로 제공하여 별도의 import 없이 사용할 수 있는 것도 있고 아닌 것도 있다.

09. math 모듈에서 import없이 사용할 수 있는 함수들은 sum(iterable[,start]), max(iterable), min(iterable), abs(인자값), pow(x,y[,z]), round(x[, n])이다.

10. math 모듈에서 import해서 사용하는 함수들은 원주율, 지수/로그연산, 삼각함수 연산 등이 있다.

11. 최상위 수준으로 실행되는 모듈을 메인 모듈이라 하고 메인 모듈이 import문으로 불러오는 모듈을 하위 모듈이라고 한다.

12. 파이썬 언어는 별도의 메인 함수 즉 시작점이 없다.

13. '__main__' 은 최상위 코드가 실행되는 스코프의 이름으로 모듈의 __main__은 표준입력, 스크립트 또는 대화식 프롬프트에서 읽힐 때 '__main__' 으로 설정된다.

14. 스크립트로 실행되거나 python-m으로 실행될 때 최상위 스크립트가 됩니다. 파이썬은 프로그래머가 처음부터 최상위 스크립트를 만드는 것이 아니라 실행을 시키는 것이다.

연습문제

01. 모듈의 형식 3가지 종류를 정리하세요.

02. 내장된 모듈의 목록 보여 보세요.

03. 점수 10개를 키보드로 입력받아서 가장 큰 점수와 가장 작은 점수를 구하는 프로그램을 작성해 보세요.

04. 삼각함수의 값을 구해 보세요

❶ sin30° =>	❷ cos30° =>	❸ tan30° =>
❾ sin45° =>	❺ cos45° =>	❻ tan45° =>
❼ sin60° =>	❽ cos60° =>	❾ tan60° =>

05. copy 모듈은 얕은 복사와 깊은 복사가 있다. 개념에 대하여 더 자세히 정리하시고 프로그램을 작성해 보세요.

제9장

파일

배울 내용	1. 파일 저장하기 2. 파일 불러오기 3. 이진 파일 4. 파일 관리하기 5. 디렉터리 관리하기

프로그램에서 자료를 디스크에 저장하기 위해서는 파일로 만들어서 저장하여야 한다. 또 저장해 둔 파일을 계속 이용하고자 할 때 파일 불러오기를 하여야 한다. 파이썬 프로그램에서는 내장 객체를 이용하여 파일 저장하기, 파일 불러오기를 할 수 있다.

1. 파일 저장하기

1) 키보드로 입력한 문자열을 파일로 저장하기

파일 저장하기는 open() –> write() –> close() 순으로 처리하면 된다.

실습예제

1단계 data폴더를 만든다. 

➜

2단계 

파이참을 실행시킨다.

3단계 프로젝트를 만들기 위하여 코드를 작성한다.

파이썬에서 파일을 다룰 때 기본적으로 open함수를 이용한다.

– file : 파일의 경로와 파일명을 입력한다.

open함수 형식

open(file 경로 및 파일명, mode='읽기/쓰기 모드', buffering=버퍼크기, encoding=디코딩/인코딩)

– mode= '모드'

【파일 개체 모드의 종류】

구 분	모드	설 명
읽기전용	'r'	read의 약자로 읽기 모드
쓰기 전용	'w'	write의 약자로 기존에 파일 있으며 지우고 새로 쓰기
	'a'	appending의 약자로 기존 파일 끝 부분에 추가하여 쓰기
	'x'	exclusive creation의 약자로 동일 파일명이 존재하였으면 에러
읽기 / 쓰기	'w+'	'+' 업데이트 읽고 쓰기 위함. 파일의 내용을 버리고 쓰기
	'r+'	파일의 내용을 유지하고 처음부터 쓰기
	'a+'	파일의 내용을 유지하고 끝부터 쓰기
	'x+'	파일이 있으면 에러
이진모드	'b'	'binary'의 약자로서 바이너리 모드
텍스트모드	't'	'text'의 약자로써 텍스트모드로써 기본모드

- 모드를 설정하지 않으면 'rt'를 기본값으로 한다.
- buffering : 버퍼링이란 버퍼(임시저장소)에 저장되는 작업을 하고 있는 것을 말한다. 버퍼링을 끄려면 0으로 쓴다. 0은 바이너리 모드에서만 가능하다. 라인모드로 텍스트 모드에서만 가능하며 1로 씁니다. 버퍼의 크기를 고정크기로 쓰려면 1보다 큰 양수로 씁니다. 예를 들어 4096바이트 길이입니다.
- encoding : 파일을 디코딩하거나 인코딩하는데 사용되는 이름으로 utf-8을 표준으로 사용한다.

3단계 코드작성 부분이다.

```
file_1 = open('c:/python_project/data/output_data.txt', 'w')   -❶
data = input('저장할 문자열은? ')                                -❷
file_1.write(data)                                              -❸
file_1.close()                                                  -❹
```

❶ open함수로 파일을 사용할 수 있도록 파일의 경로와 파일명을 지정한다. 파일의 경로는 c:/python_project/data폴더이며 파일명은 output_data.txt파일이다. 'w'모드는 쓰기(write)로 output_data.txt파일이 생성된다.

❷ 키보드로 'Hello, Python'을 입력해서 data 변수에 넣는다.

❸ file_1.write( )함수는 괄호 안에 data 변수에 있는 문자열을 output_data.txt로 쓴다. 코드 실행 후 결과를 확인하기 위해서 data 폴더를 열어보면 output_data.txt파일이 있을 것이다. 이를 선택한 후 더블클릭하거나 오른쪽 버튼 누른 후 메모장으로 열어보면 'Hello, Python'이라는 글자가 쓰여 있을 것이다.

❹ 사용하던 파일을 종료한다.

Tip

파일을 열어서 사용하면 반드시 close() 함수로 닫아야 한다. 우리가 간단한 코드를 작업을 할 때는 close()함수가 별 의미 없는 것처럼 보이지만 파일이 예기지 못한 오류가 발생할 수 있으므로 반드시 파일을 닫아야 함을 기억하자.

2. 파일 불러오기

- 디스크에 저장된 파일을 사용하기 위해 파일을 불러오기 또는 읽기 명령을 사용한다.
- 디스크에 저장된 텍스트 파일을 열어보는 예제를 실습할 것이다.
- 먼저 읽어올 데이터를 data폴더에 저장하기 위해 메모장에 아래와 같이 입력하고 'input_data.txt'로 저장한다.

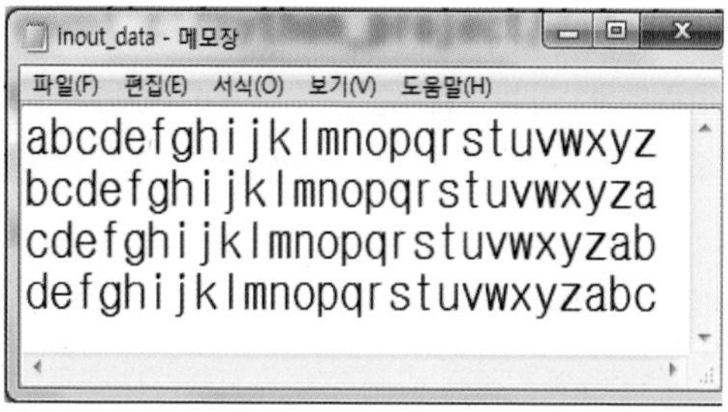

처리 순서

open() 함수 ➜ read( ) 함수 ➜ close( ) 함수

실습예제 파일 자료에서 한 줄 읽어 보세요.

코드		결과
`file_2 = open('c:/python_project/data/input_data.txt', 'rt')`	❶	abcdefghijklmnopqrstuvwxyz
`print(file_2.readline())`	❷	
`file_2.close()`	❸	

❶ open함수로 파일을 사용할 수 있도록 파일의 경로와 파일명을 지정한다. 파일의 경로는 c:/python_project/data 폴더이며 파일명은 input_data.txt파일이다. 모드는 'rt'이다. read text의 약자로써 텍스트 자료를 읽는다는 의미이다.

❷ file_2.readline() 함수는 한 줄을 읽어오는 함수이다. 만약에 여러 줄을 읽어서 출력하고 반복문을 사용하거나 **실습예제**처럼 다른 함수를 사용하여야 한다.

❸ 파일을 닫는다.

실습예제 파일에 여러 줄의 문장을 불러오세요.

```
file_2 = open('c:/python_project/data/input_data.txt', 'rt')    ------ ❶
print(file_2.readlines())                                       ------ ❷
file_2.close()                                                  ------ ❸
```

RESULTS (결과)

['abcdefghijklmnopqrstuvwxyz₩n', 'bcdefghijklmnopqrstuvwxyza₩n', 'cdefghijklmnopqrstuvwxyzab₩n',

❷ input_data.txt파일의 여러 줄의 문장을 모두 불러와서 출력한다. ₩n는 한 줄 내리라는 뜻으로, 다음 줄에 다음 문장이 출력된다.

❸ 열었던 파일을 닫는다.

실습예제 파일에서 필요한 글자수 만큼만 읽어와 보세요.

```
file_2 = open('c:/python_project/data/input_data.txt', 'rt')    ------ ❶
print(file_2.read(5))                                           ------ ❷
file_2.close()                                                  ------ ❸
```

결과

abcde

❷ file_2.read(5)는 5는 5글자를 읽는다. 결과는 첫 행의 문자열 중 처음 5글자를 읽어서 'abcde'를 출력했다.

3. 이진파일

1) 이진파일로 저장하기

이진파일로 작성하려면 열기 모드에 'b'를 추가하면 된다. 단 문자열을 저장하면 오류가 발생한다.

실습예제

```
file_3 = open('c:/python_project/data/output.bin', 'wb')    ❶
file_3.write('abcdefg')                                     ❷
file_3.close()                                              ❸
```

ReSULtS (결과)

```
Traceback (most recent call last):
  File "C:/python_project/file_sava_ex1.py", line 2, in <module>
    file_3.write('abcdefg')
TypeError: a bytes-like object is required, not 'str'
```

❶ 이진파일로 쓰기 위해 이진모드로 파일을 연다. 'wb' write binary의 약자이다. 2진으로 쓴다.
❷ write함수로 'abcdefg' 문자열을 쓰려고 했다. 하지만 파일의 모드가 'wb'이므로 문자열을 쓸 수는 없다. 이진모드이기 때문이다. 그러므로 결과와 같이 오류가 발생한다.
❸ 파일을 닫는다.

FEED BACK (오류 수정하기)

```
file_3 = open('c:/python_project/data/output.bin', 'wb')    ---- ❶
file_3.write('abcdefg'.encode())                            ---- ❷
file_3.close()                                              ---- ❸
```

❷ 'abcdefg' 문자열을 encoding하여 2진으로 변환하여 쓴다.

Results (결과)

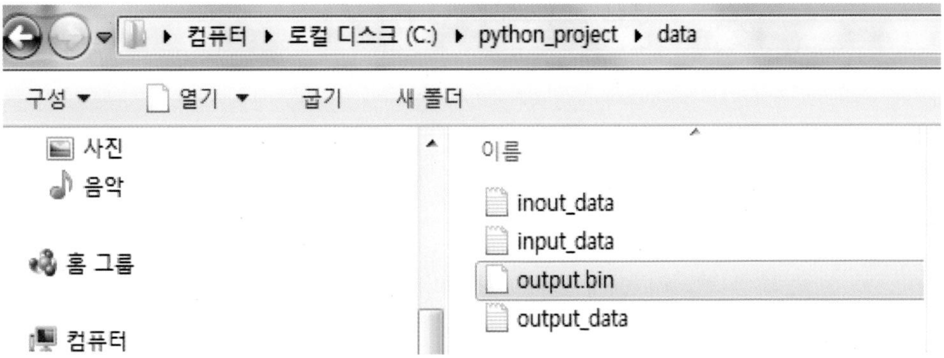

코딩을 실행하면 ▶ 아무런 결과가 출력되지 않는다. 그렇지만 data폴더 안에 'output.bin' 파일이 생겨났음을 확인할 수 있다.

2) 이진 파일로 저장된 자료 불러오기

이진파일로 저장된 파일을 읽기 위해 open함수의 모드는 'rb'로 자료를 불러온다. 이진파일은 byte로 읽는다.

실습예제

```
file_4 = open('c:/python_project/data/output.bin', 'rb')    ------ ❶
byte_1=file_4.read(7)                                       ------ ❷
print(byte_1)                                               ------ ❸
print(byte_1.decode())                                      ------ ❹
```

Results (결과)

```
b'abcdefg'
abcdefg
```

❶ 이진파일로 읽기 위해 이진모드로 파일을 연다. 'rb' read binary의 약자이다. 2진된 파일을 읽는다.
❷ file_4로 open파일의 내용을 read함수로 7 byte를 읽어서 byte_1에 넣는다.
❸ byte_1에 2진 파일로 된 것을 출력한다.
❹ decode() 함수는 바이트로 된 것을 문자열로 변환하여 출력한다.

4. 파일 관리하기

1) 파일 목록보기

실습예제 》 디렉터리 안에 들어 있는 파일이나 디렉터리 목록을 알아보자.

import glob	❶
glob.glob(‘*’)	❷

❶ glob 모듈을 import 한다.

❷ 모듈명.함수명(인자) 형식으로 ‘*’는 모든 것을 뜻한다. 즉 디렉터리에 있는 모든 하위 디렉터리와 파일을 뜻한다.

‘DLLs’ , ‘Doc’ , – 디렉터리 부분이다.

‘LICENSE.txt’ – 파일이다.

```
>>> import glob
>>> glob.glob('*')
['DLLs', 'Doc', 'include', 'Lib', 'libs', 'LICENSE.txt', 'NEWS.txt', 'python.exe
', 'python3.dll', 'python37.dll', 'pythonw.exe', 'Scripts', 'tcl', 'Tools', 'vcr
untime140.dll']
>>>
```

실습예제 》 첫 글자로 p로 시작하는 파일이나 디렉터리를 검색하여라.

import glob	❶
glob.glob(‘[p]*’)	❷

```
>>> import glob
>>> glob.glob('[p]*')
['python.exe', 'python3.dll', 'python37.dll', 'pythonw.exe']
>>>
```

실습예제 첫 글자가 p로 시작하지 않는 파일이나 디렉터리를 검색하여라.

import glob	❶
glob.glob('[!p]*')	❷

```
>>> import glob
>>> glob.glob('[!p]*')
['DLLs', 'Doc', 'include', 'Lib', 'libs', 'LICENSE.txt', 'NEWS.txt', 'Scripts',
'tcl', 'Tools', 'vcruntime140.dll']
>>>
```

실습예제 두 번째 글자가 y인 파일이나 디렉터리를 검색하여라.

import glob	❶
glob.glob('[?e]*')	❷

```
>>> import glob
>>> glob.glob('?[y]*')
['python.exe', 'python3.dll', 'python37.dll', 'pythonw.exe']
>>>
```

2) 파일종류 알아보기

os.path 모듈의 is함수( )으로 되어 있는 함수를 이용하여 파일인지, 디렉터리인지, 링크파일인지를 검사함으로써 파일의 종류를 판단하여 보자

실습예제

```
import os                               ❶
import glob                             ❷
file_name = glob.glob('*')              ❸
for i in file_name :                    ❹
    if os.path.isfile(i) :              ❺
        print(i, "파일이다")              ❻
    if os.path.isdir(i) :               ❼
        print(i, "디렉터리이다")           ❽
    if os.path.islink(i) :              ❾
        print(i, "링크파일이다")           ❿
```

RESULTS (출력 결과)

(실습 시 각자 하드디스크 자료가 출력되는 것이므로 임의의 디렉터리명과 파일명이 출력될 것입니다.)

```
5ex-2.py 파일이다
6-1.py 파일이다
data 디렉터리이다
DB 디렉터리이다
file_ex1.py 파일이다
file_sava_ex1.py 파일이다
sqlite-tools-win32-x86-3260000 디렉터리이다
```

❶ os 모듈을 import한다.

❷ glob모듈을 import한다.

❸ glob모듈 안에 glob( )함수를 이용하여 모든 파일과 디렉터리를 검색하여 file_name의 리스트로 저장한다.

❹ 반복문으로 리스트의 요소만큼 반복하여 파일과 디렉터리인지를 판단할 수 있도록 한다. 한 개의 요소씩 i 변수에 넣어준다.

❺ 만약에 i 변수에 있는 요소가 파일이면 참이면 ❻ 문장을 수행하고 ❼로 간다.
❼의 조건문은 거짓이므로 ❾로 간다. ❾ 조건문은 거짓이므로 ❹ 반복문으로 다시 간다.

❼ 만약에 i 변수에 있는 요소가 파일이면 참이면 ❽ 문장을 수행하고 ❾로 간다. ❾의 조건문은 거짓이므로 ❹ 반복문으로 다시 간다.

❾ 만약에 i 변수에 있는 요소가 파일이면 참이면 ❿ 문장을 수행하고 ❹ 반복문으로 다시 간다.

3) 파일의 이름 바꾸기

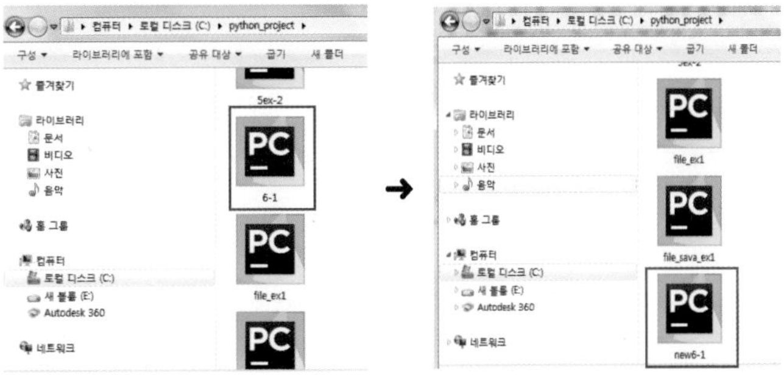

실습예제 6-1.py 파일명을 new6-1.py로 파일 이름을 바꾸어 보세요.

		결과
import os	❶	
import glob	❷	
file_name =	❸	['6-1.py']
glob.glob('[6]*.py')	❹	['new6-1.py']

```
print(file_name)
os.rename('6-1.py',
'new6-1.py')                ❺
file_name       =           ❻
glob.glob('[new]*.py')      ❼
print(file_name)
```

❶ rename 함수를 사용하기 위해서 os모듈을 import한다.

❷ glob 함수를 사용하기 위해서 glob모듈을 import한다.

❸ glob.glob('[6]*.py') : glob 모듈에, '.' ~에 속해 있는, glob함수의 인자로, [6]* 6으로 시작하고, *은 두 번째 자리부터 임의의 문자로 된 파일, '.' 확장자는 py인 파일을 검색해서 file_name변수에 리스트로 넣으라는 의미이다.

❹ ❸에서 구한 file_name 파일을 화면 출력한다.

❺ os.rename('6-1.py', 'new6-1.py') os 모듈에 속해 있는 rename함수로 파일 이름을 변경해라. 함수의 인자로, 앞에 있는 파일명을 뒤에 있는 파일명으로 이름을 바꾼다. 즉 '6-1.py'에서 'new6-1.py'로 파일명이 변경된 것을 알 수 있다. 만약 실습예제를 2번 실행했다면 처음에는 오류가 없지만 2번째 실행문은 오류가 날 것이다. 왜냐면 이미 new6-1.py로 변경되어 있어서 파일을 찾을 수 없다고 나오기 때문이다.

❻ new로 시작하는 파일을 검색해서 file_name 변수에 넣는다.

❼ file_name변수에 있는 리스트를 화면 출력한다.

4) 파일 복사하기

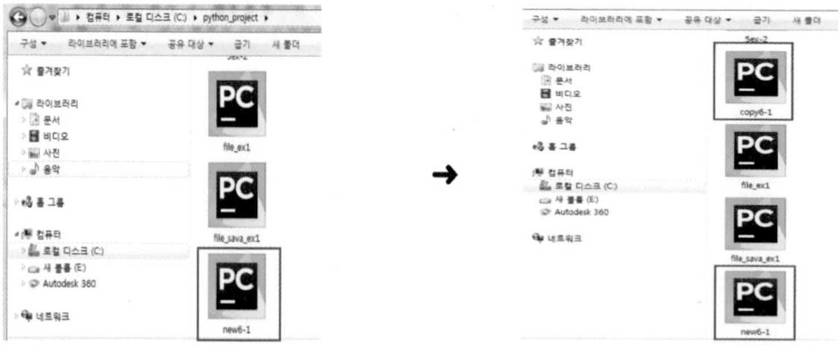

실습예제 new6-1.py 파일을 copy6-1.py로 복사해 보세요.

```
import shutil                                    ❶
import glob                                      ❷
file_name = glob.glob('[new]*.py')               ❸
print(file_name)                                 ❹
shutil.copy( 'new6-1.py',  'copy6-1.py' )        ❺
file_name = glob.glob('*.py')                    ❻
print(file_name)                                 ❼
```

```
['new6-1.py']
['5ex-2.py', 'copy6-1.py', 'file_ex1.py', 'file_sava_ex1.py', 'new6-1.py']
```

❶ copy함수를 사용하기 위해서 shutil모듈을 import한다.

❷ glob 함수를 사용하기 위해서 glob모듈을 import한다.

❸ new로 시작하는 모든 파이썬 파일을 검색해서 file_name변수에 리스트로 넣는다.

❹ ❸에서 구한 file_name 파일을 화면 출력한다.

❺ shutil.copy('new6-1.py', 'copy6-1.py') shutil모듈에 속해 있는 copy함수로 파일을 복사해라. 함수의 인자로, 앞에 있는 파일을 뒤에 있는 파일로 복사한다. 즉 'new6-1.py'에서 'copy6-1.py'로 복사되어서 2개의 파일이 폴더에 있는 것을 확인할 수 있다.

❻ 모든 파일을 검색해서 file_name 변수에 넣는다.

❼ file_name변수에 있는 리스트를 화면 출력한다.

5) 파일 삭제하기

실습예제 copy6-1.py 파일 삭제해 보세요.

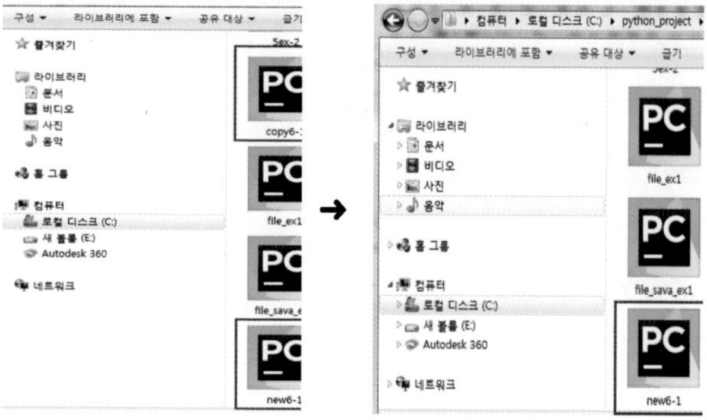


```
import os                          ❶
import glob                        ❷
file_name = glob.glob('[copy]*.py') ❸
print(file_name)                   ❹
os.remove('copy6-1.py')            ❺
file_name = glob.glob('*.py')      ❻
print(file_name)                   ❼
```

```
['copy6-1.py']
['5ex-2.py', 'file_ex1.py', 'file_sava_ex1.py', 'new6-1.py']
```

❶ 파일을 삭제하는 remove함수를 사용하기 위헤서 os모듈을 import한다.

❷ glob 함수를 사용하기 위해서 glob모듈을 import한다.

❸ copy로 시작하는 모든 파이썬 파일을 검색해서 file_name변수에 리스트로 넣는다.

❹ ❸에서 구한 file_name 파일을 화면 출력한다.

❺ os.remove('copy6-1.py') os모듈에 속해 있는 remove함수로 'copy6-1.py' 파일을 삭제한다.

❻ 모든 파일을 검색해서 file_name 변수에 넣는다.

❼ file_name변수에 있는 리스트를 화면 출력한다.

6) 파일의 정보 보기

파일마다 크기와 접근시간, 수정시간, 상태변환 등 다양한 정보를 가지고 있다. 이를 구하기 위해 stat모듈을 사용한다.

실습예제 ›› '6-1.py'라는 파이썬 파일의 정보를 살펴보자.

코드	출력결과 (각자 파일에 따라 숫자가 다를 것이다.)

# 파일의 상태를 알아 보기 	
import stat
import os
f_size = os.stat('6-1.py')[stat.ST_SIZE] #파일크기
f_atime = os.stat('6-1.py')[stat.ST_ATIME] #최근 접근시간
f_mtime = os.stat('6-1.py')[stat.ST_MTIME] #최근 수정시간
f_ctime = os.stat('6-1.py')[stat.ST_CTIME] #최근 상태변화시간
f_uid = os.stat('6-1.py')[stat.ST_UID] #사용자 ID
f_gid = os.stat('6-1.py')[stat.ST_GID] #그룹 ID
f_dev = os.stat('6-1.py')[stat.ST_DEV] #장치번호
f_ino = os.stat('6-1.py')[stat.ST_INO] #Inode 번호
f_mode = os.stat('6-1.py')[stat.ST_MODE] #Inode 보호모드
f_nlink = os.stat('6-1.py')[stat.ST_NLINK] #Inode로의 링크수
print(f_size)
print(f_atime)
print(f_mtime)
print(f_ctime)
print(f_uid)
print(f_gid)
print(f_dev)
print(f_ino)
print(f_mode)
print(f_nlink)
	821
	1547651018
	1547651018
	1547635049
	0
	0
	2352491826
	3940649674119142
	33206
	1

5. 디렉터리 관리하기

1) 현재 작업 디렉터리 알아보기

import os	❶	C:₩python_project
print(os.getcwd())	❷	

❶ os 모듈을 import 한다.❷ getcwd( ) 함수로 현재 작업 디렉터리를 구한다.

2) 새로운 디렉터리 만들기

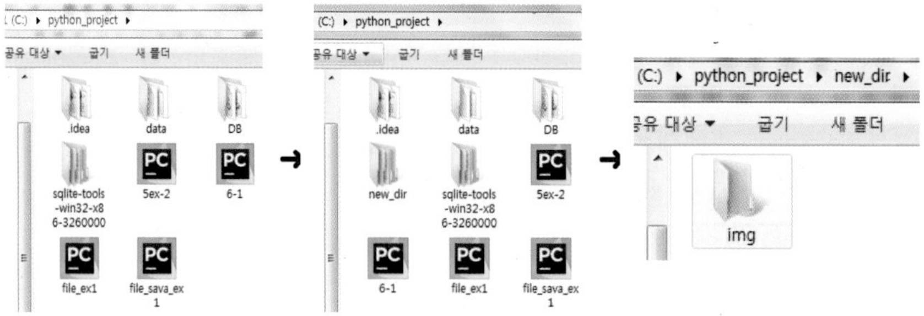

import os	❶
import glob	❷
os.mkdir('new_dir')	❸
os.mkdir('new_dir/img')	❹
print(os.getcwd())	❺
print(glob.glob('*'))	❻

```
C:₩python_project
['5ex-2.py', '6-1.py', 'data', 'DB', 'file_ex1.py', 'file_sava_ex1.py', 'new_dir',
```

❶ os 모듈을 import 한다. ❷ glob 모듈을 import한다.

❸ os모듈에 mkdir( )함수로 'new_dir' 디렉터리를 만든다.

❹ os모듈에 mkdir( )함수로 'new_dir' 디렉터리 아래에 있는 img 디렉터리를 만든다.

❺ os.모듈에 getcwd( )함수로 현재의 디렉터리를 인쇄해 준다. c:₩python_project 디렉터리이다. 이곳을 열어보면 new_dir 디렉터리가 있을 것이다. new_dir 디렉터리를 열어보면 img 디렉터리가 있을 것이다.

❻ 현재 디렉터리 'c:₩python_project'의 모든 파일을 볼 수 있다.

3) 디렉터리 이동하기

➜ os.chdir('img')

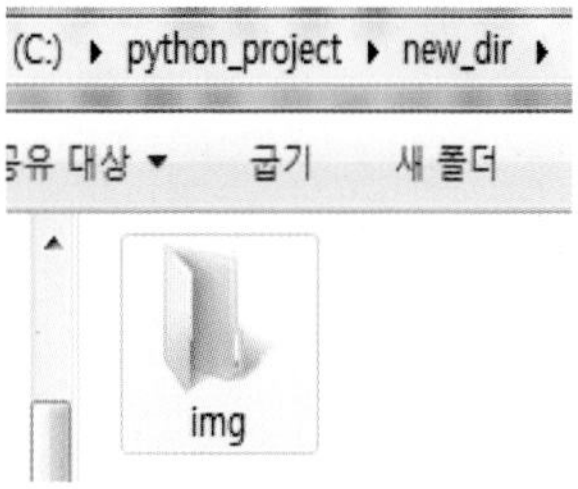

import os	❶
import glob	❷
os.chdir('new_dir')	❸
print(os.getcwd())	❹
print(glob.glob('*'))	❺
os.chdir('img')	❻
print(os.getcwd())	❼
print(glob.glob('*'))	❽

```
C:₩python_project₩new_dir
['img']
C:₩python_project₩new_dir₩img
[]
```

❶ os 모듈을 import 한다.

❷ glob 모듈을 import한다.

❸ os모듈에 현재 디렉터리 경로("c:₩python_project"에서 chdir()함수로 'new_dir' 디렉터리로 이동한다.

❹ os.모듈에 getcwd( )함수로 현재의 디렉터리를 인쇄해 준다. "c:₩python_project₩new_dir"디렉터리이다.

❺ 현재 디렉터리 'c:₩python_project₩new_dir'의 모든 파일을 볼 수 있다. new_dir 디렉터리를 열어보면 img 디렉터리가 있을 것이다. 그러므로 ['img']가 인쇄되었다.

❻ os모듈에 현재 디렉터리 경로("c:₩python_project₩new_dir"에서 chdir()함수로 'img' 디렉터리로 이동한다.

❼ os.모듈에 getcwd( )함수로 현재의 디렉터리를 인쇄해 준다. "c:₩python_project₩new_dir₩img"디렉터리이다.

❽ 현재 디렉터리 'c:₩python_project₩new_dir₩img'의 모든 파일을 볼 수 있다. img 폴더 안에 아무 파일도 없으므로 [ ] 빈 리스트가 출력된 것이다.

3) 디렉터리 삭제하기

→ os.chdir ('new_dir')

→ os.rmdir ('img')

```
iimport glob              ❶
os.chdir('new_dir')       ❷
print(os.getcwd())        ❸
print(glob.glob('*'))     ❹
os.rmdir('img')           ❺
print(os.getcwd())        ❻
print(glob.glob('*'))     ❼
```

Results 처리결과

```
C:₩python_project₩new_dir
['img']
C:₩python_project₩new_dir
[]
```

❶ os 모듈을 import 한다.

❷ glob 모듈을 import한다.

❸ os모듈에 현재 디렉터리 경로("c:₩python_project"에서 chdir()함수로 'new_dir' 디렉터리로 이동한다.

❹ os.모듈에 getcwd( )함수로 현재의 디렉터리를 인쇄해 준다.
"c:₩python_project₩new_dir"디렉터리이다.

❺ os모듈에 현재 디렉터리 경로("c:₩python_project₩new_dir"에서 rmdir()함수로 'img' 디렉터리를 삭제한다.

❻ os.모듈에 getcwd( )함수로 현재의 디렉터리를 인쇄해 준다.
"c:₩python_project₩new_dir"디렉터리이다.

❼ 현재 디렉터리 'c:₩python_project₩new_dir'의 모든 파일을 볼 수 있다.
new_dir 디렉터리 안에 img 디렉터리가 삭제되었으므로 [ ] 빈 리스트가 출력된 것이다.

4) 경로명과 파일명의 문자열을 분리하여 추출하기

```
import os                                                          ❶
directory_name=os.path.dirname('c:₩₩python_project₩₩6-1.py')       ❷
file_name=os.path.basename('c:₩₩python_project₩₩6-1.py')           ❸
print(directory_name)                                              ❹
print(file_name)                                                   ❺
```

```
c:₩python_project
6-1.py
```

❶ os 모듈을 import 한다.

❷ dirname( )함수는 인자 'c:₩₩python_project₩₩6-1.py'에서 디렉터리명만 추출하는 함수이다.

❸ basename( )함수는 'c:₩₩python_project₩₩6-1.py'에서 파일명만 추출하는 함수이다.

❹ 디렉터리명을 화면 인쇄한다.

❺ 파일명을 화면 인쇄한다.

요약

- 프로그램에서 자료를 디스크에 저장하기 위해서는 파일로 만들어서 저장하여야 한다.
- 내장 객체를 이용하여 파일 저장하기, 파일 불러오기를 할 수 있다.
- 파일 저장하기는 순서는 open() -〉 write() -〉 close()로 처리하면 된다.
- open함수 형식은 open(file 파일명, mode='읽기/쓰기 모드', buffering=버퍼 크기, encoding=디코딩/인코딩) 이다.
- 파일 불러오기는 디스크에 저장된 파일을 읽기 기능이다.
- 파일 불러오기 순서는 open() ➜ read() ➜ close()로 처리하면 된다.
- 이진파일로 작성하려면 열기 모드에 'b'를 추가하면 된다.
- 이진파일로 저장된 파일을 읽기 위해 open함수의 모드는 'rb'로 자료를 불러 온다.
- 파일 목록보기 위한 모듈과 함수는 〉〉〉 import glob 〉〉〉 glob.glob('*') 이다.
- 파일종류 알아보기 위해서는 os.path 모듈의 is함수()으로 되어 있는 함수를 이용한다.
- 현재 작업 디렉터리 알아보기 위해서는 〉〉〉 import os 〉〉〉 print(os.getcwd()) 이다.
- 디렉터리를 만들기 위해 mkdir(), 디렉터리를 이동하기 위해 chdir(), 디렉터리를 지우기 위해 rmdir()함수를 이용한다.
- getcwd( ) 함수로 현재 작업 디렉터리를 구한다.
- dirname( )함수는 디렉터리명만 추출하는 함수이다.
- basename( )함수는 파일명만 추출하는 함수이다.

연습문제

01. 아래의 디렉터리 경로를 보고 디렉터리를 만들어 보세요.

02. 이해인 시인의 '수평선을 바라보며' 라는 시를 파일로 저장하는 프로그램입니다. 따라해 보세요.

수평선을 바라보며
　　　　　　　　-이해인
당신은
늘 하늘과 맞닿아 있는
수평선과 같습니다

내가
다른 일에 몰두하다
잠시 눈을 들면
환히 펼쳐지는 기쁨

가는 곳마다
당신이 계셨지요
눈감아도 보였지요

한결같은 고요함과
깨끗함으로

```
file_1 = open('c:/python_project/with_f
ile.txt','w')
text = '''
수평선을 바라보며
          이해인
당신은
늘 하늘과 맞닿아 있는
수평선과 같습니다

내가
다른 일에 몰두하다
잠시 눈을 들면
환히 펼쳐지는 기쁨

.....(생략) '''

file_1.write(text)
```

먼데서도 나를 감싸주던

그 푸른 선은
나를 살게 하는 힘

목숨 걸고
당신을 사랑하길
정말 잘했습니다

```
file_1.close()

with  open('c:/python_project/with_file.t
xt','r') as file_1  :
    for i in file_1  :
        print(i)
```

Tip

- file에서 with문을 이용하면 close()함수를 사용하지 않아도 자동으로 파일을 닫아 준다.
- 안정적으로 파일을 처리하고자 하는 경우 with문과 같이 사용하는 것이 좋다.

제10장

데이터베이스 설치하기

배울 내용

1. 데이터베이스 개요
2. 데이터베이스의 종류
3. SQLite 데이터베이스 설치하기

1. 데이터베이스 개요

맛있는 요리를 하려면 재료가 좋아야 하듯이 프로그램을 통하여 좋은 결과를 얻으려면 올바른 데이터가 필요하다. 그만큼 데이터는 프로그램의 핵심이며 아주 중요하다. 프로그래밍 언어에서는 데이터베이스와 연계하기 위한 드라이브를 제공하고 이에 함수를 제공한다. 이번 장에서는 데이터베이스에 대하여 상세하게 배워 나갈 것이다.

1) 데이터베이스 소개

프로그램에 필요한 정보를 얻기 위하여 논리적으로 연관된 데이터를 모아 구조적으로 정리한 자료를 말한다. 체계화된 데이터의 집합이며 사원관리를 위해서 모아 놓은 표 같은 것도 데이터베이스의 일종이다.

데이터베이스 관리 시스템을 사용하면 데이터를 공유하여 중복성을 최소화한다. 일관성을 유지하며 데이터의 구조가 변경되어도 프로그램을 수정할 필요가 없으므로 데이터가 독립적이라는 장점이 있다.

2) 데이터베이스 시스템에 사용하는 전용 언어(SQL문)

데이터 정의어	테이블의 구조를 정의하는 구문으로 CREATE, ALTER, DROP문이 있다.
데이터 조작어	데이터를 검색(SELECT), 삽입(INSERT), 삭제(DELETE), 수정(UPDATE)하는 데 사용하는 쿼리문이다.
데이터 제어어	데이터 사용하는 사용자의 권한을 제어하는 GRANT(권한 부여), REVOKE(권한 취소)문이다.

3) 키(Key)

수퍼키	레코드를 유일하게 구분할 수 있는 열 또는 열의 모음이다.
후보키	수퍼키에서 열의 최소 모음이다.
기본키	여러 후보키 중 한 개를 선정한 것이다.
대리키	기본키를 대신하는 열이다.
외래키	다른 표에서 기본키와 관련이 있는 키이다.

4) 무결성 제약조건

데이터베이스에서 무결성이라는 것은 결점이 없다는 뜻으로, 데이터가 정확하고 일관성이 있어야 한다는 것이다. 만약 은행 거래를 할 때 은행 시스템의 데이터에 오류가 난다면 어떻게 될 것인가? 조금만 생각해 보면 쉽게 이해가 될 것이다. 만약 예금을 100만 원 했는데 나의 계좌 데이터 오류로 인하여 10만 원으로 되어있다면? 상상도 하기 싫다. 이렇듯 데이터베이스에서는 무결성이 아주 중요한 특징이며 100% 무결성을 유지하기 위해서 오류가 난 자료를 입력조차 받지 못하도록 여러 가지 제약조건을 두고 있다.

1 도메인 무결성 제약조건

지정된 값만을 가져와야 한다. 문자 도메인인 경우 문자만을 입력받는다. 숫자 도메인인 경우 숫자만을 입력받는다. 날짜 도메인인 경우 날짜만을 입력받는다.

2 개체 무결성 제약조건

기본 키 제약조건으로 공백이 있으면 안 되고 즉 반드시 열에 자료가 입력되어야 한다. 또 오직 하나의 값만 입력되어 있어야 한다는 의미이다. 즉 주민번호는 모든 열 중에 오직 한 개만 존재하는 것, 핸드폰 번호도 모든 사람 중에 오직 한 개만 있는 것, 이메일도 여러 사람 중 오직 한 개만 있는 것이다.

3 참조 무결성 제약조건

다른 표와 관계를 맺을 때 현재 표는 기본키이고 다른 표는 외래키인 경우에 서로 관계를 맺도록 하는 제약조건을 말한다.

2. 데이터베이스의 종류

1) 계층형 데이터베이스

회사의 직위계층과 같은 것을 표현할 때 주로 사용한다.

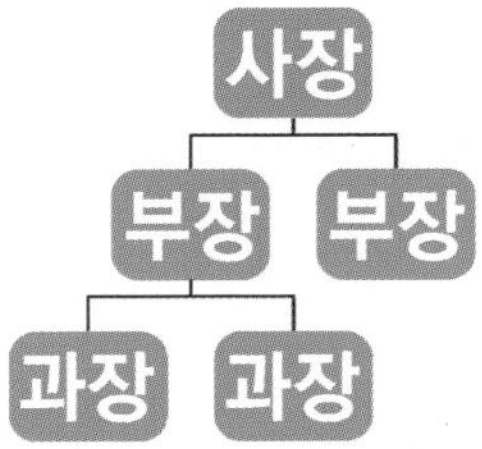

2) 네트워크형 데이터베이스

데이터 간의 관계가 모두 연결되어 있는 구조

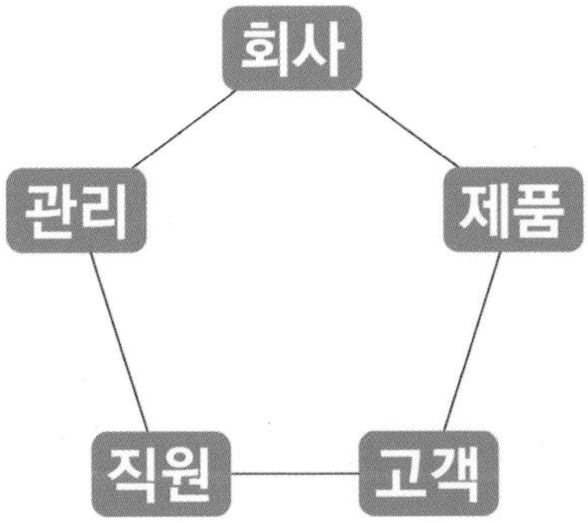

3) 관계형 데이터베이스

❶ 개요

가장 많이 사용하는 데이터베이스 구조이다. 테이블 형태로 구성되어 있다.

사원관리현황			
사원코드	사원명	소속부서	급여액
A-101	박정숙	개발부	6000만원
B-102	이수영	홍보부	5000만원
C-101	오수진	인사부	3000만원
A-102	오애진	개발부	7000만원

- 예를 들어 '사원관리현황'을 데이터베이스를 보면 사원코드, 사원명, 소속부서, 급여액은 항목이라 할 수 있다. 즉 열에 해당하는 것은 항목 또는 필드라고 한다.
- 항목 여러 개를 모아서 레코드라고 한다. 즉 'A-101 박정숙 개발부 6,000만 원'의 자료를 한 행 또는 레코드라고 부른다.
- 레코드가 모여서 파일을 이룬다. 즉 '사원관리현황' 파일이라고 한다.
- 여러 개의 파일들이 모여서 데이터베이스를 이룬다.

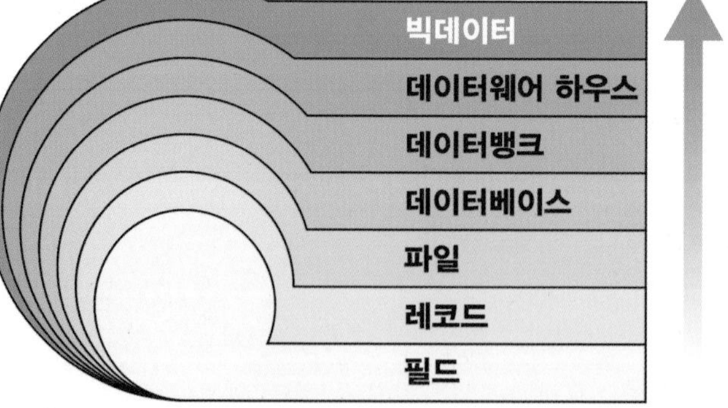

❷ 데이터베이스를 쉽게 관리하기 위한 프로그램 DBMS이다.

- 많은 양의 데이터를 관리하기란 쉽지 않다. 이를 관리하기 위한 전용 프로그램이 필요하다.
- DBMS란? Database Management System의 약자로써 데이터베이스를 관리하는 시스템이다. 이의 대표적은 프로그램으로 오라클, My-SQL, Ms-SQL, SQLite 등이 있다.
- DBMS는 데이터베이스와 프로그래밍 언어 사이에서 데이터베이스를 관리하고 언어에서 데이터베이스에 접속할 수 있도록 디바이스를 언어에 맞게 설치하여 사용하도록 관리해 준다.

❸ 객체 지향 데이터베이스

객체 지향 데이터베이스는 객체 지향 프로그래밍에 쓰이는 것이다. 데이터를 객체의 형태로 표현하는 데이터베이스 모델이며 오브젝트 데이터베이스(object database)라고도 부른다. 관계형 데이터베이스를 연결하는 형태의 데이터베이스이다.

SQLite란?

SQLite

⊙ 많이 사용되는 클라이언트 응용 프로그램 전용 데이터베이스 엔진이다. 사물 인터넷, 데이터 분석, 임베디드 디바이스 등 웹, 모바일용으로 주로 사용되는 데이터베이스 시스템이다.
⊙ 특징으로는 오라클과 MySQL처럼 서버 프로세서를 독립적으로 갖지 않으며 설치과정 없이 압축만 풀면 바로 사용할 수 있으며 환경설정도 할 필요가 없다. 테이블, 인덱스, 트리거, 뷰등을 포함한 데이터베이스가 디스크에 단 하나의 파일로 존재한다. Open API로 교육용뿐만 아니라 상업용으로도 사용될 수 있는 데이터베이스로 현재 많이 사용되고 있다.
⊙ 프로그램 설치는 2가지 방법으로 할 수 있다. 2가지 중 편리한 방법을 선택하면 된다.

사원관리현황

사원코드	사원명	소속부서	급여액
A-101	박정숙	개발부	6000만 원
B-102	이수영	홍보부	5000만 원
C-101	오수진	인사부	3000만 원
A-102	오애진	개발부	7000만 원

⇔

사원 직위표

사원코드	직위	업무
A-101	부장	DBA
B-102	과장	마케팅
C-101	사원	관리
A-102	부장	프로그래머

3. SQLite 데이터베이스 설치하기

- 데이터베이스관리 프로그램에는 서버 관리를 주로 하는 오라클, MySQL, Ms-SQL이다. 그러나 클라이언트 응용프로그램 전용으로 SQL문을 이용한 데이터베이스도 있다. SQLite이다.
- SQLite는 클라이언트 응용프로그램에 임베디드되어 동작하는 오픈 소스 데이터베이스이다. 안드로이드, iOS, macOS에 내장되어 있다.
- 이름에서 알 수 있듯이 서버 관리 위주의 데이터베이스 중 SQL문을 위주로 사용되게 경량화시켜 만든 데이터베이스관리 시스템이라 할 수 있다.

1) SQLite 설치하기

1단계 사이트 https://www.sqlite.org/index.html를 접속한다.

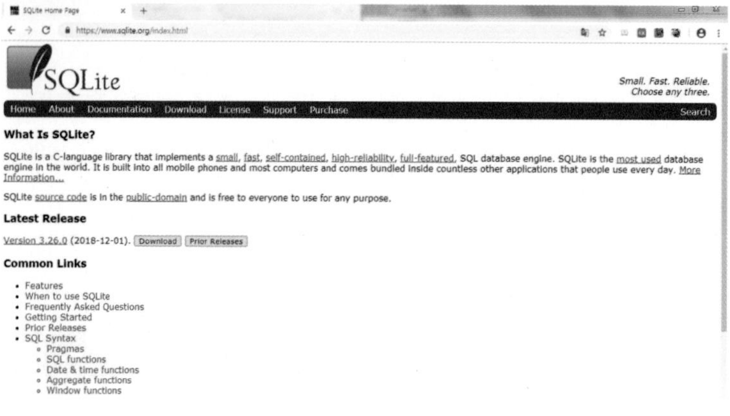

2단계 Download 버튼을 누르면 화면이 다운 받을 수 있는 곳으로 연결된다. 스크롤바로 아래로 내리면 각자 컴퓨터 운영체제에 맞는 파일을 다운 받을 수 있다. Precompiled Binaries for Windows에서 sqlite-tools-win32.x86~.zip windows 기반의 운영체제를 보편적으로 사용하므로 이것을 클릭한다.

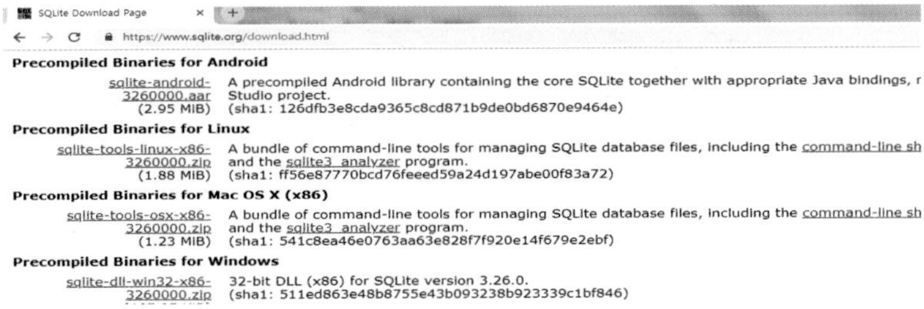

3단계 압축을 푼다.

4단계 sqlite-tools-win32-x86~폴더를 클릭하여 폴더 안으로 들어간다.

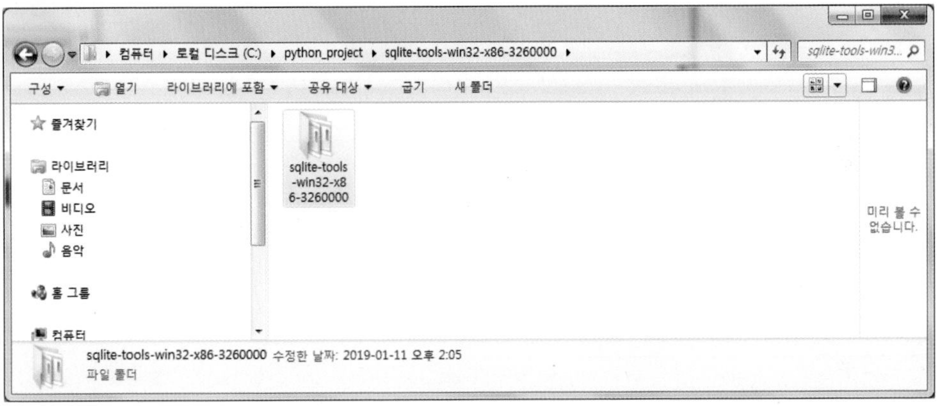

5단계 압축을 푼 후 sqlite3의 파일을 더블클릭하여 실행한다.

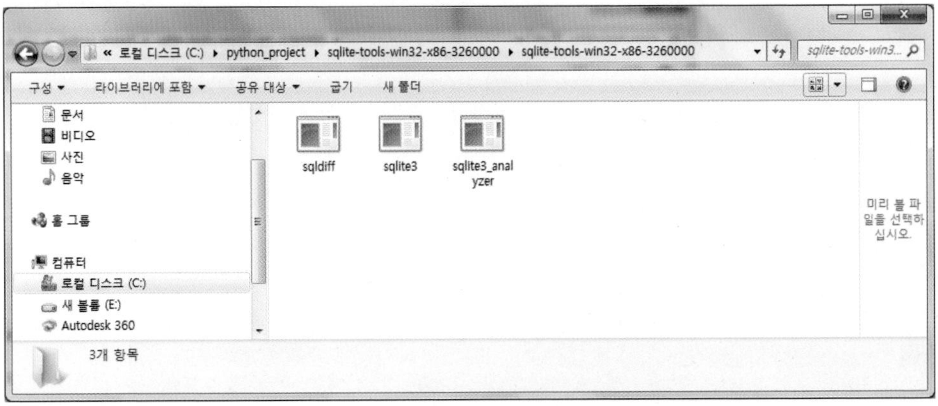

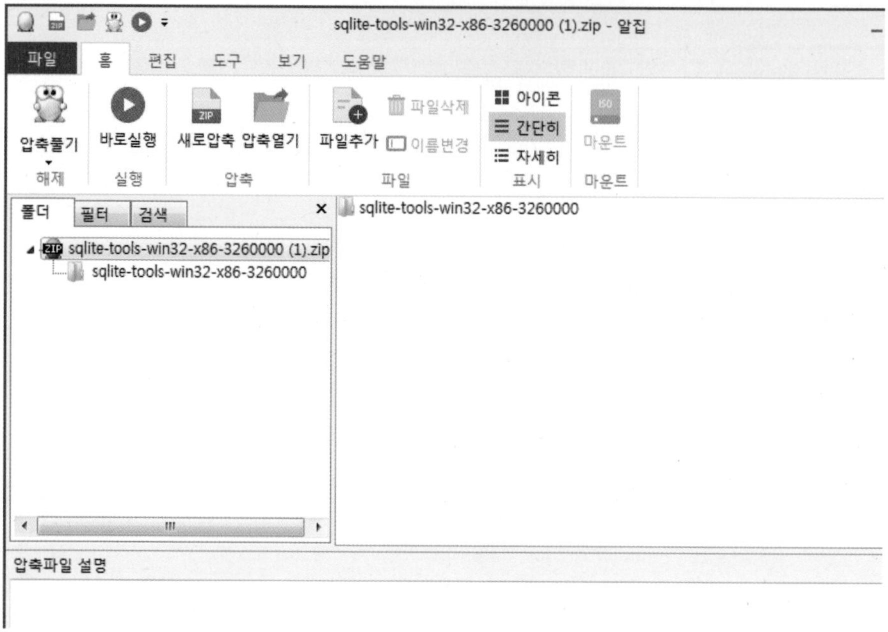

6단계 SQLite 셀이 실행된다. 이곳에 SQL문을 작성하면 된다. 이제부터 실습할 때 SQLite 셀에 명령어를 타이핑하면 된다.

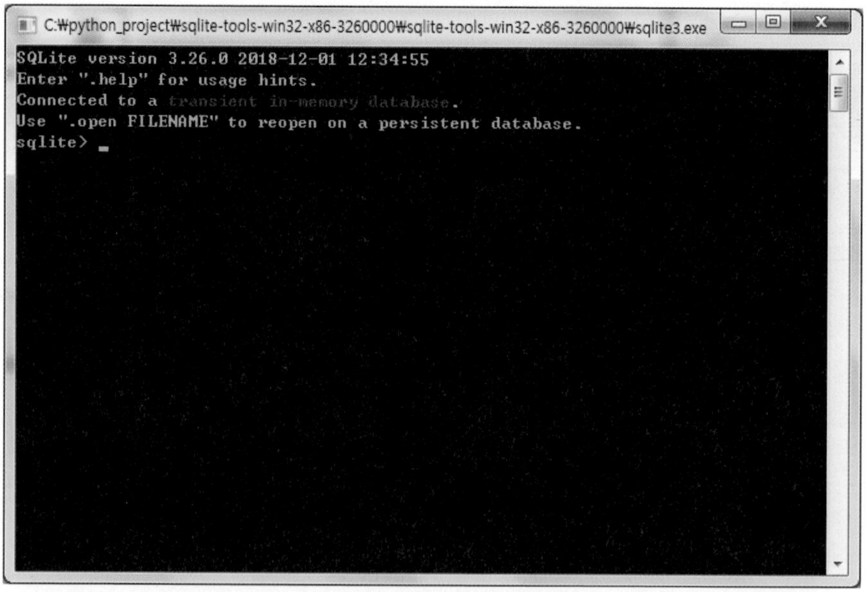

2) SQLite Browser 설치하기

1단계 http://sqlitebrowser.org/ 웹사이트를 방문하여 설치 프로그램을 다운받는다.

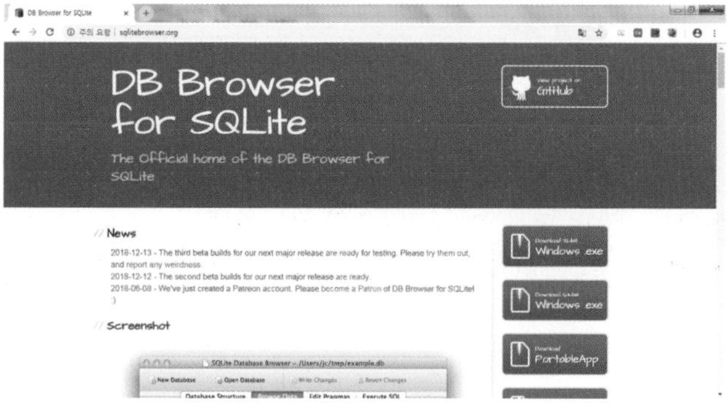

2단계 각자 컴퓨터 운영체제에 따라서 다운을 받는다. 오른쪽 부분의 파란 버튼에서 dowloaded 64bit Windows.exe를 다운로드 해서 실행시킨다.

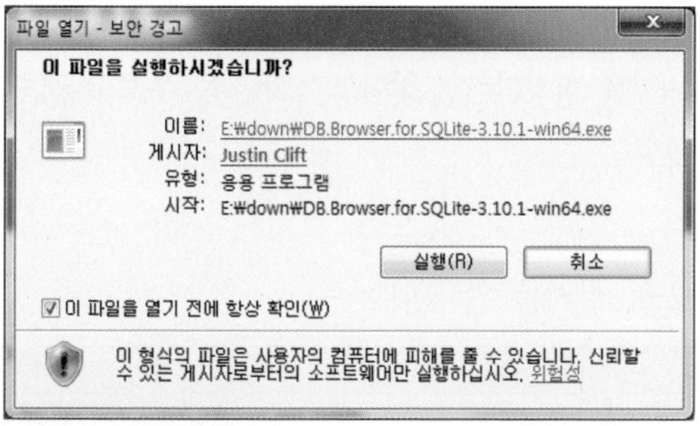

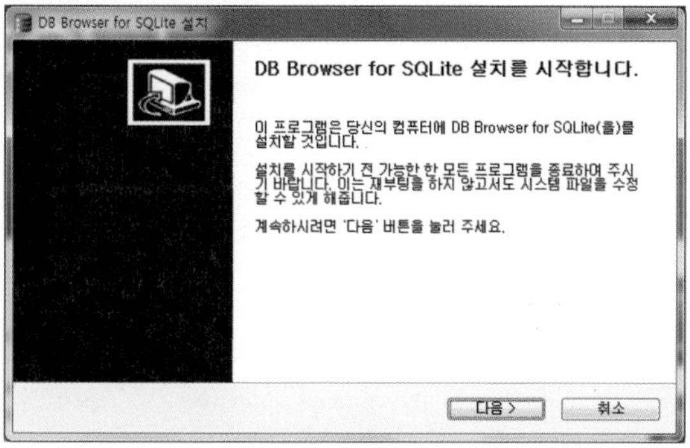

3단계 다음 버튼을 누르면 DB Browser for SQLite설치 대화상자가 나온다. 동의함 버튼을 누른다.

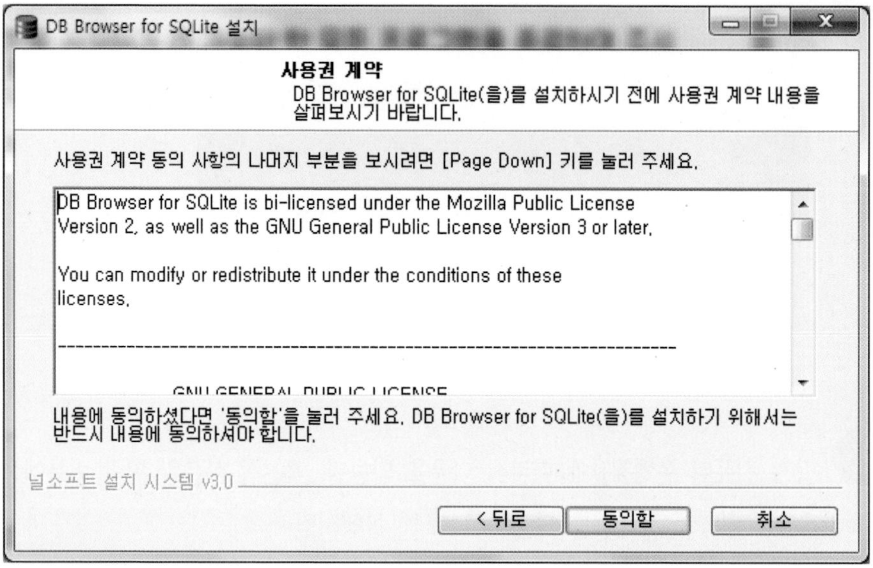

4단계 설치할 폴더의 위치를 변경하려면 찾아보기 버튼을 누르고 경로를 바꾸면 된다. 그리고 '다음' 버튼을 누른다.

5단계 '설치' 버튼을 눌러 설치를 완료한다.

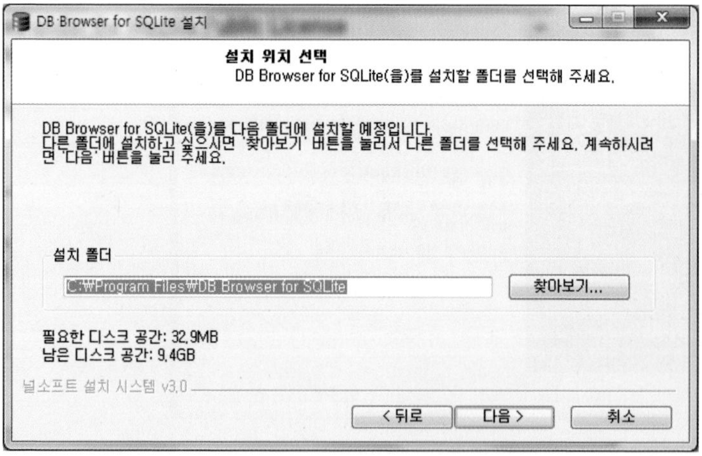

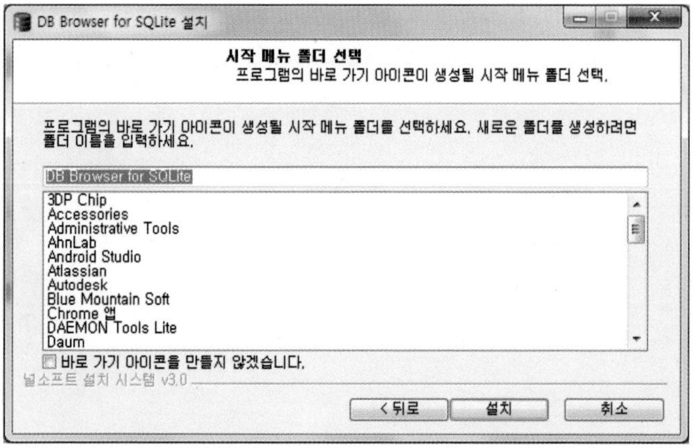

6단계 설치 완료된다.

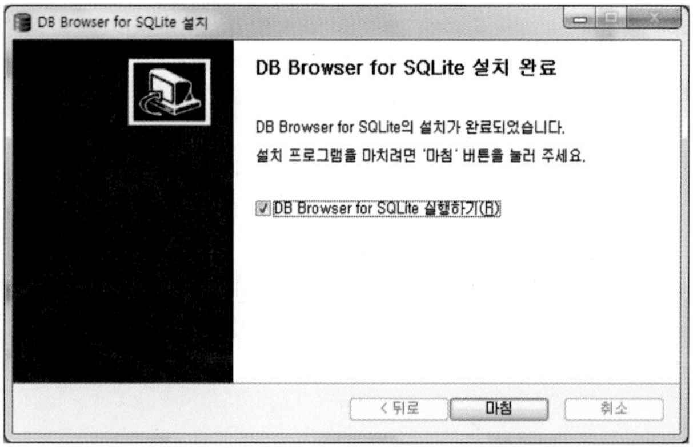

7단계 실행 화면이다.

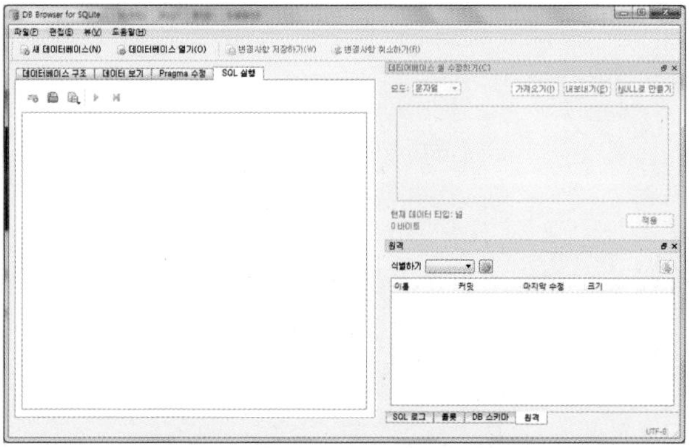

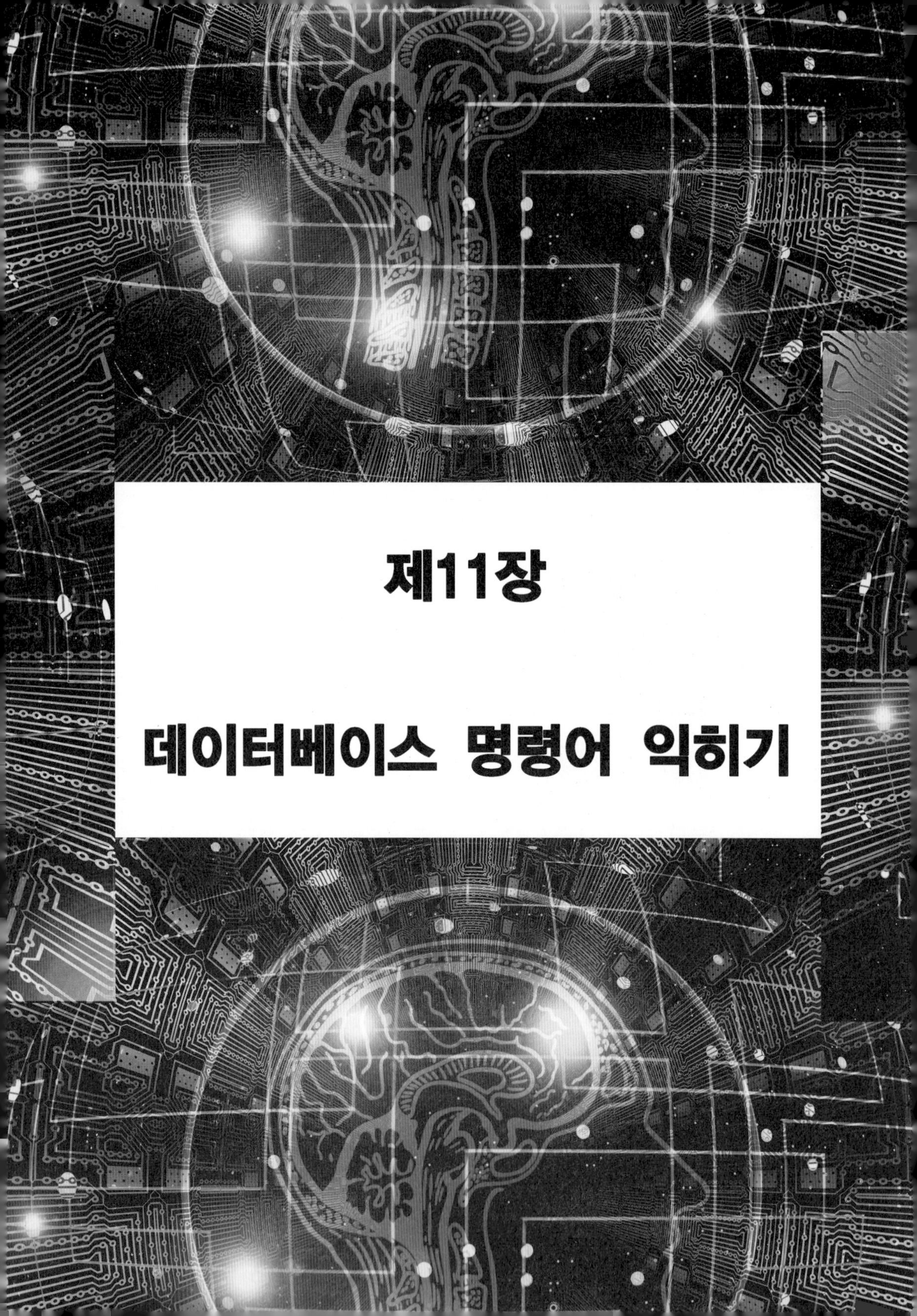

제11장

데이터베이스 명령어 익히기

배울 내용

1. 테이블 만들기
2. 테이블 안에 자료 삽입하기
3. 데이터 검색하기
4. 데이터 수정하기
5. 데이터 지우기

1. 테이블 만들기

데이터베이스를 사용하기 위하여 가장 먼저 할 것은 데이터를 넣는 것이다. 이를 위해 데이터를 넣기 위한 구조가 필요하다. 회사에서 사원 관리를 하기 위해 필요한 항목을 만드는 것처럼, 필요한 항목을 만들고 숫자를 넣을 것인지 문자를 넣을 것인지 날짜형으로 할지 등을 판단하여 구조를 만들어야 한다. 이때 필요한 것을 선택하고 구조를 만들고 테이블끼리 관계를 만드는 과정을 데이터 모델링이라고 한다. 데이터베이스의 가장 기본인 데이터베이스 모델링을 학습하는 것도 권장한다.

실습예제 company-management 사원 관리하는 데이터베이스를 만들어 보자. (SQLite Browser로 실습을 진행한다.)

company_management			
code	name	dept	pay
A-101	박정숙	개발부	3,000,000
B-102	이수영	홍보부	2,500,000
C-101	오수진	인사부	2,000,000
A-102	오재경	개발부	6,000,000

1단계 윈도우에서 DB Browser for SQLite를 눌러서 실행한다.

2단계

새로운 데이터베이스를 생성하기 위해서 '파일 ⇒ 새 데이터베이스'를 선택한다.

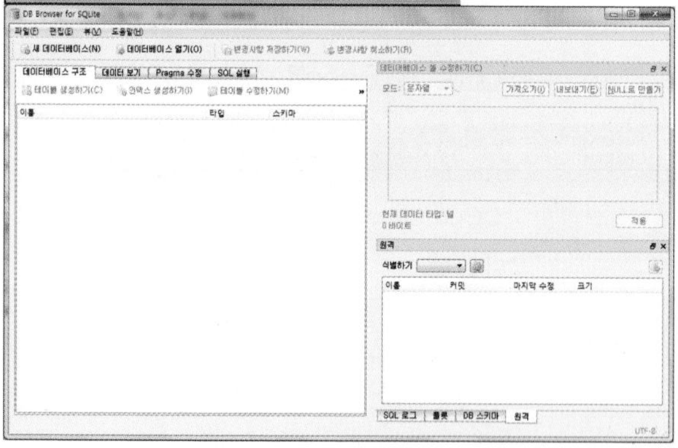

3단계 데이터베이스 저장할 폴더를 지정한다. DB 폴더 안에 company_1 파일 이름을 임의로 정한다.

4단계 테이블명에 company-management라고 쓴다. 필드 추가를 눌러 필드명과 타입을 정한다.

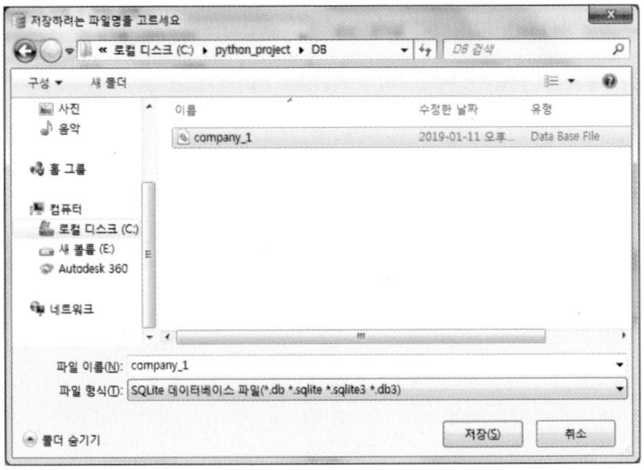

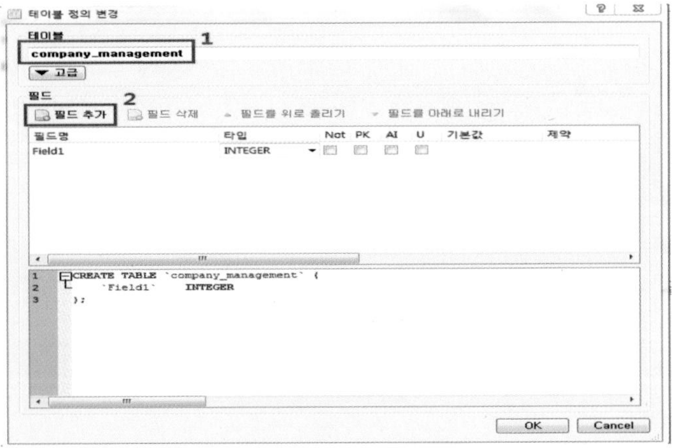

5단계

필드 추가를 누르면 필드명에 code를 넣고 타입은 code는 'A-101' 문자자료를 넣을 것이므로 문자형(TEXT)으로 한다. Not부분은 Not Null로 공백을 허용하지 않는다는 의미로 반드시 글자가 있어야 함을 뜻한다. PK는 Primary Key로써 기본키로 사용하겠다는 의미이다.

name 필드명에는 이름이 입력되어야 하므로 TEXT로 타입을 선택한다. dept는 부서명으로 역시 TEXT로 설정한다. pay는 급여로 정수형 INTEGER 타입으로 선택한다. sex는 성별로 남자 또는 여자이므로 참과 거짓 둘 중의 한 가지를 선택하는 것이므로 논리형으로 표현하기 위해 INTEGER를 선택한다.

1) Type 종류

Type	설 명
TEXT	UTF-8, UTF-16BE, UTF-16LE 인코딩의 문자열을 표현한다.
INTEGER	1, 2, 3, 4, 6, 8bytes의 정수값을 표현한다.
REAL	8 Bytes의 부동소수점값을 표현한다.
BLOB	Binary Large Object 바이너리 파일, 입력된 그대로 저장한다.
NUMERIC	숫자로 표현될 다른 데이터를 날짜, 시간등을 나타낸다.

2) 자료형에 따른 타입 지정 방법

자료형	타 입	설 명
문자열	TEXT	문자열을 저장할 때 사용한다.
공백문자	NULL	Not을 체크하지 않는다.
정수형 숫자	INTEGER	정수형 숫자를 저장할 때 사용한다.
정수형 숫자 자동증가	INTEGER	PK와 AI를 선택한다.
실수형 숫자	REAL	부동소숫점 표현방식으로 실수형 숫자를 표현한다.
논리형(Boolean)	INTEGER	입력을 0과 1로만 받아서 구별하여 씀, 0이면 여자 1이면 남자로 사용한다.
날짜형 (Date, Time)	NUMERIC	YYYY-MM-DD HH:MM:SS.SSS형태로 저장하여 사용한다.

3) 제약조건

제약조건약자	제약조건명	설명
Not	Not Null	반드시 데이터를 넣어 주어야 하는 조건이다. 데이터가 입력되지 않으면 오류가 발생한다. 또한 NULL을 입력하고자 한다면 오류가 발생한다
PK	Primary Key	기본키로 Not NULL과 Unique 2개를 동시에 선택한 것과 동일한 제약조건을 가질 수 있다. 테이블에 대표적이 필드를 설정할 때 주로 사용된다. FOREIGN KEY(외래키)와 참조할 수 있는 키이다.
AI	Autoincrement	자동증가키로 반드시 INTEGER 타입으로 PK키를 선택하여야 된다. 외부 입력을 하지 않고 행 추가 시 자동으로 증가하고자 하는 경우에 사용되는 키이다.
U	Unique	테이블에서 여러 레코드시 동일한 데이터값이 입력되지 못하도록 제약하는 조건이다.
Check	Check	조건에 만족하는 데이터만 입력이 가능하도록 하는 제약조건이다.

2. 테이블 안에 자료 삽입하기

지금까지는 Tool을 이용하여 데이터를 넣기 위한 구조를 만들었다면 이제는 SQL문으로 테이블을 만드는 방법을 실습해 보자.

1) 테이블 만들기

형식

CREATE TABLE 테이블명(필드명1 필드형식1 [제약조건], 필드명2 필드형식2 [제약조건], ...) ;

실습예제 SQL문을 직접 입력하여 테이블 만들어 보세요.

1단계 SQLite3 파일을 더블클릭하여 실행한다.

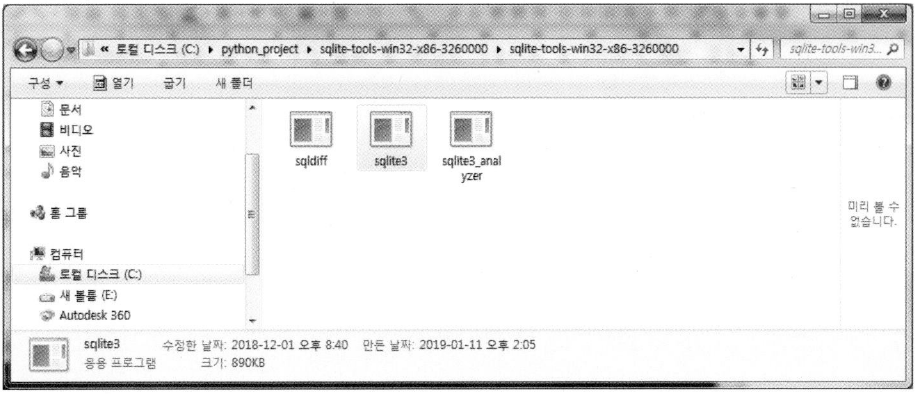

2단계 sqlite〉 프롬프트에 명령어를 직접 작성한다.

create table company_manager2(code text, name text, dept text, pay integer);	❶
.table	❷
.schema company_manager2	❸

❶ 테이블을 만든다. 테이블 이름은 company_manager2이고 code의 필드명은 text문자이다. name의 필드명은 text문자이다. dept의 필드명은 text문자이다. pay의 필드명은 integer 정수이다.

❷ .table은 현재 데이터베이스에 등록되어 있는 테이블의 목록을 볼 수 있다.

❸ .schema 테이블 이름은 테이블 이름의 스키마를 확인할 수 있다.

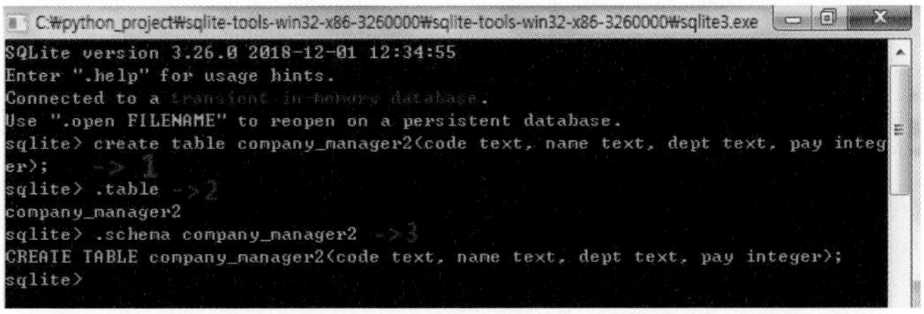

2) 테이블 안에 데이터 입력하기

실습예제 DB Browser를 통하여서 테이블 안에 데이터를 직접 입력해 보세요.

1단계 '데이터 보기' 탭을 누른다.

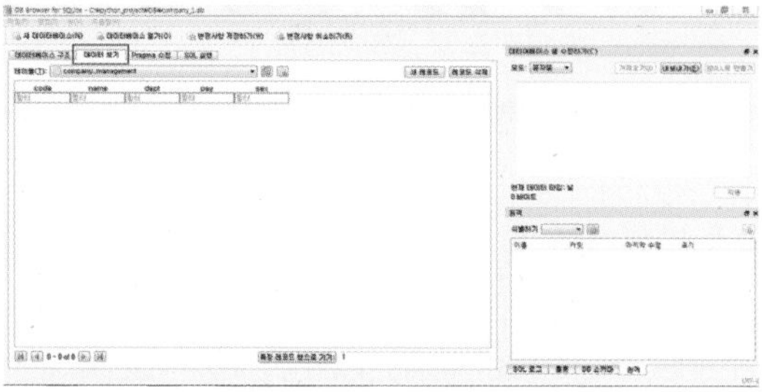

2단계 code name dept pay sex에 데이터를 삽입한다.

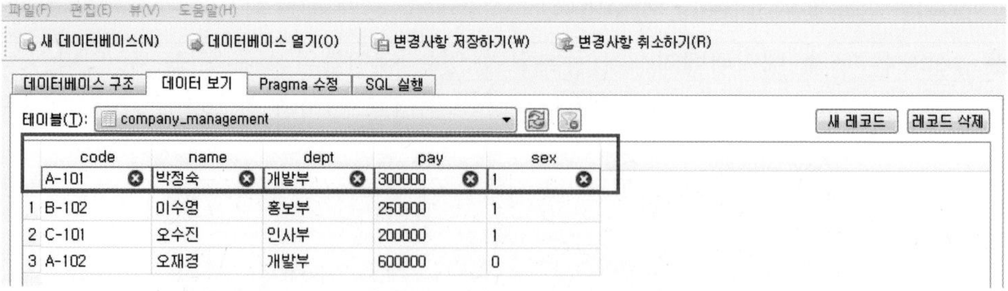

실습예제 》 SQL 삽입문으로 테이블 안에 데이터를 입력해 보세요.

형식 INSERT INTO 테이블명 VALUES(값1, 값2, ...) ;

insert into company_manager2 values(‘A-101’ , ‘박정숙’ , ‘개발부’ , 3000000) ;	❶
select * from company_manager2 ;	❷
결과 A-101 | 박정숙 | 개발부 | 30000000	

❶ 테이블에 데이터를 삽입하는 구문으로 테이블의 필드명 순서대로 values의 값을 넣는다. 문자인 경우 작은 따옴표(‘ ’) 안에 문자열을 넣는다. 세미콜론(;)은 SQL문이 끝났음을 알려준다.

❷ select문은 테이블 안에 자료를 조회할 때 사용한다. 결과에서 ‘A-101 |’에서 ‘|’은 필드와 필드를 구분할 때 나오는 표시이다.

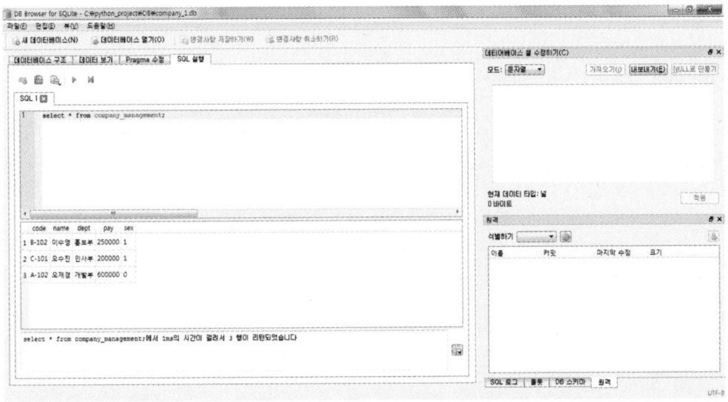

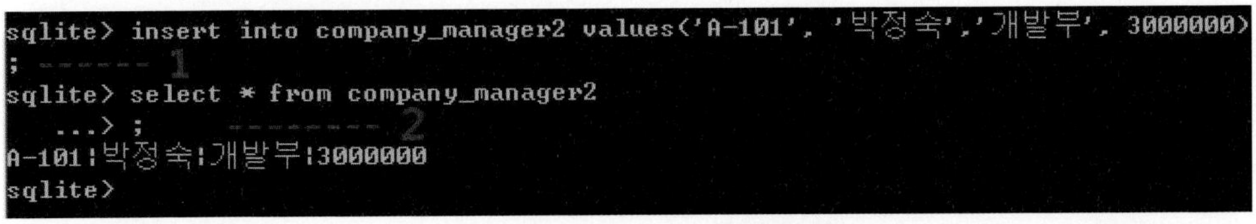

3. 데이터 검색하기

- 테이블 안에 데이터를 입력한 상태에서 원하는 자료를 찾기 위해 검색하는 모든 것을 조회라 한다. SQL문은 Select이다. 다양한 방법으로 검색할 수 있다. 또한 그룹 함수 등을 이용하여 전체 합계, 평균을 구하기도 한다.
- SQL문은 문장의 마지막을 뜻하는 ';'(세미콜론)을 사용한다.

실습예제 테이블의 모든 필드를 검색하기(SQLite Browser에서 SQL 문으로 검색하기)

```
형식
select   *   from   테이블명  ;
```

테이블에 있는 모든 필드를 검색하라는 의미이다. '*'은 모든 것을 뜻하는 와일드 문자이다.

1단계 데이터 보기 탭에서 직접 입력할 수 있다.

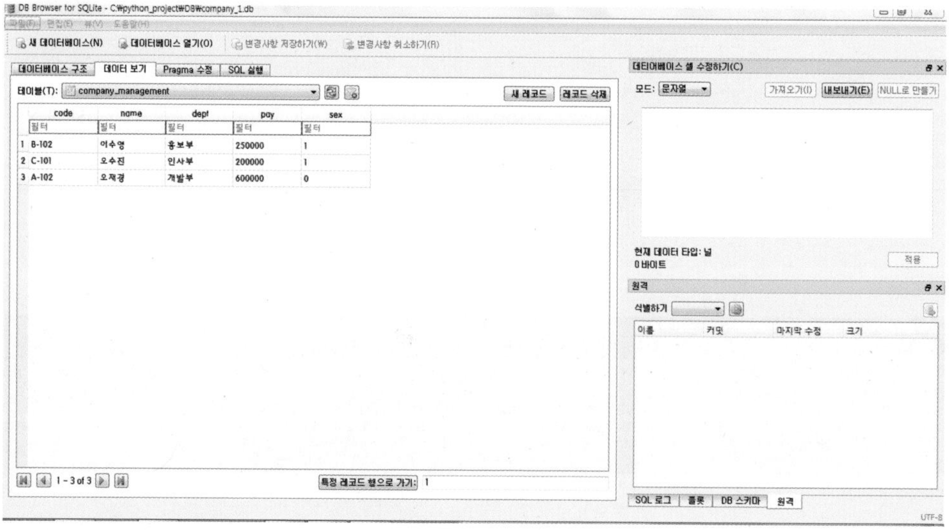

2단계

- SQL실행 탭을 누르면 입력할 수 있는 편집기에 SQL문을 입력하고 실행(▶)버튼을 누른다.

```
select   *   from   company_management   ;
```

- company_management 테이블에 있는 모든 필드를 검색된다.

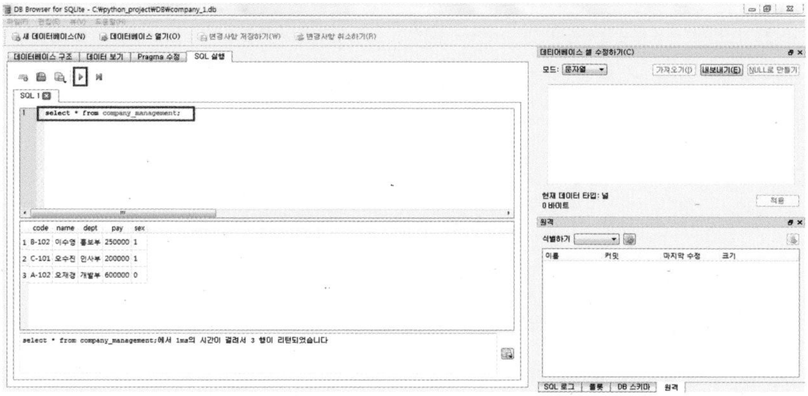

실습예제 특정 필드만을 검색하기

> 형식
> select 필드명1, 필드명2 from 테이블명;

- 해당 테이블에서 필드명1, 필드명2만을 검색한다.

```
select   code,   dept   from   company_management ;
```

- company_management테이블의 code, dept 필드만을 검색하여 보여 준다.

RESULTS (결과)

	code	dept
1	B-102	홍보부
2	C-101	인사부
3	A-102	개발부

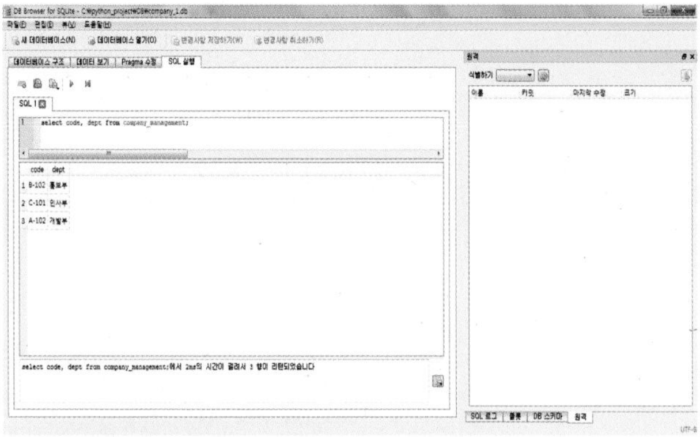

실습예제 》 테이블에서 조건을 만족시키는 필드만 검색하기

```
형식
select  *  from  테이블명  where  조건절  ;
```

- 테이블에서 조건을 만족시키는 레코드를 검색한다.

```
select  *  from  company_management  where  code = 'A–102' ;
```

- company_management 테이블에서 code가 'A–102'인 모든 레코드를 검색한다.

RESULTS (실행 결과)

	code	name	dept	pay	sex
1	A-102	오재경	개발부	600000	0

4. 데이터 수정하기

- 입력된 데이터를 수정하기 위해서는 update문을 이용한다.

형식
update 테이블명 set 필드명 = 변경 값 where 조건절

- 해당 테이블에서 조건절에 만족하는 필드명을 변경 값으로 변경한다.

```
update company_management set dept = '개발부' where name = '오수진' ;
```

- company_management테이블에서 name이 오수진을 '인사부'에서 '개발부'로 수정한다. 만약에 조건절을 생략하면 모든 레코드가 수정된다.

5. 데이터 지우기

- 조건에 만족하는 데이터를 지우기 위해서 delete문을 이용한다.

형식
delete from 테이블명 where 조건절

- 테이블에서 조건절에 만족하는 레코드를 삭제한다.

```
delete from company_management where dept = '홍보부' ;
```

제12장

프로그램과 데이터베이스 연결하기

배울 내용	1. 파이썬과 데이터베이스 연결하기 2. 데이터베이스 프로그램 만들기

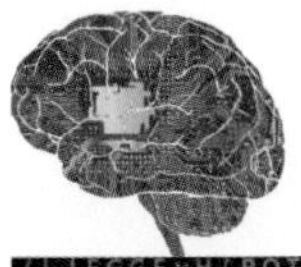

1. 파이썬과 데이터베이스 연결하기

데이터베이스와 고급언어와 연결하는 방법은 거의 정해진 규칙과 순서에 의해서 이루어진다.

1) 연결객체

연결객체(Connection)	
함 수	설 명
close()	연결을 종료한다.
commit()	데이터베이스에 보류 중인 트랜잭션을 커밋하는 함수. 반드시 사용해야 적용된다.
rollback()	보류 중인 트랜잭션을 취소한다.
cursor()	커서 객체를 수행한다. 커서는 질의를 수행하고 그 결과를 받는 데 사용하는 함수이다.

2. 연결 순서

1) 데이터베이스 연결하기

데이터베이스에 연결하는 객체 생성은 connect() 함수이다. connect() 함수는 연결객체를 반환한다.

```
import sqlite3
conn = sqlite3.connect( '데이터베이스명.db' )
```

데이터베이스와 파이썬 응용프로그램과 연결한다. 기존에 데이터베이스 파일이 있다면 기존 파일로 연결을 한다. 만약 기존 데이터베이스 파일이 없다면 새로 파일을 생성한 후 연결한다.

1단계 Python3.7(32-bit)를 실행한다.

2단계 데이터베이스를 연결한다.

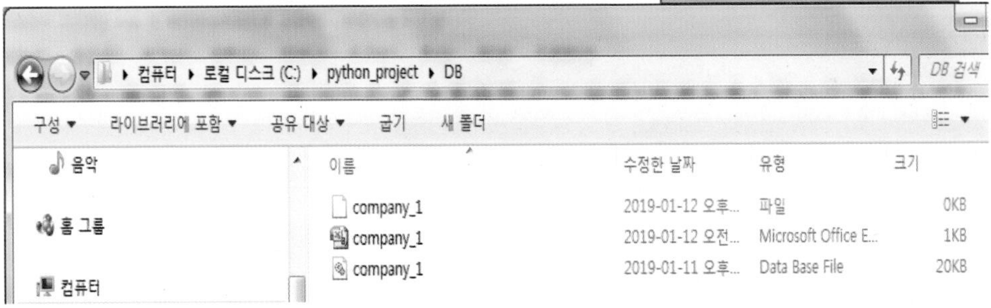

company_1.db를 연결하려고 한다. 경로를 확인하면 'c:₩python_project₩db'이다.

import sqlite3	❶
conn = sqlite3.connect("c:/python_project/db/company_1.db")	❷

❶ sqlite3라는 라이브러리를 사용한다. 라이브러리는 여러 개의 함수를 가지고 있는 파일을 말한다.

❷ company_1.db에 sqlite3를 연결한다. conn 변수는 데이터베이스와 sqlite3의 데이터베이스관리자를 연결해 주는 연결자이다.

실행 결과

오류 없이 연결되면 아무것도 나오지 않는다

Python 3.7 (32-bit)

```
Python 3.7.0 (v3.7.0:1bf9cc5093, Jun 27 2018, 04:06:47) [MSC v.1914 32 bit (Inte
l)] on win32
Type "help", "copyright", "credits" or "license" for more information.
>>> import sqlite3 ------ 1
>>> conn = sqlite3.connect("c:/python_project/db/company_1.db") ------ 2
```

2) 커서 객체 생성

cursor를 통해서 SQL문을 수행하고 결과를 가져온다.

cursor = conn.cursor( )	❶
cursor	❷

```
>>> cursor = conn.cursor()
>>> cursor
<sqlite3.Cursor object at 0x00229F20>
```

❶ 'conn.' : connection 객체의 '.cursor()': .은 ~에 속해 있는 cursor() 함수를 실행하여 cursor변수에 넣는다.

❷ cursor변수 안에는 커서 개체번호(0x00229F20)가 출력된다.

3) SQL문 실행하기

테이블 만들기, 입력하기, 검색하기, 수정하기, 삭제하기를 연속하여 실습하는 것이 아니라 실습하다가 종료하고 다음에 다시 시작할 경우 (1)~(2)를 다시 실습하여야 한다. 테이블 만들기는 1번 만들어진 테이블은 2번 만들기 명령을 입력하면 오류가 발생한다. 3번의 일부분을 연습한 후 나중에 학습하여야 할 경우 4, 5를 실행하고 닫아 주어야 한다.

❶ 테이블 구조 만들기

table_name1		
id	pw	amount
ab-100	ksqrt	100
cc-200	jheq980	300
kg-123	zxa781	250

- 위의 테이블을 만들기 위해서 먼저 테이블의 구조를 만든다.
- SQL문으로 create table문으로 작성한다.

```
cursor.execute( “create table table_name1(id text, pw text, amount integer)” )   ❶
conn.commit()   ❷
```

❶ cursor는 connection 객체의 연결이고 execute()함수는 SQL문을 실행한다.

❷ conn.commit() ❶의 실행문에서 테이블 작성에 보류 중인 트랜잭션을 커밋한다.

```
>>> cursor.execute("CREATE TABLE table_name(id text, pw text, amount integer)")
<sqlite3.Cursor object at 0x00229F20>
```

- 만약 여기까지 실습하고 다음에 학습하고자 한다면 5번으로 가서 conn.close()를 실행하여야 한다.

❷ 데이터 입력하기

- 테이블 안에 자료를 삽입하기 위해서 insert문을 작성한다.

cursor.execute("Insert into table_name values('ab-100' , 'ksqrt' , 100)")	❶
cursor.execute("Insert into table_name values('cc-200' , 'jheq980' , 300)")	❷
cursor.execute("Insert into table_name values('kg-123' , 'zxa781' , 250)")	❸

- 테이블이름 table_name에 레코드를 삽입한다. 1개의 insert문은 1개의 레코드에 해당한다. 즉, 3개의 레코드가 입력된다. (레코드를 튜플이라고도 말한다.)

```
>>> cursor.execute("insert into table_name values('ab-100','ksqrt',100)")
<sqlite3.Cursor object at 0x00439FA0>
>>> cursor.execute("insert into table_name values('cc-200','jheq980',300)")
<sqlite3.Cursor object at 0x00439FA0>
>>> cursor.execute("insert into table_name values('kg-123','zxa781',250)")
<sqlite3.Cursor object at 0x00439FA0>
```

- 만약, 여기까지 실습을 하고 그만 학습을 하려면 4, 5로 가서 명령을 수행하고 종료하여야 한다.

❸ 데이터 검색하기

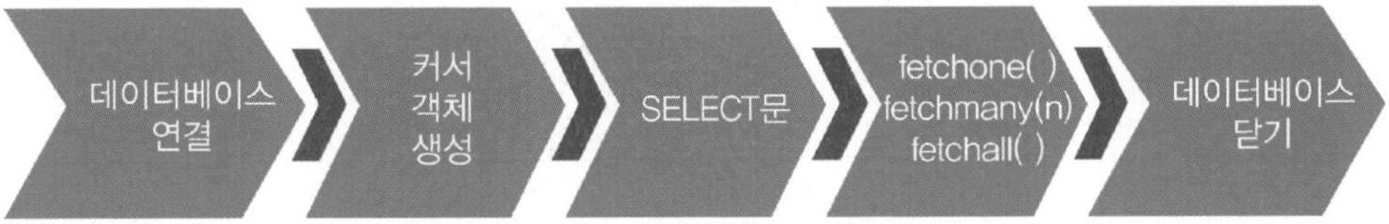

- 입력되어 있는 레코드를 검색한다. table_name 테이블에 있는 것을 검색해 보자.

```
cursor.execute( "Select * from table_name" )
```

- 구문을 수행하여도 데이터베이스관리자(DBMS)처럼 바로 테이블의 내용을 검색해 주지 않는다.
- 다음 함수 중에서 작업하고자 하는 것을 수행해 주어야 한다.

```
>>> cursor.execute("select * from table_name")
<sqlite3.Cursor object at 0x00439FA0>
```

함수명	설 명
fetchone( )	검색한 결과 레코드를 1개 가져온다. 레코드가 끝이면 None객체를 반환한다.
fetchmany(n)	결과 레코드를 n개 가져온다.
fetchall( )	나머지 모든 레코드를 가져온다.

- fetchone( ) 함수를 이용하여 검색하기

cursor.execute("Select * from table_name")	❶
cursor.fetchone( )	❷
cursor.fetchone( )	❸
cursor.fetchone( )	❹
cursor.fetchone( )	❺

❶ table_name 테이블의 모든 자료를 검색하라는 SQL문을 수행한다.
❷ cursor.fetchone( )를 수행하면 첫 번째 레코드가 출력된다.
❸ cursor.fetchone( )를 수행하면 두 번째 레코드가 출력된다.
❹ cursor.fetchone( )를 수행하면 세 번째 레코드가 출력된다.
❺ cursor.fetchone( )를 수행하면 None객체를 반환하기에 아무것도 출력되지 않는다.

```
>>> cursor.execute("select * from table_name")
<sqlite3.Cursor object at 0x00439FA0>
>>> cursor.fetchone()
('ab-100', 'ksqrt', 100)
>>> cursor.fetchone()
('cc-200', 'jheq980', 300)
>>> cursor.fetchone()
('kg-123', 'zxa781', 250)
>>> cursor.fetchone()
>>>
```

fetchmany(3) 함수를 이용하여 검색하기

cursor.execute("Select * from table_name")	❶
for j in cursor.fetchmany(3) :	❷
print(j)	❸

❶ table_name 테이블의 모든 자료를 검색하라는 SQL문을 수행한다.
❷ 반복문을 이용하여 3개의 레코드 가져온다.
❸ 화면 출력을 한다.

```
>>> cursor.execute("select * from table_name")
<sqlite3.Cursor object at 0x00439FA0>
>>> for j in cursor.fetchmany(3) :
...     print(j)
...
('ab-100', 'ksqrt', 100)
('cc-200', 'jheq980', 300)
('kg-123', 'zxa781', 250)
```

fetchall() 함수를 이용하여 검색하기

```
cursor.execute( “Select * from table_name” )        ❶
for k in cursor.fetchall( ) :                       ❷
      print(k)                                      ❸
```

❶ table_name 테이블의 모든 자료를 검색하라는 SQL문을 수행한다.

❷ 결과 레코드 모두 가져와서 반복문 k에 차례로 넣어준다.
마지막까지 가져오고 더이상 가져올 레코드가 없으면 false로 반복문을 끝난다.

❸ 화면 출력을 한다.

```
>>> cursor.execute("select * from table_name")
<sqlite3.Cursor object at 0x00439FA0>
>>> for k in cursor.fetchall() :
...     print(k)
...
('ab-100', 'ksqrt', 100)
('cc-200', 'jheq980', 300)
('kg-123', 'zxa781', 250)
>>>
```

④ 데이터 수정하기

```
cursor.execute( “update table_name set id=' bb-100' where pw=' ksqrt' ” )      ❶
```

❶ table_name의 테이블에서 pw가 ‘ksqrt’인 경우에서 id를 ‘ab-100’에서 ‘bb-100’으로 변경한다.

❺ 데이터 삭제하기

cursor.execute(“delete from table_name where pw=’ ksqrt’ ”)	❶

table_name의 테이블에서 pw가 ‘ksqrt’인 레코드를 삭제한다.

4) 커밋(commit)

위에서 입력된 레코드는 완전히 데이터베이스에 저장되지 않은 상태이다. 이를 완전히 저장하기 위해서는 commit 명령을 반드시 실행해야 한다.

```
conn.commit
```

```
>>> conn.commit
<built-in method commit of sqlite3.Connection object at 0x0015ADA0>
```

5) 데이터베이스 닫기

```
conn.close()
```

데이터베이스를 다 사용하고 종료하려면 반드시 닫아 주어야 한다. 만약에 닫지 않으면 예기치 못한 곳에서 오류가 날 수 있다.

3. 데이터베이스 프로그램 만들기

실습예제 데이터베이스 프로그램 만들기(실습은 파이참으로 진행 하세요.)

1) 테이블 만들기

```
import sqlite3
#테이블 만들기
def create_table() :
    conn = sqlite3.connect('c:/python_project/db/books.db') #books.db 파일
이 새로 생성됨
    cursor = conn.cursor()

    cursor.execute('''CREATE TABLE books (book_name text, publisher text,
writer text,
                        price integer)''') ------- ❶
    #book_name-책이름, publisher-출판사,writer-작가,price-가격
    conn.commit()
    conn.close()

# 프로그램 실행부분(함수호출 부분) #
create_table( ) ------ ❷
```

❶ Create table문으로 books 테이블의 구조를 정의한다. book_name의 책이름을 넣을 필드명이므로 타입을 text로 한다. publisher는 출판사명으로 타입은 text로 한다. writer 작가명으로 text이다. price는 가격이므로 integer로 정의한다.

❷ 프로그램 실행 부분으로서 create_table( ) 함수를 호출한다. 이 부분은 1회만 실행해야 한다. 2번째 실행한다면 오류가 발생한다. 그러므로 아래의 프로그램 코딩 실습 시 주석으로 처리하여야 한다. create_table앞에 #을 붙인다. #create_table( )로 해 둔다.

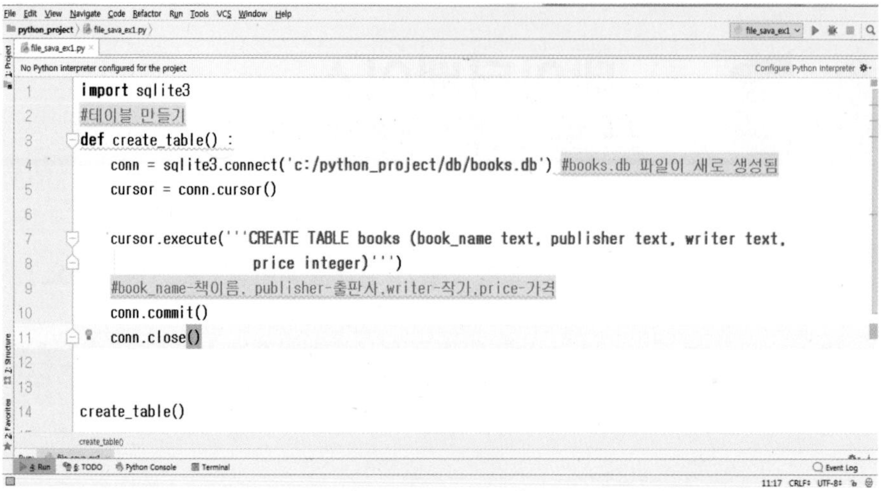

실행을 하면 Process finished with exit code 0 결과로 나오고 "c:/python_project/db/books.db"가 생성된다.

2) 데이터 입력하기

```
def insert_books() :
    conn = sqlite3.connect('c:/python_project/db/books.db') #books.db 파일이 새로 생성됨
    cursor = conn.cursor()
    # 데이터 입력하기1 ------- ❶
    cursor.execute('''insert into books values ('파이썬언어', '크라운출판사', '홍길동',10000)''')
```

```
    # 데이터 입력하기2 ------- ❷
    insert_tuple_sql = 'Insert into books values(?, ?, ?, ?)'
    cursor.execute(insert_tuple_sql, ('쉽게 코딩하는 C언어', '크라운출판사', '정
현희',15000))

    # 데이터 입력하기3 ------- ❸
    books = [
        ('안드로이드 실습', 'ABC출판', '이명진', 20000),
        ('홈페이지 만들기', 'BCD출판', '오애진', 40000)
    ]
    cursor.executemany(insert_tuple_sql, books)
    conn.commit()
    conn.close()

# 프로그램 실행부분(함수호출 부분) #
# create_table()
insert_books() ------- ❹
```

- ❶ 테이블에 레코드를 삽입한다. 실제 데이터를 직접 문장에 입력하여 넣었다. cursor.execute('''insert into books values ('파이썬언어', '크라운출판사', '홍길동', 10000)''')
- ❷ '❶'의 방법은 가장 기본적인 방법이지만 실제 프로그래밍에서 이렇게 사용하지는 않는다.
- 외부에서 데이터를 입력한 후 변수에 담아놓고 삽입 SQL문에서 실제 필드의 값을 넣는 대신 변수값으로 데이터값을 받아서 차례대로 값을 넣고 삽입문을 완성한 후 데이터베이스에 저장하는 방법이 가장 많이 사용하는 형식이다.

```
 insert_tuple_sql = 'Insert into books values(?, ?, ?, ?)'
 cursor.execute(insert_tuple_sql, ('쉽게 코딩하는 C언어', '크라운출판사', '정현희',
15000))
```

- 처음 '?'에 '쉽게 코딩하는 C언어' 값이 대입된다. 두 번째 '?'에 '크라운출판사' 이렇게 순서대로 '?'에 대입된다.

❸ books 리스트에 레코드에 삽입할 자료를 나열한다.

```
books = [
        ('안드로이드 실습', 'ABC출판', '이명진', 20000),
        ('홈페이지 만들기', 'BCD출판', '오애진', 40000)
    ]
cursor.executemany(insert_tuple_sql, books)
```

- 나열한 데이터들을 삽입하기 위해서 executemany(SQL문, 리스트명) 함수를 호출해야 한다.
- 리스트 안에 있는 books의 데이터 여러 입력을 실행한다.
- ❹ insert_books() 함수 정의된 것을 호출한다. 반드시 첫째 줄에 써야 한다. 여러 번 실행하면 계속해서 레코드가 추가되므로 1번 실행하고 #으로 주석 처리해 둔다.

3) 데이터 검색하기

실습예제 》 전체 레코드를 조회해 보세요.

```
def select_all() :
    conn = sqlite3.connect('c:/python_project/db/books.db')
    cursor = conn.cursor()
    cursor.execute('select * from books')  ❶
    books = cursor.fetchall()   ❷
    for i in books :
        print(i)
    conn.close()

# 프로그램 실행부분(함수호출 부분) #
select_all( ) ------ ❸
```

❶ select

– 검색을 해라, * – 모든, from – ~로부터, books – 테이블 이름 즉, books 테이블로부터 모든 필드를 검색해라

❷ fetchall( )

모든 레코드를 반환하는 함수로 모든 레코드를 검색한다.

❸ select_all()

함수를 호출하여 실행한다.

실습예제 》 특정 레코드의 특정 필드만 조회해 보세요.

```
def select_field() :
    conn = sqlite3.connect('c:/python_project/db/books.db')
    cursor = conn.cursor()
    cursor.execute('select book_name, writer from books where price>=20000')   ❶
    books = cursor.fetchall()
    for i in books :
        print(i)
    conn.close()
# 프로그램 실행부분(함수호출 부분) #
select_field()                                              ❷
```

- ❶ cursor.execute('select book_name, writer from books where price>=20000')
  select - 검색해라.
- book_name, writer - 해당 필드명.
- from books -books 테이블로부터
- where price >=20000 - 가격이 20000원 이상인 것만을
- 즉, books테이블에서 가격이 20000원 이상인 도서명(book_name), writer(저자)를 검색한다.
- ❷ select_field( )함수를 호출한다.

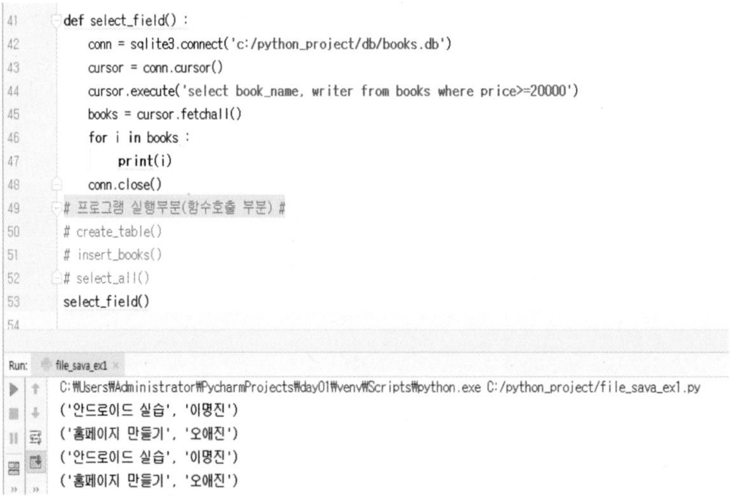

실습예제 》 데이터를 수정해 보세요.

```
def update_field() :
    conn = sqlite3.connect('c:/python_project/db/books.db')
    cursor = conn.cursor()
    update_sql = "update books set book_name = ?  where writer = ? " — ❶
    cursor.execute(update_sql,('안드로이드 이해','이명진')) ——— ❷
    books = cursor.fetchall()
    for i in books :
        print(i)
    conn.close()

# 프로그램 실행부분(함수호출 부분) #
update_field() —❸
select_all() —❹
```

- ❶ update - 데이터 수정,
- books - 테이블명, set - 수정 명시,
- book_name = ? 수정할 필드 상세 내용,
- where writer = ? - 처리할 조건
- ?는 아직 미정인 항목으로 아래 ❷에서 ?에 들어갈 부분을 넣어준다.
- ❷ update문을 실행한다. ❶의 첫 번째 ?에 '안드로이드 이해'가 대입되고 두 번째 ?에 '이명진'이 대입된다.
- ❸ update_field함수를 호출하여 실행한다.
- ❹ 수정된 자료를 확인하기 위해서 전체 레코드를 검색하는 함수 select_all()를 호출한다.

```
def update_field() :
    conn = sqlite3.connect('c:/python_project/db/books.db')
    cursor = conn.cursor()
    update_sql = "update books set book_name = ?  where writer = ? "
    cursor.execute(update_sql,('안드로이드 이해','이명진'))
    books = cursor.fetchall()
    for i in books :
        print(i)
    conn.close()

# 프로그램 실행부분(함수호출 부분) #
update_field()
select_all()
```

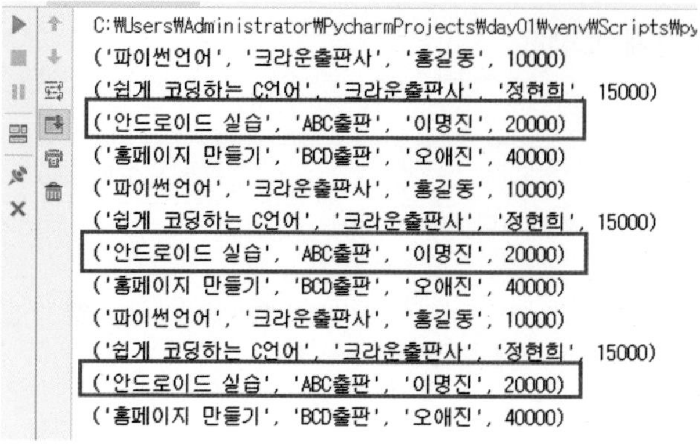

실습예제 》 데이터를 삭제해 보세요.

```
def delete_field() :
    conn = sqlite3.connect('c:/python_project/db/books.db')
    cursor = conn.cursor()
    delete_sql = "delete from books where price>=40000" ------- ❶
    cursor.execute(delete_sql) ------- ❷
    books = cursor.fetchall()
    for i in books :
        print(i)
    conn.close()
# 프로그램 실행부분(함수호출 부분) #
delete_field() ------- ❶
select_all()
```

- ❶ delete - 삭제한다.
- from books - books 테이블로
- where price >= 40000 가격이 40000 이상인 것. book테이블에서 가격이 40,000원 이상인 레코드를 삭제한다.
- ❷ delete문을 실행한다.
- ❸ delete_field( )함수를 호출하여 실행한다.

```
def delete_field() :
    conn = sqlite3.connect('c:/python_project/db/books.db')
    cursor = conn.cursor()
    delete_sql = "delete from books where price>=40000 "
    cursor.execute(delete_sql)
    books = cursor.fetchall()
    for i in books :
        print(i)
    conn.close()
# 프로그램 실행부분(함수호출 부분) #
delete_field()
select_all()
```

전체코드

```
 import sqlite3
#테이블 만들기
def create_table() :
    conn = sqlite3.connect('c:/python_project/db/books.db') #books.db 파
일이 새로 생성됨
    cursor = conn.cursor()

    cursor.execute('''CREATE TABLE books (book_name text, publisher text,
writer text,
                        price integer)''')
    #book_name-책이름, publisher-출판사,writer-작가,price-가격
    conn.commit()
    conn.close()

def insert_books() :
    conn = sqlite3.connect('c:/python_project/db/books.db') #books.db 파
```

```
일이 새로 생성됨
    cursor = conn.cursor()
    # 데이터 입력하기1
    cursor.execute('''insert into books values ('파이썬언어', '크라운출판사', '홍
길동',10000)''')

    # 데이터 입력하기2
    insert_tuple_sql = 'Insert into books values(?, ?, ?, ?)'
    cursor.execute(insert_tuple_sql, ('쉽게 코딩하는 C언어', '크라운출판사', '정
현희',15000))

    # 데이터 입력하기3
    books = [
        ('안드로이드 실습', 'ABC출판', '이명진', 20000),
        ('홈페이지 만들기', 'BCD출판', '오애진', 40000),
    ]
    cursor.executemany(insert_tuple_sql, books)
    conn.commit()
    conn.close()

def select_all() :
    conn = sqlite3.connect('c:/python_project/db/books.db')
    cursor = conn.cursor()
    cursor.execute('select * from books')
    books = cursor.fetchall()
    for i in books :
        print(i)
    conn.close()

def select_field() :
    conn = sqlite3.connect('c:/python_project/db/books.db')
    cursor = conn.cursor()
```

```
    cursor.execute('select    book_name,    writer    from    books    where
price>=20000')
    books = cursor.fetchall()
    for i in books :
        print(i)
    conn.close()

def update_field() :
    conn = sqlite3.connect('c:/python_project/db/books.db')
    cursor = conn.cursor()
    update_sql = "update books set book_name = ?  where writer = ? "
    cursor.execute(update_sql,('안드로이드 이해','이명진'))
    books = cursor.fetchall()
    for i in books :
        print(i)
    conn.close()

def delete_field() :
    conn = sqlite3.connect('c:/python_project/db/books.db')
    cursor = conn.cursor()
    delete_sql = "delete from books where price>=40000 "
    cursor.execute(delete_sql)
    books = cursor.fetchall()
    for i in books :
        print(i)
    conn.close()
# 프로그램 실행부분(함수호출 부분) #
delete_field()
select_all()
```

요약

- 데이터베이스란? 프로그램에 필요한 정보를 얻기 위하여 논리적으로 연관된 데이터를 모아 구조적으로 정리한 자료를 말한다.
- 데이터베이스 관리 시스템을 사용하면 데이터를 공유하여 중복성을 최소화한다. 일관성을 유지하며 데이터의 구조가 변경이 되어도 프로그램을 수정할 필요가 없어서 데이터가 독립적이라는 장점을 가지고 있다.
- 데이터베이스 시스템에 사용하는 전용 언어(SQL문)
  - 데이터 정의어 : 테이블의 구조를 정의한다. CREATE, ALTER, DROP문
  - 데이터 조작어 : 데이터를 검색(SELECT), 삽입(INSERT), 삭제(DELETE), 수정(UPDATE)하는 데 사용하는 쿼리문이다.
  - 데이터 제어어 : 데이터 사용하는 사용자의 권한을 제어하는 GRANT, REVOKE문이다.
- 도메인 무결성 제약조건은 지정된 값만을 가져와야 한다. 문자 도메인인 경우 문자만을 입력받는다. 숫자 도메인인 경우 숫자만을 입력받는다. 날짜 도메인인 경우 날짜만을 입력받는다.
- 개체 무결성 제약조건은 기본 키 제약조건으로 공백이 있으면 안 되고 즉 반드시 열에 자료가 입력되어야 한다. 또 오직 하나의 값만 입력되어 있어야 한다는 의미이다.
- 참조 무결성 제약조건은 다른 표와 관계를 맺을 때 현재 표는 기본키이고 다른 표는 외래키인 경우에 서로 관계를 맺도록 하는 제약조건이다.
- 관계형 데이터베이스는 가장 많이 사용하는 데이터베이스 구조이다. 테이블 형태로 구성되어 있다.
- 데이터베이스를 쉽게 관리하기 위한 프로그램 DBMS이다.
- 테이블 만들기 구문 형식은 "CREATE TABLE 테이블명(필드명1 필드형식1 [제약조건], 필드명2 필드형식2 [제약조건], ...) ; " 이다.
- 데이터 삽입하기 구문 형식은 "INSERT INTO 테이블명 VALUES(값1, 값2, ...) ; " 이다.
- 데이터 검색하기 구문형식은 "SELECT * FROM 테이블명 WHERE 조건절 ; " 이다.
- 데이터 수정하기 구문 형식은 'UPDATE 테이블명 SET 필드명 = 변경 값 WHERE 조건절' 이다.
- 데이터 삭제하기 구문형식은 "DELETE FROM 테이블명 WHERE 조건절" 이다.

연습문제

01. 아래 테이블을 데이터베이스로 만드세요. SQLite로 만들어 보세요.

상품명	구분	예약자명	인원수	숙박일수	이용금액	할인금액
프리미엄	회원	고숙자	2	1박2일	240000	96000
골드	비회원	양정원	4	3박4일	600000	90000
일반	회원	이호원	3	2박3일	320000	128000
프리미엄	비회원	박정훈	5	2박3일	480000	72000
일반	비회원	유현민	4	1박2일	160000	24000
프리미엄	비회원	한인국	4	1박2일	240000	36000
일반	비회원	강주봉	3	3박4일	480000	72000
골드	회원	김원래	4	1박2일	320000	80000
프리미엄	회원	최희선	5	2박3일	200000	192000
일반	비회원	정영희	2	2박3일	320000	48000
골드	비회원	김성은	4	1박2일	200000	30000
일반	회원	이성열	2	1박2일	160000	64000

02. 고객 관리 현황을 파이썬과 데이터베이스 연결하기를 참고하여 파이썬 데이터베이스 프로그램을 이용하여 만드세요.

고객명	구입횟수	구입액	등급
이유정	5	2310000	일반
전두철	12	6750000	골드
김영아	4	3564000	실버
원유준	3	1200000	일반
안영환	7	3756000	실버
조재현	9	5550000	골드
손예진	11	7542000	VIP
김상식	8	4685000	실버
한승연	10	4112000	실버

제13장

GUI

배울 내용	1. 터틀 그래픽(Turtle Graphics) 2. 파이썬 GUI tkiner

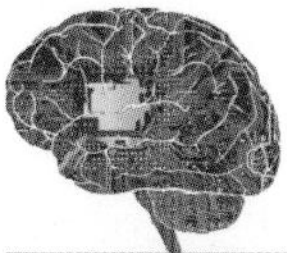

1. 터틀 그래픽 (Turtle Graphics)

1) 터틀 그래픽 소개

터틀 그래픽은 1966년 Wally Feurzig와 Seymour Papert가 개발한 오리지널 로고 프로그래밍 언어의 일부에서 유래했다. 파이썬 언어에서 turtle이라는 라이브러리에 넣어줌으로써 이용할 수 있는 그래픽 내장 라이브러리이다. 터틀 그래픽을 사용해서 직선, 원, 호를 그릴 수 있고, 문자를 그래픽 형식으로 쉽게 쓸 수 있다.

import하는 방법들

방법1	방법2	방법3
import turtle turtle.함수명()	import turtle as t t.함수명()	'from turtle import *' 함수()

방법1의 단점은 함수명에 일일이 turtle의 모듈명을 붙여 주어야 하므로 불편한다.

방법2의 장점으로는 as 뒤에 별칭으로 'turtle'이라는 글자 대신 't'라는 1글자로 바꾸어 써도 됨으로 방법1보다 더 효과적이다. 그래도 여전히 't.함수명' 앞에 붙여야 하므로 불편하다.

방법3 모듈명을 적지 않고도 함수명을 사용할 수 있는 장점이 있다.

함수 기능

함수명	설 명
reset()	초기 화면
forward (거리값)	거리값 만큼 이동한다. fd로 약자로 쓸 수 있다.
left(각도) /right(각도)	왼쪽으로 지정한 각도만큼 회전한다./오른쪽으로
setheading (각도)	원점을 기준으로 지정한 각도만큼 방향을 바꾼다.
pensize (펜두께)	펜의 두께를 조정한다.
goto (x,y)	(x, y)좌표로 펜에 해당되는 터틀을 이동시킨다.
setpos (x,y)	(x, y)좌표로 펜에 해당되는 터틀을 이동시킨다. goto(x,y)와 동일한 기능
home()	기준점에 해당되는 (0,0)으로 이동시킨다. goto(0,0)과 같은 의미
circle (radius)	반지름이 radius인 원을 그린다.
circle (radius,extend)	반지름이 radius인 원을 extent 각도 범위에 내에서 그리므로 원호를 그린다.
dot(점크기,색이름)	점 크기만큼 색 이름으로 채원진 점을 그린다.
backward (거리값)	거리값 만큼 뒤로 이동하게 한다.
write(text)	현재 터틀 위치에 text를 쓰는 기능을 한다.

2) 터틀 그래픽 그려보기

❶ 원 그리기

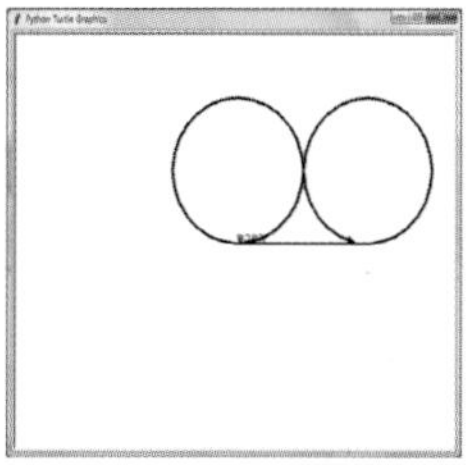

실습예제

```
from turtle import *
reset() #화면 초기화
write('원그리기') #현 터틀 위치에 글자를 쓴다.
radius = 100 #반지름
pensize(3) #펜두께
circle(radius) #원을 그린다
forward(radius+radius) #반지름+반지름만큼 앞으로 이동한다.
circle(radius) #2배만큼 큰원을 그린다.
home() #초기상태(0,0)으로 이동한다.
done() #그림을 그리고 멈춰있는다.
```

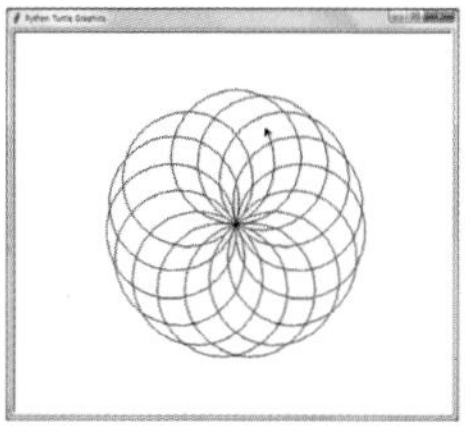

실습예제

```
#터틀 그래픽 모듈 사용하기
from turtle import *
reset() #화면 초기화
n=15  #원의 반복횟수 지정
angle=360/n #터틀의 회전각도
for k in range(n) : #15번만큼 반복한다.
    circle(100)   #반지름이 100인 원을 그린다.
    right(angle)  #오른쪽방향으로 옮겨간다.
pensize(5)
done()
```

❷ 선 그리기

- 정n각형 내각 크기 = 180 * (n−2) / 2
- 회전각 = 180 − 내각

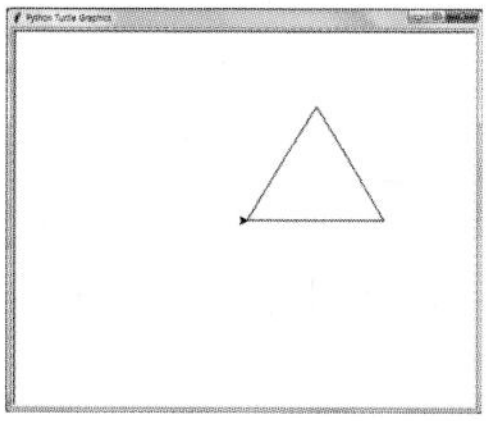

실습예제 #삼각형 그리기

```
from turtle import *
reset() #화면 초기화
in_angle  = 180*(3−2)/3 #삼각형 내각구하기
turn_angle = 180 − in_angle
#회전각=180−내각
for i in range(3) : #삼각형이므로 3번반복
    fd(200) #앞으로 이동
    left(turn_angle) #회전각만큼 좌회전
done()
```

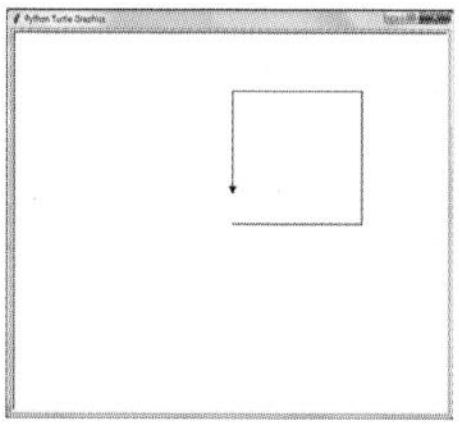

실습예제 #사각형 그리기

```
from turtle import *
reset() #화면 초기화
in_angle  = 180*(4−2)/4 #사각형 내각구하기
turn_angle = 180 − in_angle
#회전각=180−내각
for i in range(4) : #사각형이므로 4번반복
    fd(200)
    left(turn_angle)
done()
```

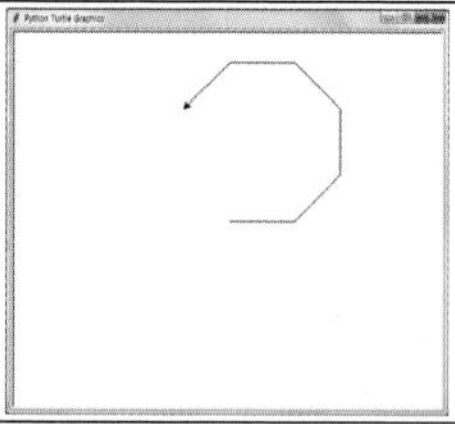

문제풀이

#8각형 그리기

❸ 터틀 그래픽 설정하기

터틀 그래픽 함수 설정

설정	해석	설명
down() / up()	이동 그리기 설정하기 / 해제하기	down()은 터틀이 앞뒤로 이동할 때 그림이 그려지게 하는 이동 그리기 모드를 설정해 주는 것으로 기본은 down()이다. up()은 터틀이 이동할 때 그림이 그려지지 않는 것이다.
begin_fill() / end_fill()	채우기 설정하기 / 해제하기	begin_fill()은 도형 채우기를 설정하면 이후에 그려진 도형 내부를 현재 설정된 채우기색으로 채우기를 할 수 있는 것이다. end_fill()은 도형 채우기를 설정하면 이후에 그려진 도형 내부는 채워지지 않도록 할 수 있는 것이다. begin_fill() ~ endfill() 사이의 도형은 채우기가 된다.
color(pencolor, fillcolor)	선색 설정하기, 채우기색 설정하기	pencolor는 선색, fillcolor는 채우기색이다. 'red','green','blue','yellow'로 쓰거나 #RRGGBB로 색을 설정한다. 00~FF까지 16진수로 쓴다.
width() 또는 pensize()	선두께 설정하기	함수의 인수로 크기를 지정한다.
tracer(True) / tracer(False)	추적 설정하기 / 해제하기	터틀이 움직인 경로를 추적할 수 있게 설정하는 것으로 True인 경우 속도가 느려진다. 기본으로 설정되어 있음. False인 경우 빠르게 보여져서 최대한 빠르게 그려지는 것이다.

실습예제 1 #채워진 별 그리기

```
from turtle import *
reset() #화면 초기화
star_angle  =  36 #별의 끝 부분 각도
turn_angle = 180 - star_angle # 회전각= 180-36 = 144
color("black", "yellow")
pensize(3)
begin_fill() # 채우기 설정
for i in range(5) : # 별 그리기
    fd(200)
    left(turn_angle)
end_fill() #채우기 해제
done()
```

문제풀이 도형을 그려 보세요.

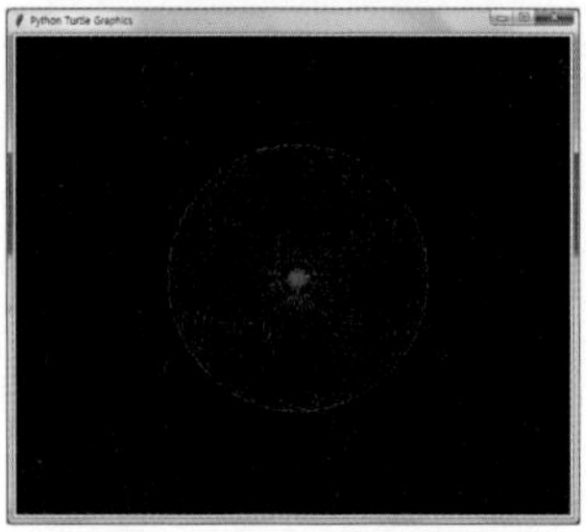

실습예제 2 #반복적으로 색깔 변경하여 원 그리기

```
from turtle import *
reset()
colorList =
['#00ff00','#112233','#aa3300','#905634','red','blue']    #칼러의 색깔을 리스트형태로 저장
penwidth = 30 #펜두께
radius = 100 #원의 반지름
pensize(penwidth + 1)
#펜싸이즈 주석처리하고 실습해보기
for i in colorList :
    up()         #펜을 올린다.
    setpos(0,0) #좌표로 이동한다.
    down()       #펜을 내린다
    left(180)     #왼쪽으로 180도 방향 전환
    color(i) #컬러리스트에 저장된 색깔로 지정
    circle(radius) #원그리기
tracer(True)  #그리기 모습 추적
done()     #그리고 화면정지
```

문제풀이 #오륜기 그리기

문제풀이 스마일을 그려 보세요.

2. 파이썬 GUI tkinter

리눅스와 윈도우 운영체제의 다른 점은 CUI방식이냐? GUI방식이냐일 것이다. CUI란? Character User Interface의 약자로, 문자로 사용자와 컴퓨터를 인터페이스하는 방식이다. 그러나 초보자들이 CUI방식으로 컴퓨터를 사용하기는 쉽지 않다. 그래서인지 리눅스를 배우고 사용하기가 쉽지 않은 것 같다.

그에 반하여 GUI란? Graphic User Interface의 약자로 그래픽 중심이며, 아이콘 모양으로 사용자와 컴퓨터 간의 인터페이스하는 방식이라 초보자도 쉽고 편리하게 컴퓨터를 이용할 수 있어서 널리 사용되고 있다. 그래서 실제 업무의 프로젝트에서는 윈도우 창에 프로젝트에 맞는 메뉴 등을 구성하여 프로그램을 만든다. 화면을 만들고 그곳에 기능을 넣어주는 방식으로 프로그램을 작성하는 것이다.

Tip

❶ 객체(Object)? 실세계의 사물을 추상화하여 표현한 것

❷ 객체지향 프로그래밍이란? 객체들을 표시하고 표시된 객체들을 이벤트에 따라 다르게 처리하는 명령들로 구성된 프로그래밍

❸ 객체지향 프로그래밍의 3가지 원칙

- **캡슐화(정보은닉)**
- **상속화** : 속성과 기능을 그대로 자식 클래스에게 물려주는 것
- **다형성** : 한 이름으로 여러 가지 기능을 정의를 지원하는 것

❹ 인스턴스화(Instantiation)란? 클래스의 실제 자료(instance)를 만드는 것

1) tkinter 그래픽 소개

tkinter그래픽은 turtle 그래픽의 상위에 있다. 윈도우를 구성하는 객체들은 버튼(Button), 레이블(Label), 텍스트박스(text box), 라디오버튼(radio button), 체크버튼(check box), 대화상자(dialog box), 메시지박스(message box)를 이용하여 윈도우를 만든다. GUI 구성 객체들을 제어하기 위해서 키보드나 마우스를 이벤트를 사용한다. 키보드는 각 키, ctrl키, alt키, 기능키 등을 컨트롤 할 수 있는 이벤트를 제공한다. 마우스는 클릭(Click), 더블클릭(Double Click), 드래그 앤드 드롭(Drag&Drop)과 같은 이벤트 처리를 해서 제어한다.

tkinter모듈을 불러와서 윈도우 기반 GUI환경을 구현한다. 이것은 Tk클래스를 통해 구현된다.

Tip

❶ 윈도우(Windows) : 멀티 태스크를 위해 다중 창을 열어 한 화면에 띄울 수 있는 개념을 가리킨다.

❷ 아이콘(Icons) : 응용프로그램이나 특정 명령어 등을 미리 지정해놓은 바로가기 개념을 그래픽화 시킨 버튼.

❸ 메뉴(Menu) : 명령어 입력 대신 선택할 수 있는 옵션, 분기, 실행 대상 등을 지정하는 전반을 포함하는 대상. 즉 아이콘을 제외한 선택기 전반

❹ 포인터(Pointer) : 마우스를 비롯한 입력도구로 GUI 환경을 제어하는 요소. 예를 들면 마우스가 현재 화면의 어디를 가리키는가를 보여주는 시각적 표현 요소.

3. 기본화면 만들기

1) 기본 윈도우 만들기

❶ 가상 상위 레벨의 윈도우 창 생성하기
윈도우이름=tkinter.Tk()

❷ 윈도우이름의 윈도우 창을 윈도우가 종료될 때 까지 활성화시키기
윈도우이름.mainloop()

실습예제 》 기본 윈도우를 만드세요.

```
import tkinter as tk                          ——❶
window = tk.Tk()                              ——❷
window.title("첫화면입니다.")                  ——❸
window.geometry("300x200+100+100")            ——❹
window.resizable(False, False)                ——❺
window.mainloop()                             ——❻
```

❶ tkinter 모듈은 내장함수로 되어 있습니다. 윈도우 화면을 만들기 위해서 그래픽 지원 모듈인 thinter를 import합니다. as tk는 tkiner를 full name으로 쓰면 길어지므로 코드를 약자로 tk라고 하는 것입니다. 즉 애칭이라고 보면 됩니다. 형식은'모듈명 as 별칭'입니다.

❷ Tk 클래스로부터 window 객체를 생성합니다. 기본적인 윈도우창이 만들어집니다.

❸ window 객체의 제목(title)이 "첫화면입니다."로 만들어집니다.

❹ 윈도우명.geometry("너비x높이+x좌표+y좌표")를 이용하여 윈도우 창의 너비와 높이, 초기 화면 위치의 x좌표와 y좌표를 설정할 수 있습니다. 너비는 300픽셀이고 높이는 200픽셀이며, x좌표는 100, y좌표는 100에 윈도우창이 나타납니다.

❺ 윈도우명.resizable(상하, 좌우)은 상하의 사이즈 조정을 False로 하면 "조정하지 않겠다.", 좌우의 사이즈를 False로 두면 "조정하지 않겠다."라는 뜻입니다. 화면의 크기를 고정할 때 사용합니다. 사이즈가 조정되는 화면을 만들고자 하면 True로 씁니다.

❻ 윈도우명.mainloop()를 사용하여 윈도우이름의 윈도우 창을 윈도우가 종료될 때까지 실행시킵니다. 윈도우창은 반드시 윈도우명 = tk.Tk( )로 시작시키고, 윈도우명.mainloop()으로 실행시켜야 합니다. 중간에 윈도우창에 여러 가지 위젯들을 넣으면 됩니다.

2) 윈도우창에 글자 쓰기

tkinter.Label(윈도우 창, 파라미터1, 파라미터2,...)을 사용하여 해당 윈도우 창에 표시할 라벨의 속성을 설정할 수 있다.

사용할 수 있는 파라미터들

파라미터명	설 명	사용할 수 있는 속성
text	라벨에 표시할 문자열	
textvariable	라벨에 표시할 문자열을 가져올 변수	
anchor	라벨안의 문자의 위치	n,ne,e,se,s,sw,w,nw,center
justify	정렬 방법	center, left, right
width	너비	상수
height	높이	상수
font	라벨의 마우스 커서 모양	
state	상태 설정	active, disabled

실습예제 윈도우창에 라벨을 붙여 보세요.

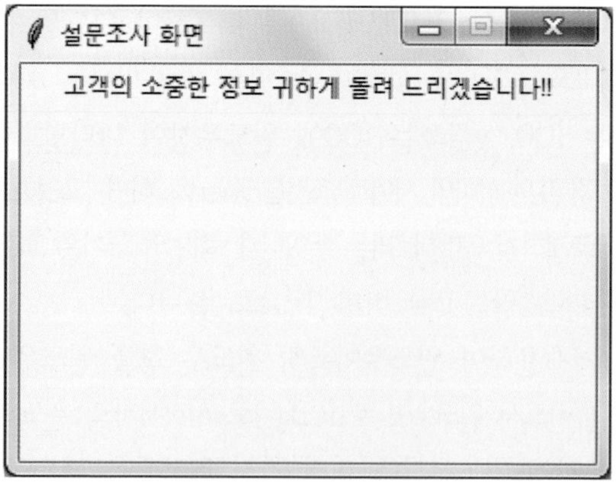

```
import tkinter as tk
window = tk.Tk()
window.title("설문조사 화면")
window.geometry("300x200+100+100")
window.resizable(False, False)
label1 = tk.Label(window, text="고객의 소중한 정보 귀하게 돌려 드리겠습니다!!")   ❶
label1.pack()   ❷
window.mainloop()
```

❶ 위젯이름=tkinter.Label(윈도우창, text="내용")을 사용하여 윈도우 창에 Label 위젯을 설정한다.

❷ 위젯이름.pack()을 사용하여 위젯을 윈도우창에 배치한다.

다른 방법

```
import tkinter as tk
from thinter import ttk   ❶
window = tk.Tk()
window.title("설문조사 화면")
window.geometry("300x200+100+100")
window.resizable(False, False)
label1 = tk.Label(window, text="고객의 소중한 정보 귀하게 돌려 드리겠습니다!!").grid(column=0, row=0)   ❷
window.mainloop()
```

❶ GUI에 Label 위젯을 추가하기 위해 tkiner에서 ttk 모듈을 import한다.

❷ .grid(column=0, row=0) grid는 배치레이아웃으로 해당 행 열에 라벨을 배치한다는 뜻이다. 즉 0행 0열에 라벨을 배치한다는 의미이다.

문제풀이 라벨을 3개 정도 추가로 붙여 보세요.

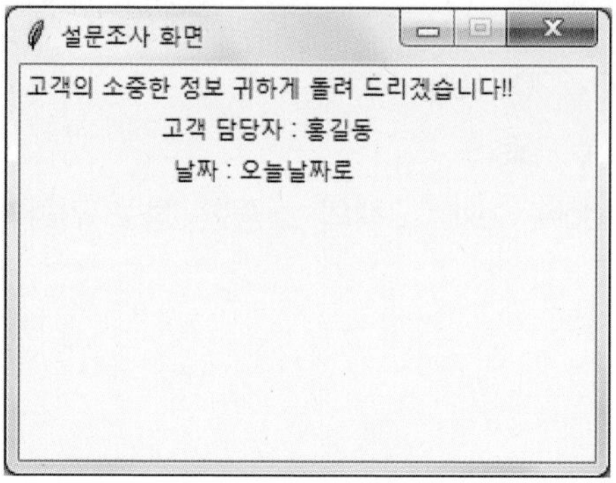

3) 자료 넣기

tkinter.Entry(윈도우 창, 파라미터1, 파라미터2, ...)을 사용하여 해당 윈도우 창에 표시할 기입창의 속성을 설정할 수 있다.

【사용할 수 있는 파라미터들】

파라미터명	설명	사용할 수 있는 속성
width	너비	숫자
font	글꼴의 설정	
cursor	마우스 커서 모양	커서 속성
show	표시되는 문자	문자
justify	정렬 방법	center, left, right
takefocus	Tab키를 이용하여 위젯 이동 허용	True, False

파라미터를 사용하여 기입창의 속성을 설정합니다.

실습예제 자료 넣기

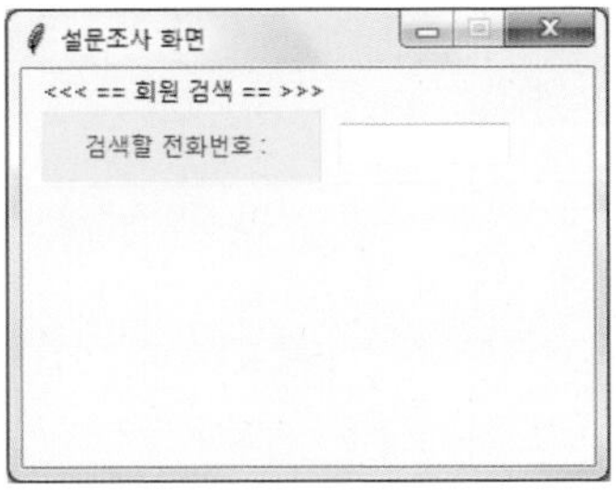


```
import tkinter as tk
from tkinter import ttk
window = tk.Tk()
window.title("설문조사 화면")
window.geometry("300x200+100+100")
window.resizable(False, False)

label1 = tk.Label(window, text="    〈〈〈 == 회원 검색 == 〉〉〉 "
).grid(column=0, row=0)
label2 = tk.Label(window, text="검색할 전화번호 : " , width=20, height=2,    ❶
bg='yellow', fg='purple', justify = "left").grid(column=0, row=1)
name = tk.StringVar()    ❷
name_1 = ttk.Entry(window, width=12, textvariable = name).grid(column=1,    ❸
row=1)
window.mainloop()
```

❶ Label(윈도우명, text="문자열", width="너비", height="높이", bg="배경색", fg="글자색", justify="정렬").grid(column=열번호, row=행번호)이다.

❷ 변수 = 윈도우명.StringVar( ) tk를 사용하려면 변수의 형을 StringVar( )타입으로 선언해야 한다.

❸ Entry을 이용하여 텍스트를 입력받거나 출력하기 위한 기입 창을 생성할 수 있다. Entry( ) 괄호 안에 파라미터는 window 윈도우명, width = 12 너비가 12픽셀, textvariable = 화면에 표시할 문자열이 있는 변수명으로 ❷에 있는 변수명에 해당한다. .grid(column=1, row=1)은 1행 1열에 위치해 둔다.

4) 버튼 넣기

실습예제 Click 버튼을 누르면 메시지박스가 나오는 프로그램을 작성해 보자.

```
from tkinter import *                                                        ❶
import tkinter.messagebox                                                    ❷

def meg() :                                                                  ❸
    tkinter.messagebox.showinfo("메시지박스", "I Love You")                    ❹

tkWindow = Tk()                                                              ❺
tkWindow.title("버튼을 클릭하면 대화상자 띄우기")                                ❻
canvas = Canvas(tkWindow, width=200, height=100)                             ❼
canvas.pack() #window 창에 canvas붙이기                                        ❽
btn = Button(tkWindow, text="Click", command = meg)                          ❾
btn.pack()                                                                   ❿
tkWindow.mainloop()                                                          ⓫
```

❶ tkinter 모듈을 사용하기 위해서 import 한다.

❷ tkiner모듈의 messagebox 메시지 박스 모듈을 사용하기 위해서 import한다.

❸ 메시지 박스에 들어갈 함수를 정의한다.

❹ 안내 아이콘을 보여주며 메시지박수를 띄운다. "메시지박스"는 제목의 내용이다. "I Love You"는 대화상자에 안내아이콘 옆에 나올 글자이다.

❺ Tk()클래스를 객체생성한다. 인스턴스화 한다.

❻ 윈도우창의 제목을 넣는다.

❼ 캔퍼스를 의 크기를 너비 200픽셀 높이 100픽셀로 만든다.

❽ 캔퍼스를 윈도우에 붙인다.

❾ 버튼을 정의 한다. 버튼의 글자는 Click이고 이벤트 처리하면 (버튼을 클릭하면) 처리할 부분은 meg 함수부분이다.

❿ 버튼을 윈도우창에 붙인다.

⓫ tkWindow가 활성화(실행) 상태로 만든다.

실습예제 키보드로 숫자를 입력받아 다양한 도형 그리기

```
from tkinter import *
import tkinter.messagebox

def draw() :    —❶
    n=int(input_enter.get())  ——❷
    if n == 1 :  –❸
        canvas.create_line(centerX,0, centerX,ch)
    elif n== 2 :  –❹
        canvas.create_line(0,centerY, cw,centerY)
    elif n== 3 : –❺
        canvas.create_oval(100,100,cw-100,ch-100,fill=' red' )
    else  :  —❻
        canvas.create_rectangle(centerX-30,centerY-30,centerX+30,
centerY+30,fill=' yellow' )
tkWindow = Tk()
tkWindow.title("버튼을 클릭하면 대화상자 띄우기")
cw=400
ch=300
centerX = int(cw/2)
centerY = int(ch/2)
canvas = Canvas(tkWindow, width=cw, height=ch) ❼
canvas.pack() #window 창에 canvas붙이기
memo_label = Label(tkWindow, text="1. 수평선 2. 수직선, 3, 타원 4. 사각형")
——— ❽
memo_label.pack(side=LEFT)
input_entry = Entry(tkWindow) ❾
input_entry.insert(2,1) ——— ❿
input_entry.pack(side=LEFT) —⓫
btn = Button(tkWindow, text="Click", command = draw) ——— ⓬
btn.pack(side=LEFT)
tkWindow.mainloop()
```

01. 도형을 그리기에 해당하는 사용자 정의 함수부분으로 ⑩에서 호출되어야지만 실행된다.

02. n=int(input_enter.get()) ⑨에서 키입력을 받은 것을 input_enter변수에 넣었다. 이것을 읽어 들인다.

03. 입력창에 1이라고 입력하고 Click버튼을 클릭하면 이부분을 수행한다. canvas에 라인(create_line)을 그린다. (centerX,0, centerX,ch)는 centX,0의 점부터 centerX, ch점까지 직선을 그린다. x좌표가 동일하므로 수평선이 그려진다.

04. 입력창에 2라고 입력하고 Click버튼을 클릭하면 이 부분을 수행한다. canvas에 라인(create_line)을 그린다. (0,centerY, cw,centerY)는 0, centY의 점부터 cw, centerY 점까지 직선을 그린다. y좌표가 동일하므로 수평선이 그려진다.

05. 입력창에 3이라고 입력하고 Click버튼을 클릭하면 이 부분을 수행한다. canvas에 타원(creaet oval)을 그린다. canvas.create_oval(100,100,cw−100,ch−100, fill =' red')는 (x1, y1)에서 (x2, y2)의 크기를 가지는 원 생성하는 것으로 100,00에서 cw−100, ch−100의 크기를 가지는 타원을 그린다. fill은 빨간색으로 채운다.

06. 입력창에 4라고 입력하고 Click버튼을 클릭하면 이 부분을 수행한다. canvas에 직각사각형(creaet rectanglel)을 그린다. canvas.create_rectangle(centerX−30, centerY−30,centerX+30, centerY+30, fill=' yellow')는 (x1, y1)에서 (x2, y2)의 크기를 가지는 채워진 직각사각형을 생성한다.

07. 윈도우창에 캠퍼스를 넣기 위해 가로와 세로의 크기를 지정한다. 아래 pack()를 사용하여 윈도우 창에 캠퍼스를 붙인다.

08. Label로 레이블을 넣는다. pack()로 윈도우에 붙이며 side = LEFT로 왼쪽에 위치시킨다.

09. 텍스트박스에 해당하는 엔트리 객체 input_entry를 Entry 클래스로부터 생성한 것이다.

10. input_entry.insert(2,2) input_entry 텍스트 박스 인덱스 2번째 위치에 1을 넣으라는 의미이다.

11. Entry로 입력창을 넣는다.

12. btn = Button(tkWindow, text="Click", command = draw) 윈도우에 버튼을 넣는다. 버튼의 글자는 'Click' 이다. 버튼을 클릭하면 이벤트로 draw함수로 분기하여 처리된다.

요약

- turtle 그래픽은 그래픽 내장 라이브러리이다. 터틀 그래픽을 할 수 있는 것은 직선, 원, 호를 그릴 수 있고, 문자를 그래픽 형식으로 쉽게 쓸 수 있다.
- 거리값 만큼 이동하려면 forward(거리값)를 사용한다.
- (x, y)좌표로 펜에 해당되는 터틀을 goto(x,y) 이동시킨다.
- write(text)은 현재 터틀 위치에 text를 쓰는 기능을 한다.
- down()은 터틀이 앞뒤로 이동할 때 그림이 그려지게 하는 이동 그리기 모드를 설정해 주는 것으로 기본은 down()이다. up()은 터틀이 이동할 때 그림이 그려지지 않는 것이다.
- begin_fill()은 도형 채우기를 설정하면 이후에 그려진 도형 내부를 현재 설정된 채우기 색으로 채우기를 할 수 있는 것이다. end_fill()은 도형 채우기를 설정하면 이후에 그려진 도형 내부는 채워지지 않도록 할 수 있는 것이다. begin_fill() ~ endfill()사이의 도형은 채우기가 된다.
- 터틀이 움직인 경로를 추적할 수 있게 설정하는 것이다.
- 가상 상위 레벨의 윈도우 창 생성하려면은 윈도우이름=tkinter.Tk()을 사용한다.
- 윈도우 창을 윈도우가 종료될 때까지 활성화시키기 위한 명령으로 윈도우이름.mainloop()이다.
- tkinter.Label(윈도우 창, 파라미터1, 파라미터2,...)을 사용하여 해당 윈도우 창에 표시할 라벨의 속성을 설정할 수 있다.
- tkinter.Entry(윈도우 창, 파라미터1, 파라미터2, ...)을 사용하여 해당 윈도우 창에 표시할 기입창의 속성을 설정할 수 있다.
- tkintr.Entry파라미터 width=너비, font-글꼴의 설정, show-표시되는 문자이다.

연습문제

01. random함수를 이용하여 선의 좌표값을 임의로 구하여 만든 것입니다. 연습해 보세요.

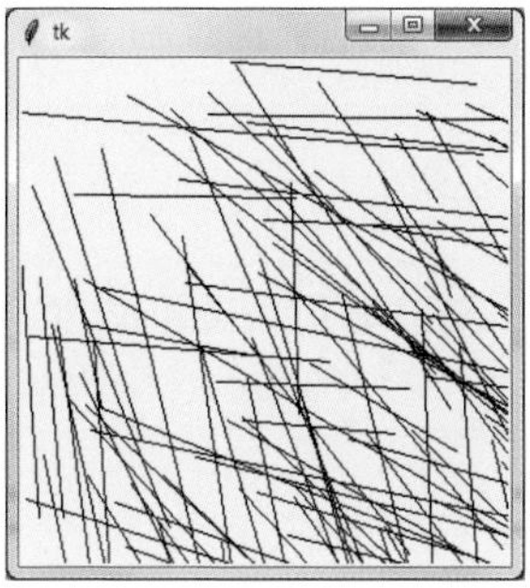


```
from tkinter import *
import random
def random_rec(width, height) :
    x1=random.randrange(width)
    y1=random.randrange(height)
    x2 = x1 + random.randrange(width)
    y2 = y1 + random.randrange(height)
    canvas.create_line(x1,y1,x2,y2)
    canvas.pack()
tkWindow=Tk()
canvas = Canvas(tkWindow, width=300, height
= 300)
canvas.pack()
for i in range(0,100) :
     random_rec(300,300)
tkWindow.mainloop()
```

02. 아래와 같이 호를 그려보세요.

Tip

canvas. create_arc(10,20,200,100,extent=180, style=ARC)

폭이 10픽셀, 높이가 10픽셀인 (10,20)좌표와 가로로 200픽셀, 아래로 100픽셀인 (200,100) 좌표에 하단 오른쪽을 갖는 180도 각도인 직사각형의 호를 그린다.

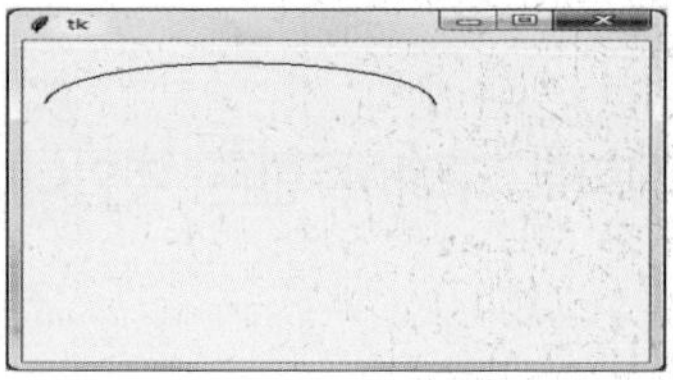	from tkinter import * tkWindow=Tk() canvas = Canvas(tkWindow, width=300, height = 300) canvas.pack() [ ] tkWindow.mainloop()

03. 아래와 같이 글자를 써보세요.

	from tkinter import * tkWindow=Tk() canvas = Canvas(tkWindow, width=300, height = 300) canvas.pack() font=('Times', 20) canvas.create_text(150,120,text='Good bye!!', font=('Times', 30)) tkWindow.mainloop()

알기쉬운 파이썬
SQL 코딩하기

발 행 일 2023년 1월 5일 개정판 1쇄 인쇄
2023년 1월 10일 개정판 1쇄 발행

저 자 정현희

발 행 처 크라운출판사 http://www.crownbook.com

발 행 인 이상원
신고번호 제 300-2007-143호
주 소 서울시 종로구 율곡로13길 21
공 급 처 (02) 765-4787, 1566-5937, (080) 850~5937
전 화 (02) 745-0311~3
팩 스 (02) 743-2688, 02) 741-3231
홈페이지 www.crownbook.co.kr
I S B N 978-89-406-4605-2 / 93000

특별판매정가 15,000원

이 도서의 문의를 편집부(02-6430-7012)로 연락주시면
친절하게 응답해 드립니다.

크라운출판사 도서 안내

모두의 3D 프린팅

정가 26,000원

3D프린팅 자격시험 통합문제

정가 20,000원

3D 메이커기획

정가 23,000원

3D프린터 운용기능사 실기기출문제

정가 26,000원

크라운출판사 http://www.crownbook.com
SMART EDU
국가자격 시험문제 전문출판 에듀크라운 www.educrown.co.kr